高等职业教育高素质技术技能型人才培养
"双高计划"国家级示范专业物流管理类精品教材

编委会

总主编
许建领　深圳职业技术大学

副总主编（以姓氏拼音为序）
姜　洪　深圳职业技术大学
聂　华　浙江经济职业技术学院
王桂花　南京工业职业技术大学
王晓阔　天津交通职业技术学院
张　龙　昆明工业职业技术学院
张润卓　辽宁经济职业技术学院

编　委（以姓氏拼音为序）

冯进展	江西外语外贸职业学院	邱春龙	漳州职业技术学院
葛启文	武汉城市职业学院	邱浩然	青岛职业技术学院
郭秀颖	广东机电职业技术学院	涂建军	广东交通职业技术学院
何波波	吉安职业技术学院	万义国	江西交通职业技术学院
黄红如	惠州城市职业学院	王超维	陕西能源职业技术学院
黄焕宗	黎明职业大学	吴春涛	湖北三峡职业技术学院
贾广敏	广州工程技术职业学院	吴庆念	浙江经济职业技术学院
黎　聪	广西物流职业技术学院	吴砚峰	广西职业技术学院
李道胜	宁夏工商职业技术学院	杨　晋	武汉交通职业学院
李　锋	岳阳职业技术学院	袁德臻	贵州职业技术学院
刘　琳	河北交通职业技术学院	袁世军	湖南现代物流职业技术学院
刘　明	济南职业学院	周昌红	嘉兴职业技术学院
孟军齐	深圳职业技术大学	周　芳	江门职业技术学院
明振东	杭州自动化技术研究院	周　蓉	武汉职业技术大学
彭　敏	南宁职业技术大学		

高等职业教育高素质技术技能型人才培养
"双高计划"国家级示范专业物流管理类精品教材

总主编　许建领

▶▶▶广东省职业教育在线精品课程配套教材

物流运输技术与实务

The Technology of Transportation and Logistics in Practice

主　编
孟军齐　姜　洪　石秋霞　刘莉娟
副主编
周　萱　张　跃　张泽燕　戴晶晶
陆　柏　陈　莺　何　伟　吴玮婕　柳华梅

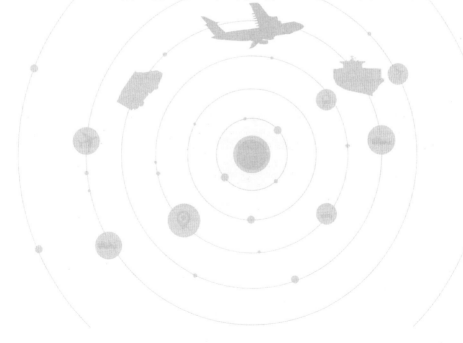

华中科技大学出版社
http://press.hust.edu.cn
中国·武汉

图书在版编目（CIP）数据

物流运输技术与实务/孟军齐等主编. —武汉：华中科技大学出版社，2024.1
ISBN 978-7-5772-0605-9

Ⅰ.①物… Ⅱ.①孟… Ⅲ.①物流-货物运输 Ⅳ.①F252

中国国家版本馆 CIP 数据核字（2024）第 022870 号

物流运输技术与实务
Wuliu Yunshu Jishu yu Shiwu

孟军齐　姜　洪　石秋霞　刘莉娟　主编

策划编辑：	周晓方　宋　焱　庾北麟
责任编辑：	董　雪　肖唐华
封面设计：	原色设计
责任校对：	张汇娟
责任监印：	周治超

出版发行：华中科技大学出版社（中国·武汉）　　电话：(027) 81321913
　　　　　武汉市东湖新技术开发区华工科技园　　邮编：430223

录　　排：华中科技大学出版社美编室
印　　刷：湖北新华印务有限公司
开　　本：787mm×1092mm　1/16
印　　张：16.25　　插页：2
字　　数：386 千字
版　　次：2024 年 1 月第 1 版第 1 次印刷
定　　价：59.80 元

本书若有印装质量问题，请向出版社营销中心调换
全国免费服务热线：400-6679-118　竭诚为您服务
版权所有　侵权必究

网络增值服务

使用说明

欢迎使用华中科技大学出版社人文社科分社资源网

1 教师使用流程

（1）登录网址：https://bookcenter.hustp.com/index.html（注册时请选择教师身份）

注册 → 登录 → 完善个人信息 → 等待审核

（2）审核通过后，您可以在网站使用以下功能：

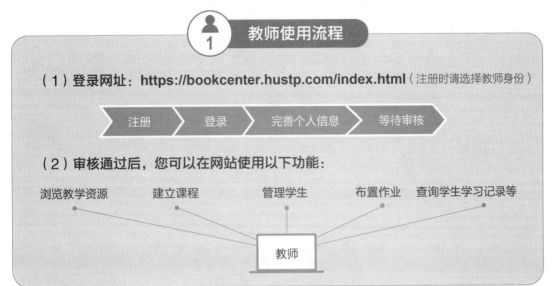

浏览教学资源　　建立课程　　管理学生　　布置作业　　查询学生学习记录等

2 学员使用流程

（建议学员在PC端完成注册、登录、完善个人信息的操作）

（1）PC端学员操作步骤

① 登录网址：https://bookcenter.hustp.com/index.html（注册时请选择学生身份）

注册 → 完善个人信息 → 登录

② 查看课程资源：（如有学习码，请在"个人中心—学习码验证"中先验证，再进行操作）

首页课程 → 选择课程 → 课程详情页 → 查看课程资源

（2）手机端扫码操作步骤

手机扫码 → 登录/注册 → 查看课程资源

如申请二维码资源遇到问题，可联系编辑宋焱：15827068411

内容简介

  本书是物流管理专业职业教育在线精品课程配套教材,不仅介绍了运输系统的构成,还整合了运输方式和运输组织方式,根据货物的规模、距离的远近、环节的多少,以企业的三类典型运输需求为基础,设计了小件货物运输需求及运输方案、干线货物运输需求及运输方案、国际集装箱运输需求及运输方案三大项目。

  本书旨在重点培养现代物流管理专业运输方面的人才,致力于让学生根据运输需求判断业务类型,制定合理的运输方案,具备合理安排运输工具、选择路线、调派人员、规避运输风险等运输操作能力;能够熟悉当地运输环境,掌握寻找客户、挖掘客户、拜访客户、招投标等商务技能。

  本书可为培养现代运输企业或货运代理企业运输经理、商务经理等人才提供核心支撑,适用于高职高专院校物流、电子商务等经管类专业课程的教学,也可以作为电子商务、物流与供应链管理从业人员学习的参考资料。

总　序

　　物流业是国民经济和社会发展的先导性、基础性、战略性产业，加快发展现代物流业对于促进产业结构调整和提高企业市场竞争力都具有非常重要的作用。党的二十大报告指出，要"加快发展物联网，建设高效顺畅的流通体系，降低物流成本"。现代物流业已经从经济辅助产业转变成了具有战略意义的基础产业，对保障产业链供应链稳定、增强国民经济韧性、促进产业优化升级具有重要意义。2020 年 9 月，习近平总书记在中央财经委员会第八次会议上强调，流通体系在国民经济中发挥着基础性作用，构建新发展格局，必须把建设现代流通体系作为一项重要战略任务来抓。要贯彻新发展理念，推动高质量发展，深化供给侧结构性改革，充分发挥市场在资源配置中的决定性作用，更好发挥政府作用，统筹推进现代流通体系硬件和软件建设，发展流通新技术新业态新模式，完善流通领域制度规范和标准，培育和壮大具有国际竞争力的现代物流企业，为构建以国内大循环为主体、国内国际双循环相互促进的新发展格局提供有力支撑。

　　2022 年，国务院办公厅发布了我国现代物流领域第一份国家级五年规划《"十四五"现代物流发展规划》，对构建现代物流体系的基础、挑战、目标和要求等做出了全面、系统的阐释，提出到 2025 年，基本建成供需适配、内外联通、安全高效、智慧绿色的现代物流体系；到 2035 年，现代物流体系更加完善，具有国际竞争力的一流物流企业成长壮大，通达全球的物流服务网络更加健全，对区域协调发展和实体经济高质量发展的支撑引领更加有力，为基本实现社会主义现代化提供坚实保障。《"十四五"现代物流发展规划》描绘了我国现代物流高质量发展的"新蓝图"。为落实习近平总书记关于物流发展的系列指示，将我国现代物流高质量发展"新蓝图"变为现实，需要加强物流业供给侧结构性改革，并统筹解决我国产业结构失衡、资源分布不均衡的问题，其关键在于要培养和输送大量的高素质物流技能人才。各高校亟须加强物流学科专业建设，提升专业设置的针对性，培育复合型高端物流人才，助力现代化物流业的持续发展。

高等职业（高职）教育是培养大国工匠的重要途径，是高素质物流技能人才的第一来源。近年来，我国高等职业教育取得了长足的发展：《中华人民共和国职业教育法》的颁布在法理意义上明确了我国职业教育是与普通教育具有同等重要地位的教育类型，《国家职业教育改革实施方案》的出台为职业教育的创新发展搭建了全面的工作框架，《职业教育提质培优行动计划（2020—2023年）》等则进一步落实了职业教育高质量发展要求。在这样的大背景下，我国物流职业教育同样取得了巨大发展，具体表现在专业目录和教学标准实现了大升级，职业技能大赛和职业技能证书渗透率大幅提升，一大批一流课程和规划教材涌现出来，实训条件得到很大改善等诸多方面。高等职业教育必须始终面向现代物流发展实际，有效推进产教融合、校企合作，更好反映物流产业的成功经验和现实需求，更好发挥职业教育在人才培养和技术攻关方面的优势，让教学内容和实训内容更真实、更务实、更扎实，使学生掌握合格的物流职业技能和素质，具有卓越发展的潜力。

在职业院校专业人才培养体系中，教材建设是极其重要的基础工程。本套教材由华中科技大学出版社和深圳职业技术大学联合策划。为了凝聚物流职业教育已经取得的有益经验，进一步丰富优质教学产品供给，更好满足学生成长成才的需求，我们在全国范围内集合了一批物流专业优质院校的资深教师来编写这套全新的高等职业教育物流类专业教材，期待以教材这一载体来展示优秀的教学改革成果，推进教学形式的创新和教师能力的提升，为培养卓越的物流技能人才提供有力支撑。

本套教材坚持以学生为中心，力求让高等职业教育满足学生成长成才的需求和对未来美好生活的向往，将学生成长成才需求与经济社会发展需求结合起来，使他们能够在未来的职业生涯中发现自己的优势和价值，同时体现我国现代物流发展的经验和成果。与物流新技术新模式新业态快速涌现形成鲜明对比的是，物流教材建设的进度相对滞后，对物流新趋势的反映不够全面和成熟，本套教材力争具有探索性和先导性，为现代物流业人才培养提供高质量教学素材，在业界发挥引领作用。

基于此，本套教材的主要特点如下：

（1）以课程思政为引领。本套教材以习近平新时代中国特色社会主义思想为指导，坚持落实立德树人根本任务，围绕现代物流高素质技能人才培养要求，将教学目标分解为素养、知识、能力三维目标，精选教学案例和材料，突出家国情怀、诚信服务、工匠精神、国际视野，努力培养更多让党放心、爱国奉献、能担当民族复兴重任的时代新人。

（2）以专业教学标准为指导。标准化建设是统领职业教育发展的突破口，教学标准和毕业学生质量标准是标准化建设的两个重要关口。2022年，国家对职业教育物流类专业目录做出了重大调整，一些新的专业被引入进来，还有一些专业通过更名和调整归属被赋予了新的内涵，以更好反映现代物流对未来技能人才的需求。以新专业目录为基础的专业教学标准为具体开展物流职业教育教学提供了基本指南。

（3）科学构建知识技能体系。产教融合、校企合作是职业教育高质量发展的基本路径。本套教材在组建编写团队时注重"校企行"三方力量的协同参与，将行业的标准、企业的需求和学校的教学有机结合，系统梳理每门课程的知识技能树，合理取舍，突出重点和难点，注重知识技能培养的循序渐进。

（4）突出智慧物流特征。随着贸易规模的扩张和智能技术的加速迭代，物流业和供应链管理进入"智慧时代"。一方面，与低空经济、无人驾驶等结合起来的物流新技术新模式新业态持续涌现；另一方面，传统物流模式也在推进内涵升级、结构优化。本套教材在书目的设置和材料的选择方面都充分体现了智慧物流的特征。

（5）突出基础性和前瞻性，与职教本科教学体系适度衔接。高职教育是培养大国工匠的重要途径，职教本科有助于完善职业教育学历认证体系。本套教材从整个职业教育体系的高度出发，以高职教育人才培养为基础，致力于加强高职教育与职教本科课程体系的衔接，尤其是为未来职教本科物流专业教材的编写打下基础，贯通职业教育人才培养"立交桥"，为学生发展创造"立体通道"。

（6）打造丰富实用的数字资源库。教材是教学的基础材料，但教学也离不开其他辅助教学材料。本套教材配备电子教案、拓展案例、练习与解析等基础数字材料，同时积极开发微课视频、动画视频、仿真视频等音视频资源，部分教材还有知识图谱等互动资源，可以最大程度方便教师教学。在教材后续使用过程中，我们还将及时更新"岗课赛证"一体化的培训资料，为学生学习提供全周期辅助。

本套教材分为基础课、核心课和拓展课三个模块。基础课包含智慧物流与供应链基础、供应链数字化运营、数字化物流商业运营、物流法律法规、智慧物流信息技术、物流专业英语等。核心课包含智慧仓配实务、国际货运代理、物流运输技术与实务、物流项目运营、采购与供应链管理、区块链与供应链金融、物流成本与绩效管理、智慧集装箱港口运营、供应链管理实务、冷链物流管理实务、物流系统规划与设计、智能物流装备运维管理等。拓展课包含物流企业模拟经营、物流安全管理实务、物流企业数字化管理、跨境电商物流、进出境通关实务、企业经营创新、电子商务实务、物流机器人流程自动化、物流包装等。同时，丛书编委会将依据我国物流业发展变化趋势及其对普通高等学校、高职高专院校物流专业人才培养的新要求及时更新教材书目，不断丰富和完善教学内容。

微光成炬，我们期待以编写这套高等职业教育物流类专业教材为契机，将物流职业教育的优秀经验汇聚起来，加强物流职业教育共同体的建设，为师生之间、校企之间的沟通和对话提供一个公益平台。我们也诚挚地期待有更多优秀的校园教师、企业导师加入。应该指出的是，编撰一套高质量的教材是一项十分艰巨的任务。尽管编者们认真尽责，但由于理论水平和实践能力有限，本套教材中难免存在一些疏漏与不足之处，真诚希望广大读者批评指正，以期在教材修订再版时补充和完善。

全国物流职业教育教学指导委员会副主任委员
深圳职业技术大学党委副书记、校长
2024年3月于深圳

前 言

"物流运输技术与实务"课程定位于运输商务和运输操作岗位,经历了省级精品课程和省级科研项目等多个阶段的建设,结合运输行业岗位新要求,细化教学内容、创新设计,在此基础上结合全国货运代理技能大赛内容深化教学改革,更新教材,不仅开发大量动画视频,也在不断完善精品课程平台。

通过本教材的学习,读者能够从发货人的视角学习如何根据需求合理选择运输组织方式,从承运人的角度了解运输流程和关键运输技术,学习如何根据运输需求判断业务类型,制定合理的运输方案,具备合理安排运输工具、选择路线、调派人员、规避运输风险等运输操作能力;能够熟悉当地运输环境,掌握寻找客户、挖掘客户、拜访客户、招投标等商务技能。本教材旨在为希望在现代运输企业或者货运代理企业从事运输经理、运输调度员、物流项目经理等岗位工作的学习者提供核心支撑。

根据货物的规模、距离的远近、环节的多少,本教材整合了运输方式和运输组织方式的相关内容,有针对性地选择了小件货物运输、干线货物运输和国际集装箱运输三类典型运输需求并设计了三个项目。在与教材配套的网络课程中,每个项目包含运输需求、市场开发、报价及方案等任务。同时,为了帮助学生尽快熟悉行业,本教材设计了"走近运输"项目,帮助学生了解运输系统以及身边的各种运输方式、运输工具、运输场站、运输线路及当地运输规划。

本教材的课程设计来源于运输调度员、运输经理岗位工作实务,兼顾三类典型运输业务的商务流程学习和岗位操作能力培养,从物流行业精选三类典型运输需求,按照典型运输需求分析、运输市场开发、组织报价和制定运输方案等核心流程来进行整体设计、组织课程内容,开展项目化教学,并根据操作和商务流程来优化课程设计。

在货运代理技能大赛的引领下,赛事内容被融入教材。每个项目的测试与物流"1+X"证书考试对接,实现"岗课赛证"融通,深化教育教学改革。三个项目源自三个物流细分行业，本教材在每个行业内邀请了一家头部企业参与课程案例的设计和核心技能的挖掘，共同开发了服务一线企业的微课视频。

此外，本教材基于"一带一路"倡议挖掘课程思政教育资源，融入了海运运输线路规划和运输费用计算、公路单车成本核算、顺丰和"通达系"、北极航线、中欧班列等课程内容，展示我国物流企业成长的过程，以及物流服务产业走出去的决心和能力。

本教材文字描述准确、内容通俗易懂，并配以大量的图片、案例、图表，将理论知识和实务操作紧密结合，充分体现了现代成熟运输技术的应用，突出了运输作业的基本特点和操作流程，具有较强的实用性和可操作性。

与其他教材相比，本教材主要有以下两个特色。

（1）内容重组，科学复合。按照职业教育和运输行业的特点，本教材在编写过程中改变了传统的按照各类运输方式编排的教材编写模式，对传统运输技能进行了重组，科学地将各种运输技能分布到不同的运输项目中。

（2）深度产教融合。为了强化职业教育特点、突出岗位技能培养，三个项目的设计分别邀请了顺丰速运、特伟通、东方嘉盛三家企业，这些企业的高管和专业技术人员为教材设计提供了思路以及大量的资源和素材，为教材的编写做出了积极的贡献。

本教材共四个项目，由深圳职业技术大学孟军齐、姜洪，武汉职业技术学院石秋霞，云南能源职业技术学院刘莉娟任主编并负责整本教材的策划与统稿，由甘肃财贸职业学院周萱，深圳职业技术大学张跃、张泽燕、吴玮婕，内蒙古商贸职业学院戴晶晶，南宁职业技术学院陆柏，吉安职业技术学院陈鸯，浙江国际海运职业技术学院何伟，湖北生物科技职业学院柳华梅任副主编，深圳市东方嘉盛供应链股份有限公司李旭阳、深圳市特伟通运输有限公司徐素玲、顺丰速运有限公司杨舟全程参与了教材及课程的设计和开发。参与编写的人员及分工如下。

项目一：孟军齐、张跃、张泽燕；

项目二：孟军齐、周萱、戴晶晶、陈鸯、吴玮婕、柳华梅；

项目三：孟军齐、姜洪、石秋霞、刘莉娟、陆柏；

项目四：孟军齐、石秋霞、何伟。

在教材编写过程中，深圳职业技术大学学生王水灵、刘悦、赵芷岚、倪文文提出了很多具体的建议和帮助，并协助进行图片的收集、整理和绘制工作，在此一并向他们表示衷心的感谢。同时，我们参考了大量的中外文献资料，谨向相关作者表示深深的谢意，特别是对疏于列出的文献，我们表示万分歉意和感谢。

2024 年 1 月 20 日于深圳大学城

目 录

项目一 走近运输 ··· 001
    任务一　走近运输系统 ··· 004
    任务二　掌握运输车站功能 ··· 016
    任务三　熟悉运输工具类型 ··· 031
    任务四　精通运输线路 ··· 055

项目二 小件货物运输需求及运输方案 ·· 063
    任务一　明确小件货物运输需求 ·· 066
    任务二　计算运输费用及报价 ·· 078
    任务三　设计小件货物运输方案 ·· 095

项目三 干线货物运输需求及运输方案 ·· 105
    任务一　明确干线货物运输需求 ·· 108
    任务二　熟悉运输市场开发 ·· 119
    任务三　设计干线货物运输方案 ·· 135
    任务四　探索运输行车优化 ·· 150

项目四 国际集装箱运输需求及运输方案 ·· 155
    任务一　明确国际集装箱运输需求 ·· 158
    任务二　计算运输费用和设计运输方案 ·· 179
    任务三　熟悉运输流程及单证 ·· 186
    任务四　精通缮制提单 ··· 209
    任务五　精通车站及码头业务 ·· 229

参考文献 ··· 247

项目一 [走近运输]

Project One

任务一　　走近运输系统

任务二　　掌握运输车站功能

任务三　　熟悉运输工具类型

任务四　　精通运输线路

项目导航

公路运输、铁路运输、水路运输、航空运输、管道运输是现代社会五种基本的运输方式。每种运输方式都有一个独立的系统，要完成运输任务就需要有运输场站、运输工具，同时要开辟运输航线，这些线路可以是点对点的直达运输，也可以是通过第三方进行中转的二次运输。通过项目一的学习，我们可以了解身边的各种运输业务及流程和运输工具的用途，为后续综合运用这些运输系统打下基础。

项目导学

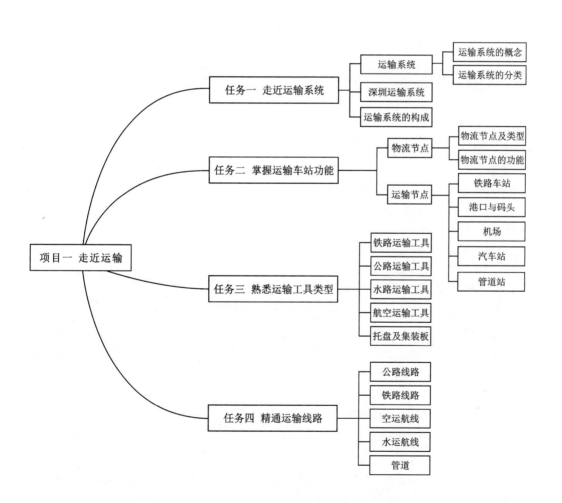

任务一　走近运输系统

【任务目标】

熟悉运输系统的构成，了解城市运输系统的重要性，同时熟悉运输相关的基本概念。

◆ 知识目标：熟悉运输系统的构成和运输相关基本概念。

◆ 技能目标：熟悉深圳运输系统及运输地位，从而了解深圳运输市场和物流市场。

◆ 素养目标：了解周边物流环境、重点物流企业和目标岗位。

一、运输系统

（一）运输系统的概念

运输系统就是指在一定的时间和空间内，由运输过程所需的基础设施、运输工具和运输参与者等若干动态要素相互作用、相互依赖和相互制约所构成的具有特定运输功能的有机整体。

各种运输方式相组合就形成了各种不同的运输系统，如公路运输系统、铁路运输系统、水路运输系统、航空运输系统、管道运输系统等。按不同领域划分，则有生产领域的运输系统、流通领域的运输系统；按运输的性质划分，则有自营运输系统、公共运输系统等。

（二）运输系统的分类

1. 按运输方式划分

运输系统按物流运输方式划分，可分为公路运输系统、铁路运输系统、水路运输系统、航空运输系统和管道运输系统五种形式。

1）公路运输系统

公路运输系统由公路运输方式构成。公路运输是指主要使用汽车或其他运输工具（如拖拉机、人力车等）在公路上载运货物的一种运输方式。公路运输是陆上运输的基本运输方式之一，主要承担近距离、小批量运输，也承担铁路运输难以到达地区的长途、大批量运输，以及铁路、水路运输的优势难以发挥的短途运输。公路运输不仅可以直接运进或运出货物，而且也是车站、港口和机场集散货物的重要手段。随着高速公路的快速发展以及公路车辆的大型化趋势，公路运输在长途运输以及高时效要求方面也有了很强的竞争力，公路等级和运输工具的可靠性不断提高，公路运输的距离也越来越长，甚至出现了从国内到欧洲的中欧跨境公路运输。图 1-1 展示的是亚欧跨境快运车。

图 1-1　亚欧跨境快运车

2）铁路运输系统

铁路运输系统由铁路运输方式构成。铁路运输是指在铁路车站把车辆编组成列车载运货物的另一种陆上运输方式，它是现代最重要的货物运输方式之一。铁路运输主要承担长途、大批量的运输，在没有水运条件的地区，几乎所有大批量的货物运输都是依靠铁路进行运输的。铁路运输是干线运输中起主力作用的重要运输方式之一。不过随着高速公路的快速发展，公路运输承担干线运输的比例越来越高。相比公路运输来说，铁路运输能耗低，碳排放低，在碳达峰、碳中和大背景下，铁路运输系统也在不断优化管理，努力提升铁路货运量在运输系统中的比例。

中欧班列是"一带一路"倡议下的重要成果，以其速度快、安全性高的特征和受自然环境影响小的优势，已经成为国际物流中陆路运输的重要方式。在客运方面，异军突起的中国高铁已经成为长途客运最主要的出行方式，中国高铁在提供优良客运服务的基础上，也在不断探索快递业务服务的方式、方法。

3）水路运输系统

水路运输系统由水路运输方式构成。水路运输是指使用船舶及其他航运工具，在江河、湖泊、海洋上载运货物的一种运输方式。水路运输主要承担长途、大批量的运输。在内河及沿海地区，水路运输也常作为小型运输方式使用，承担补充及衔接大批量干线运输的任务。水路运输也是干线运输中起主导作用的运输方式之一。水路运输有四种运输形式，包括沿海运输、近海运输、远洋运输和内河运输。

4）航空运输系统

航空运输系统由航空运输方式构成。航空运输是指使用飞机或其他航空器进行货物运输的一种运输方式。航空运输系统不仅提供专门用于货物运输的飞机，以及定期和不定期的航空货运航班，而且还利用定期和不定期客运航班进行货物运输。目前，国内客运航班是航空货物运输的主力。

5）管道运输系统

管道运输系统由管道运输方式构成。管道运输是指利用管道输送气体、液体和粉状固体的一种特殊的运输方式，它是随着石油和天然气产量的增大而逐渐发展起来的，目前已成为陆上油、气运输的主要运输方式。近年来，利用管道输送粉状固体（如煤、精矿等）的生产活动有了很大发展，研究机构也在不断研究如何利用管道运输快递物品等日常货物。

2. 按运输性质划分

运输系统按物流运输性质可划分为干线运输、支线运输、二次运输和厂内运输四种方式。

1）干线运输

所谓干线运输，是指利用铁路与公路的骨干线路、大型船舶的固定航线以及枢纽机场的定期航线进行的长途、大批量的运输。干线运输是运输的主体，是使货物进行远距离空间位移的重要运输方式，其运输速度较同种运输工具的其他运输方式要快，一般选择性能优秀、载运量大的运输工具，运输成本也相对低一些。

2）支线运输

所谓支线运输，是指与干线相接的分支线路上的运输。支线运输是干线运输与收、发货地点之间的补充性运输方式，一般路程较短，运输量相对较小。因为支线的建设水平往往低于干线，运输工具也往往落后于干线，所以运输速度也慢于干线。

3）二次运输

所谓二次运输，是指干线、支线运输到目的站后，目的站与用户仓库或指定地点之间的运输。由于这是一种补充性的、以满足个体单位需要为主的运输方式，所以运输量相对更小。

4）厂内运输

所谓厂内运输，是指在工业、企业、码头等内部，直接为生产过程服务的运输方式。厂内运输一般在车间与车间之间、车间与仓库之间进行，而小企业内部及大企业的车间内部、仓库内部的这种运输一般称为"搬运"。厂内运输工具一般使用载货汽车、拖车等，搬运则使用叉车、输送机等。图1-2展示的是某码头内部的拖车。

图 1-2　某码头内部的拖车

3. 按运输作用划分

运输系统按物流运输作用可分为集货运输和配送运输等方式。

1）集货运输

所谓集货运输，是指将分散的货物集聚起来以便进行集中运输的一种运输方式。因为货物集中后才能利用干线进行长距离、大批量的运输，所以，集货运输是干线大规模运输的一种补充性运输，多是短距离、小批量的运输。

2）配送运输

所谓配送运输，是指将节点中已按用户要求配装好的货物分送到各个用户处的运输方式。这种运输一般发生在干线运输之后，也是干线运输的补充和完善，而且由于发生在末端，所以多是短距离、小批量的运输。

4. 按运输的协作程度划分

运输系统按物流运输的协作程度，可分为一般运输、联合运输和多式联运等方式。

1）一般运输

所谓一般运输，是指孤立地采用不同运输工具或同类运输工具而没有形成有机的协作关系的一种运输方式，如单纯的公路运输、铁路运输等。

2）联合运输

所谓联合运输，是指使用同一运输凭证，由不同的运输方式或不同的运输企业进行有机地衔接，通过接运货物，利用每种运输工具的优势，发挥不同运输工具的效率的一种运输方式。联合运输的方式有铁海联运、公铁联运、公海联运、海空联运等。进行联合运输，不仅可以简化托运手续，加快运输速度，而且可以节约运费。

3）多式联运

所谓多式联运，是指根据实际要求，将不同的运输方式组合成综合性的一体化运输，通过一次托运、一次计费、一张单证、一次保险，由各运输区段的承运人共同完成货物的全过程运输，即将全过程运输作为一个完整的单一运输过程来安排的一种运输方式。多式联运是联合运输的一种现代化形式，通常在国际物流领域中广泛使用。

5. 按运输中途是否换载划分

运输系统按物流运输中途是否换载可分为直达运输和中转运输等方式。

1）直达运输

所谓直达运输，是指利用一种运输工具从起运站、港一直到终点站、港，中途不经过换载、不入库存储的运输方式。直达运输不仅可避免因中途换载而出现的运输速度减缓、货损增多、费用增高等一系列弊端，而且能缩短运输时间、加快车船周转、降低运输费用。

2）中转运输

所谓中转运输，是指在货物运往目的地的过程中，在途中的车站、港口、仓库进行转运换装的一种运输方式。中转运输可以有效地衔接干线运输和支线运输，可以化整为零或集零为整，从而方便用户，提高运输效率。

6. 按运输领域划分

运输系统按物流运输的领域可分为生产领域的运输和流通领域的运输。

1）生产领域的运输

生产领域的运输一般是在生产企业内部进行，因而称为厂内运输。它作为生产过程中的一个组成部分，是直接为物质产品的生产服务的，包括原材料、再制品、半成品和成品的运输，这种厂内运输又称为物料搬运。

2）流通领域的运输

流通领域的运输作为流通领域里的一个环节，是生产过程在流通领域的继续。其主要面向物质产品的运输，是完成物品从生产领域向消费领域在空间位置上的物理性的转移过程。它既包括物品从生产所在地直接向消费（用户）所在地的移动，又包括物品从配送中心向中间商的移动。

二、深圳运输系统

（一）深圳在全国交通中的定位

1. 深圳在全国交通中的背景

深圳地处珠江水系主要出海口和珠三角地区发展主轴线，毗邻我国香港和澳门，区位优势和地缘优势明显。《深圳市综合交通"十四五"规划》(以下简称《规划》)中指出,交通运输在国民经济和社会发展中具有基础性、先导性和战略性作用。深圳经济特区成立40多年来,深圳交通由"先行先试"向"先行示范"迈进,积极发挥"先行官"作用,有力支撑深圳建设成为充满魅力、动力、活力和创新力的国际化创新型城市。"十四五"期间,深圳将抢抓"双区"驱动、"双区"叠加、"双改"示范、建设中国特色社会主义法治先行示范城市等重大历史机遇,高质量建设交通强国城市范例,助力深圳全面建成现代化国际化创新型城市。"十三五"期间,深圳交通发展注重补短板、增效率、促协调,初步形成国际性综合交通枢纽总体框架,成功入选交通强国首批试点单位,一系列改革性、创新性工作走在前列,为全市经济社会发展做出积极贡献。《规划》指出,到2025年,深圳市综合交通建设的主要目标是:基本建成"开放畅达、立体融合、低碳智慧、安全宜行"的交通强国城市范例。

2. 深圳物流发展数据

深圳现代物流业以大物流综合交通管理体制为保障,以海空"双港"为龙头,以物流园区为载体,以产业集群为依托,实现了持续快速发展。

2022年,深圳市物流业增加值达3302.23亿元,比上年增长4.0%。全年货物运输总量为40893.38万吨,比上年下降6.9%;货物运输周转量为2239.27亿吨公里,增长1.9%。全年港口货物吞吐量为27242.72万吨,比上年下降2.1%;集装箱吞吐量为3003.62万标箱,增长4.4%,其中,出口集装箱吞吐量为1478.11万标箱,增长1.5%。表1-1展示的是深圳2022年各种运输方式完成的货物运输量及增长速度。

表1-1 深圳2022年各种运输方式完成的货物运输量及增长速度

指标	单位	绝对数	比上年增长(%)
货物运输总量	万吨	40893.38	−6.9
铁路	万吨	151.32	22.7
公路	万吨	30611.99	−12.1
水路	万吨	10005.27	13.0
民航	万吨	124.80	−11.7
货物运输周转量	亿吨公里	2239.27	1.9
铁路	亿吨公里	2.28	23.2
公路	亿吨公里	450.83	−9.5
水路	亿吨公里	1761.45	5.4
民航	亿吨公里	24.71	−3.6

2022年,深圳机场货邮吞吐量达到150.7万吨。宝安国际机场货邮吞吐量增速位居全国第三,其国内货邮吞吐量居全国第一位,货运排名进入全球前二十,其国际货运业务连续3年保持20%左右的增长,从2019年的41.1万吨增长至2022年的77.6万吨;深圳机场口岸全年国际货运航班达2.1万架次,同比增长26.7%,外贸

货运吞吐量达 77.6 万吨，同比增长 19.4%；完成邮电业务总量达 1303.95 亿元，其中，邮政业务量为 900.45 亿元，同比增长 1.2%。

深圳港以集装箱港口业务为主，是全球第四大集装箱枢纽港。深圳港有盐田、南山、大铲湾三大集装箱港区，共有专用集装箱泊位 45 个，其中有 8 个 20 万吨级的集装箱泊位，全球 1.8 万标箱以上的超大型集装箱船舶均靠泊深圳港。现有国际班轮航线 295 条，通往 100 多个国家和地区的 300 多个港口，形成了比较完备的国际航运网络。

"十三五"期间，深圳机场跃升为国际航空枢纽，年均新开通 10 条以上国际航线，洲际航线从无增至 20 条，通达全球 60 城，连接世界五大洲，国际航线网络初步形成。深圳机场 2023 年新开 5 条、加密 4 条国际货运航线航班，其中包括多条跨境电商空运专线，国际和地区货运通航点达到 35 个，覆盖洛杉矶、芝加哥、法兰克福、巴黎、伦敦、列日等全球主要航空货运枢纽，基本实现与全球年货邮吞吐量达百万吨级的大型枢纽机场的连通。2022 年以来，深圳机场启动了总投资超 50 亿元的 8 个物流设施项目规划建设，建筑面积约 80 万平方米，包括 DHL 华南航空快件枢纽、顺丰华南航空枢纽中心二期项目等重点项目。

（二）深圳港口及港区

2022 年，深圳港集装箱全年累计吞吐量达到 3003.56 万标箱，同比增长 4.39%，首次突破 3000 万标箱大关，创历史新高。这是继上海港、新加坡港、宁波舟山港之后，全球第 4 个年集装箱吞吐量突破 3000 万标箱的港口。

港口有力支撑了深圳外向型经济发展。"十三五"期间，深圳港外贸集装箱吞吐量占全港 93% 以上，占珠三角市场份额的 47%，居华南地区首位，面向美国的货物出口量也占全国的 30%。深圳港成为华南地区最大的跨境电商进出口门户，开通了 11 条跨境电商航线，从盐田到美国洛杉矶的航线最短仅需 12 天。

2022 年，深圳港增开国际班轮航线 4 条，累计国际班轮航线达 295 条；新增 11 个组合港，累计开通 26 个组合港，"水水中转"完成 735 万标箱，同比增长 2%；新增 6 个内陆港，累计挂牌运营 13 个内陆港，共有 30 条海铁联运班列；海铁联运完成约 23 万标箱，同比增长 3%。深圳港是外贸大港，其中，欧美航线集装箱吞吐量占比超过 40%。

深圳主要有招商局国际科技有限公司、中国南山开发（集团）股份有限公司、深圳港集团有限公司、深圳市大铲湾港口投资发展有限公司、深圳市机场（集团）有限公司以及深圳市航运集团有限公司等六个港口开发公司，负责大多数港区和码头的开发建设。

主要从事码头散杂货运输的公司有招商局港口集团股份有限公司、招商港务（深圳）有限公司、深圳海星港口发展有限公司等；主要从事油气、化工品储运的公司有深圳市光汇石油化工股份有限公司、深圳市华安液化石油气有限公司、中石化深圳石油有限公司、深圳市广聚亿升石油化工储运有限公司、

文件 1　深圳港区情况

深圳中石油美视妈湾油港油库有限公司、深圳承远航空油料有限公司、广东大鹏液化天然气有限公司等；主要从事客运码头的公司有深圳招商蛇口国际邮轮母港有限公司、深圳市机场港务有限公司等。

（三）深圳航线情况

深圳港自建港以来，始终致力于积极引进国际班轮公司来深圳设立分公司、办事处和代表处，直接促进了深圳市港航业的繁荣。目前，30多家著名班轮公司，如MAERSK（马士基航运）、EMC（长荣海运）等在深圳开辟了一系列国际远洋干线及近洋支线的集装箱运输。表1-2展示的是盐田国际部分航线的基本情况。

文件2　盐田国际部分航线明细表

表1-2　盐田国际部分航线

代号	船公司	到港时间	路线
OPNW1	OA联盟	星期五	光阳、盐田、厦门、宁波、上海、釜山、西雅图、温哥华、光阳
OUSE8	OA联盟	星期一	新加坡、林查班、海防、盐田、宁波、上海、釜山、横滨、巴拿马、诺福克、萨凡纳、查尔斯顿、迈阿密、苏伊士运河、新加坡
SPNS	森罗商船	星期一	釜山、盐田、宁波、上海、釜山、温哥华、西雅图、釜山
ZEX	以星邮轮	星期一	盖梅港、盐田、洛杉矶、盖梅港
OPSW6	OA联盟	星期二	盖梅港、南沙、香港港、盐田、高雄、长滩、盖梅港

（四）深圳铁路发展情况

2016年，国家发展改革委、交通运输部和中国铁路总公司印发了《中长期铁路网规划》，该规划明确了全国"八横八纵"高铁网络布局，其中"三纵"高铁线路将经过深圳。这一规划为深圳铁路的长远发展提供了重要指导，旨在构建布局合理、覆盖广泛、高效便捷、安全经济的现代铁路网络。与《中长期铁路网规划》紧密衔接，深圳铁路枢纽总图规划（2016—2030年）也获得了中国铁路总公司及广东省人民政府的批复，进一步明确了深圳铁路未来发展的蓝图。

根据深圳铁路枢纽总图规划（2016—2030年）的要求，规划年度内，深圳枢纽逐步形成衔接广州、赣州、汕尾（厦门）、茂名、香港地区等方向，广深港、赣深、夏深、深茂高铁、广深铁路等干线和穗莞深、深惠、虎龙、深珠等珠三角城际铁路引入的"双十字"放射形枢纽。客运站布局方面，规划形成深圳北、西丽、深圳站及深圳东、福田、深圳机场、深圳坪山站"三主四辅"客运站布局。货运系统布局方面，规划形成以平湖南、坂田、横岗为区域物流基地的货运网络，其中平湖南为一级物流基地，坂田、横岗为三级物流基地。目前深圳铁路网既有铁路有广深港高铁、厦深高铁、广深铁路、平南铁路、平盐铁路等。

（五）深圳道路及现代物流空间布局

深圳加快形成现代物流业发展的"3521"空间布局，即鼎力推进临港物流、临空物流、笋岗物流等3个总部基地；依托海港、陆路、航空、货运场站等交通基础设施，重点布局5类物流园区；重点推进以园区物流中央和商贸物流中央2类专业物流中心建设；实施"物流一体化服务网络工程"，构筑覆盖全国的内陆物流网络。

近年来，深圳推进高起点、高标准城市路网规划建设，规划"十横十三纵"高快速路网体系。截至2019年底，深圳管养道路总里程8066千米，路网密度达到8.4千米/平方千米。深圳高快速路建设全面铺开，广深高速、机荷高速、惠盐高速等国家干线高速公路建成通车，外环高速、深中通道加快建设。

1. 深圳"十横十三纵"路网规划

"十横"由南至北分别为：深盐二通道—沿一线—深圳湾地下道路、滨海大道、北环大道、南坪快速路、深汕第二高速公路、宝鹏通道、机荷—深汕高速公路、宝坪通道、外环快速、外环高速。

"十三纵"由西向东分别为：沿江高速、滨江大道、广深高速公路、南光路、福龙—龙大高速、侨城东北延—龙观快速、皇岗路—梅观高速、玉平大道（清平路）、丹平快速路、东部过境—惠盐高速、盐排高速、盐龙大道、龙坪盐通道。

2. 深圳现代物流发展

按照深圳城市总体规划要求，结合全市现代物流业发展趋势，加快整合和盘活资源，促进深圳现代物流发展。

深圳依托区位及产业优势，大力推进临港物流总部基地、笋岗物流总部基地、临空物流总部基地建设，充分发挥总部基地的资源集聚及配置功能，实现物流海港、陆运、空运的协调发展。

（1）临港物流总部基地。深圳将打造前海深港现代服务业合作示范区、盐田港商务区、宝安中心区三个临港总部经济基地，探索保税物流与创新金融、物流与国际采购、配送与国际电子商务科技产业的结合，实现高端发展和模式创新。重点引进大型船公司和物流供应链龙头企业，发展与港航相关的金融、保险、咨询、海运、救援、货运代理、信息处理、流通加工等增值服务。

（2）笋岗物流总部基地。笋岗物流总部基地位于笋岗物流园区，属于深圳传统的仓库区，随着城市产业布局的变化和升级，该区域传统的普通仓储功能已经居于次要地位。通过重点打造高端物流、大宗商品交易市场，笋岗物流园区成为现代物流配送、供应链管理企业的总部基地。

（3）临空物流总部基地。临空物流总部基地位于原机场物流园区，深圳市目前将其规划为临空物流总部基地，依托UPS亚洲转运中心和深圳机场基地的航空公司，吸引国际性物流、代理、快递、金融服务等企业，设立管理型和运营型总部，适度发展与航空运输依存度较高的电子、生物医药、名贵花卉、海鲜等高附加值产品加工业，形成特色鲜明的临空物流总部基地。

（六）综合物流园区建设规划

物流园区依托海港、陆路、航空、货运场站等交通基础设施，以优化整合为原则，完善园区功能，提高服务能力，目前重点规划布局和建设了5类9个物流园区。

1. 港口综合物流园区

港口综合物流园区包括前海湾保税港区、盐田港保税物流园区、大铲湾配套物流园区，加快推进盐田保税港区申报和建设，重点提供集装箱中转、拆拼、仓储、保税、简单增值加工、海关查验等物流服务功能。

2. 航空综合物流园区

航空综合物流园区包括机场物流园区（空港保税物流园区）。以处理国内、国外航空货物为主，以集货站、快件货场、海关查验场等物流功能区为一体，进一步引导大型物流企业在园区集聚。发挥保税区区港联动的保税物流中心作用，推进空港保税物流园区建设。

3. 铁路综合物流园区

铁路综合物流园区包括平湖物流园区，连接东、西部港区，发展公铁联运、海铁联运，面向珠江三角洲及国内其他地区，形成中远距离货物集疏运、内地与我国香港中转的物流基地。同时，在东、西部港区建设分别连接平盐铁路、平南铁路的中小型物流园区，以方便处理进出港的铁路拆拼箱货物、仓储、集装箱的堆存、车辆的摆放等。

4. 陆路口岸物流园区

陆路口岸物流园区包括龙华物流园区，重点打造以提供集装箱中转，空箱、重箱、冷藏箱的堆放，海关进口保税，出口监管等主要服务功能的综合物流园区。

5. 城市配送物流园区

城市配送物流园区包括笋岗—清水河物流园区、宝安配送中心、龙岗配送中心等3个物流园区。以服务城市生产、生活消费物流为主，是城市消费配送集中的物流节点。

（七）专业物流中心建设

重点推进园区物流中心和商贸物流中心两类专业物流中心建设，形成若干区域性、节点型物流中心和配送中心，加强配套物流服务专业化，强化物流产业的聚集功能，完善物流网络体系。

1. 园区物流中心

园区物流中心包括"区港联动"盐田港保税物流中心、"空港联动"机场保税物流中心（B型）、华南国际保税物流中心（B型）、平湖保税物流中心（A型）、观澜保税物流中心（A型），以及各类产业园区内的配套物流中心等。以园区为依托，加强专业配套与服务，不断完善园区或区域物流功能。

2. 商贸物流中心

凭借地理位置、区域规划、扶持政策、专业服务、完善配套等优势，重点发展龙岗平湖李朗片区、罗湖东门片区、福田华强北片区等的商贸物流中心，为商贸产业配套提供专业物流服务。

3. 内陆物流网络

实施"物流一体化服务网络工程"，鼓励有实力的物流企业以深圳为基地，以国内主要经济区域为重点，以大中型城市为节点，构筑覆盖全国的内陆物流网络。

此外，深圳还规划布局了内陆无水港以及多式联运中心。

以深圳国际陆港建设为统筹，重点布局内陆无水港，完善陆路物流运输体系，密切加强深圳码头、口岸、机场等物流战略节点与腹地的经济联系，促进陆路物流规模化、集约化、现代化、品牌化，推动陆、海、空港同步协调发展。以集装箱枢纽网络为支撑，推动港航企业与内陆城市合作建立内陆无水港体系，重点推进珠三角地区与成都、重庆、昆明、长沙、南昌、贵阳、韶关等地的内陆无水港的建设。

适应国家扩内需的政策导向，打造区域性多式联运中心，重点实施海铁联运、江海联运，提升多式联运的内涵功能和辐射范围。加强与珠江水系码头的合作，大力发展驳船运输，提高华南驳船网络的覆盖面和运作效率。建设专业化的内贸集装箱码头，推动江海联运，形成干支结合的沿海内贸航线网络，拓展东西部港区的内贸货源。

以兼并重组、战略合作等形式布局沿海港口网点，拓展港口海运、集装箱运输、保税物流等业务。布局长江航运、珠江航运经营网点，开展驳船运输、货运代理、供应链金融等业务。布局道路运输网点，开展仓储、运输、包装、配送、信息服务等业务。

三、运输系统构成

运输系统包含运输基础设施、运输工具和运输参与者，其中运输基础设施又分为运输线路与运输节点两个要素。

（一）运输线路

运输线路是供运输工具定向移动的通道，也是运输赖以运行的基础设施之一，是构成运输系统最重要的要素。在现代运输系统中，主要的运输线路有公路、铁路、航线和管道。其中，铁路和公路为陆上运输线路，除了引导运输工具定向行驶外，还需承受运输工具、货物或人的重量；航线有水运航线和空运航线，主要起引导运输工具定位和定向行驶的作用，运输工具、货物或人的重量由水或空气的浮力支撑；管道是一种相对特殊的运输线路，由于其严密的封闭性，管道既充当了运输工具，又起到了引导货物流动的作用。

（二）运输节点

所谓运输节点，是指以连接不同运输方式为主要职能，处于运输线路上的，承担货物集散、运输业务办理、运输工具保养和维修的基地与场所。运输节点是物流节点中的一种类型，属于转运型节点。公路运输线路上的停车场、货运站，铁路运输线路上的中间站、编组站、区段站、货运站，水运线路上的港口、码头，空运线路上的空港，管道运输线路上的管道站等都属于运输节点范畴。一般而言，由于运输节点处于运输线路上，又以转运为主，所以货物在运输节点上停滞的时间较短。

（三）运输工具

运输工具是指在运输线路上用于运载货物并使其发生位移的各种设备和装置，它们是运输能够进行的基础设备，也是运输得以完成的主要手段。运输工具根据从事运输活动的独立程度可以分为三类。

（1）仅提供动力，不具有装载货物的容器的运输工具，如铁路机车、牵引车、拖船等。

（2）没有动力，但具有装载货物的容器的从动运输工具，如车皮、挂车、驳船、集装箱等。

（3）既提供动力，又具有装载货物的容器的独立运输工具，如轮船、汽车、飞机等。

（四）运输参与者

运输活动的主体是运输参与者，运输活动作用的对象（运输活动的客体）是货物。货物的所有者是物主或货主。运输必须由运输参与者共同参与才能进行。

1. 物主（货主）

物主（货主）包括托运人（shipper）和收货人（consignee），有时托运人与收货人是同一主体，有时不是同一主体，无论托运人托运货物，还是收货人收到货物，他们均希望在规定的时间内，以最低的成本、最小的损耗和最方便的业务操作，将货物从起始地转移到指定的地点。

2. 承运人

承运人（carrier）是指运输活动的承担者，他们可能是铁路货运公司、航运公司、航空货运公司、储运公司、物流公司或个体运输者等。承运人受托运人或收货人的委托，按委托人的意愿以最低的成本完成委托人委托的运输任务，同时获得运输收入。承运人根据委托人的要求或在不违背委托人要求的前提下合理地组织运输和配送，包括选择运输方式、确定运输线路、进行货物配载等。

3. 货运代理人

货运代理人（简称货代）是接受货主的委托，以委托人的名义或以自己的名义，为委托人办理货物运输及相关业务，并收取代理费或服务报酬的人。其本人可能是承运人（无车、船），也可能不是承运人。不作为承运人时，货运代理人就是单纯的代理人，收取代理费。作为无船（车）承运人时，货运代理人组织并完成货物的运输和相关业务，收取服务报酬。实践中，他们负责把各用户小批量的货物合理组织起来，大批量装载，然后交由承运人进行运输。待货物到达目的地后，货运代理人再把该大批量装载货物拆分，送往收货人处。货运代理人的主要优势在于大批量装载可以实现较低的费率，并从中获取利润。

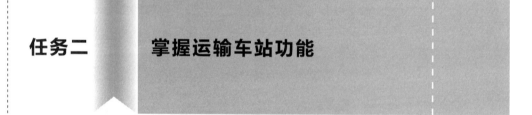

任务二　掌握运输车站功能

【任务目标】

在熟悉运输系统的基础上，深入了解运输车站的功能、构成及工作流程。

◆ 知识目标：熟悉运输车站分类及功能。
◆ 技能目标：掌握各类运输车站技术作业。
◆ 素养目标：了解国家运输整体规划和当地车站在路网中的地位。

按运动的程度，即相对位移的大小来观察物流过程，可以发现它是由许多运动过程和相对停顿过程组成的。一般情况下，两种不同形式的运动过程或相同形式的两次运动过程中都有暂时的停顿，而一次暂时停顿也往往连接了两次不同的运动。物流过程便是由这种多次的"停顿—运动—停顿"过程组成。与这种运动形式相呼应，物流网络结构也是由执行运动使命的线路和执行停顿使命的节点两种基本元素组成，而全部的物流活动也是在线路和节点上进行的。其中在线路上进行的活动主要是运输，其他活动则是在节点上完成的。事实上，物流线路上的活动也是靠节点来组织和联系的，如果离开了节点，物流线路上的运动势必瘫痪。

一、物流节点

（一）物流节点及类型

现代物流网络中的物流节点对优化整个物流网络起着重要作用，从其发展过程来看，它不仅执行一般的物流职能，也执行指挥调度等职能，是整个物流网络的灵魂所在，因而更加受到人们的重视。所以，在有的场合，物流节点也被称为物流据点，而具有中枢功能的物流节点又称物流中枢或物流枢纽。由于现代物流拓展了节点的类型，它们在不同领域起着不同的作用，目前学界尚无一个明确的分类意见。物流中心城市（或节点城市）、物流枢纽、物流园区、仓库、配送中心、车站、码头等都属于物流节点，其中配送中心又分转运型配送中心和仓储型配送中心等。

对于不同层次的物流节点设施，其服务功能通常具有自上而下的兼容性，而不具备自下而上的兼容性。同一空间范围内布局的物流节点设施，层次越高者其设置数量越少、规模越大、服务功能越齐全、选址和建设条件越复杂。最低层次的物流节点便是上述提及的车站、码头等。

（二）物流节点的功能

总的来说，物流节点在物流系统中具备以下几个主要功能。

1. 衔接功能

物流节点将各物流线路连接成一个系统，使各个线路通过节点贯通，而不是互不相干，它可以通过转换运输方式衔接不同的运输手段，也可以通过加工衔接干线物流和配送物流，还可以通过储存衔接不同时间的供应物流和需求物流，更可以通过集装箱、托盘等设备衔接整个"门到门"的运输，使之成为一体。

2. 信息功能

物流节点是整个物流系统信息传递、收集、处理、发送的集中地。因此，每个节点都是一个信息点，它与物流系统的信息中心结合起来，形成了指挥、管理、调度整个物流系统的信息网络，这也是一个物流系统建立的前提条件。

3. 管理功能

物流系统的管理设施和指挥机构往往集中设置于物流节点之中。实际上，物流节点大都是集管理、指挥、调度、信息、衔接及货物处理为一体的物流综合设施，以实现整个物流系统运转的有序化和正常化,而整个物流系统的效率水平取决于物流节点的管理职能实现的程度。

二、运输节点

(一)铁路车站

铁路车站,是供铁路列车停靠的地方,是铁路部门办理客、货运输业务和列车技术作业的场所,俗称火车站。按车站作业性质一般可分为客运、货运站和客货运站,按技术作业特点可分为中间站、区段站和编组站。一般车站以一项业务和一项作业为主,兼办其他业务和作业。有的车站同时办理几项主要业务和作业。

1. 客运站

客运站主要办理售票、行李包裹运送、随身携带品寄存、旅客上下车等客运业务,以及旅客列车终到、始发、技术检查等行车工作和客车整备等作业。客运站的主要设备有站房、站台、到发线等。办理大量始发、终到旅客列车的客运站还设置了供客车检修、清洗等作业用的客车整备所。

2. 货运站

货运站主要办理货物承运、交付、装卸,以及货物列车到发、车辆取送等作业。图 1-3 展示的是某铁路货运站的现场情况。

图 1-3 某铁路货运站

货运站主要基础设备有货物列车到发线、编组线、牵出线和货场(即铁路货场)等。货运站的主要服务设备有库场、站台、装卸设备、货运汽车道路与停车场,有的还设有轨道衡、加冰设备和牲畜饮水设备等。货运站可分为综合性货运站和专业性货运站两种。前者办理多种不同种类货物的作业，后者则专门办理某一种货物的作业，如危险品、粮食、煤、建筑材料等。货运站除办理货物的承运、交付、保管等作业外，有的还办理货物的换装、车辆的清扫洗刷和冷藏车的加冰作业；在运转作业方面，货运站主要办理枢纽内编组站与需求站间小运转列车的接发和编解作业，以及在装卸地点进行的取送车作业等。货运站的布置有通过式和尽头式，一般中小型货运站多采用通过式，大型货运站多采用尽头式。

3. 客货运站

客货运站同时办理客、货运业务。该类铁路车站视自身业务量大小和是否进行列车和车辆的技术作业来配置相应的设备。

4. 中间站

中间站是铁路车站中最普通、数量最多的一类，它的主要作业是办理列车的接发、过、会让，沿零摘挂列车（铁路列车的一种类型，主要运输核心车站周边的货物）的调车作业以及旅客上下，行李、包裹、货物的承运、交付、装卸和保管等。一些中间站还办理专用线的取送车，蒸汽机车的给水、清灰等作业，根据业务不同分为会让站（图1-4）和越行站。全国大部分铁路车站都是这种中间站，不过随着铁路运输速度的提高和双线铁路的增加，中间站的数量在下降。

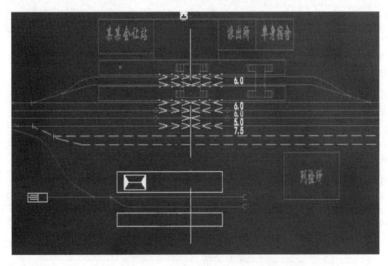

图1-4 铁路会让站位置示意图

5. 区段站

区段站多设在中等城市和铁路网上机车牵引区段（机车交路）的起点或终点，担任列车解体与编组任务，并服务于沿零摘挂作业，它是根据机车牵引区段的长度和路网的布局和规划设置的。区段站的主要任务是改编区段到发的车流，为邻接的铁路区段供应机车，或更换货运机车及乘务员，为无改编中转列车办理规定的技术作业，同时办理一定数量的列车编解作业和客货运业务。

6. 编组站

编组站是铁路网上集中办理大量货物列车到达、解体、编组、出发、直通和其他列车作业，并为此设有比较完善的调车作业的车站。编组站通常建在有大量列车编组和解体的地方以及铁路的交会点处，在有铁路作业的港口常建有与企业"接轨"的编组站。编组站内配有机务段和车辆段、办理列车到达作业用的到达线、办理列车发车作业用的出发线，以及办理货物列车解体、集结和编组作业用的调车线（又称编组线），供调车机车牵出列车。图1-5显示了某铁路编组站调车场实况。

图1-5　某铁路编组站调车场

编组站的主要任务和作用包括以下几项：

(1) 解编各种类型的货物列车；

(2) 组织和取送本地区的小运转列车；

(3) 设在编组站的机务段还需为列车供应动力，办理整备、检修机车作业；

(4) 设在编组站的车辆段及其下属单位（站修所、列检所）还要对车辆进行日常维修和定期检修等。

编组站一般设有专用的到达、发车和调车场，以及驼峰调车设备、机车整备和车辆检修设备。编组站通常设在有3条及以上的铁路交会点，或有大量车流集散的工矿企业、港口，以及大城市所在地区。根据在铁路网络中的地位，编组站可分为路网性编组站、区域性编组站、地方性编组站三类。

（二）港口与码头

港口是具有水陆联运设备和条件，供船舶安全进出和停泊的运输枢纽。港口是水陆交通的集结点和枢纽，是工农业产品和外贸进出口物资的集散地，是船舶停泊、装卸货物、上下旅客、补充给养的场所。由于港口是联系内陆腹地和海洋运输的一个天然界面，因此，人们也把港口作为国际物流的一个特殊节点。码头是港口的重要组成部分，图1-6展示的是集装箱码头。

图 1-6　集装箱码头

评价港口运营能力的一个重要指标就是港口的吞吐量，目前中国多个港口年总吞吐量超过一亿吨；另外一个重要的指标是集装箱吞吐量。2022 年，上海港、宁波舟山港、深圳港、青岛港、广州港、天津港、香港港等七个港口已进入集装箱港世界排行前 10 强。国际上，集装箱吞吐量比较大的港口有新加坡港、釜山港、长滩港和鹿特丹港等。

1. 港口按其所在位置分类

港口按其所在位置可分为河港、海港和内河港。

1）河港

河港位于江河沿岸，一般有大城市为依托，水陆交通便利。内河水道往往深入广阔的经济腹地，承担大量的货流量，故世界上许多大港都建在河口附近，如鹿特丹港、伦敦港、纽约港、圣彼得堡港、上海港、南沙港等。河港的特点是，码头设施沿河岸布置，离海不远而又不需建防波堤。图 1-7 是南沙港全自动化码头，图 1-8 是珠江入海口及广州南沙港。

图 1-7　南沙港全自动化码头

图 1-8　珠江入海口及广州南沙港

2）海港

海港位于海岸、海湾或潟湖内，也有离开海岸建在深水海面上的。位于开敞海岸或天然掩护不足的海湾内的港口，通常需要修建相当规模的防波堤，如大连港、青岛港、连云港港、基隆港、意大利的热那亚港等。供巨型油轮或矿石船靠泊的单点或多点系泊码头和岛式码头属于无掩护的外海海港，如利比亚的卜雷加港、黎巴嫩的西顿港等。潟湖被天然沙嘴完全或部分隔开，开挖运河或拓宽、浚深航道后，可在潟湖岸边建港，如广西北海港。也有完全靠天然掩护的大型海港，如东京港、香港港、深圳港、悉尼港等，图1-9是深圳盐田港。

图1-9　深圳盐田港

3）内河港

内河港是指位于天然河流或人工运河上的港口，包括湖泊港和水库港。湖泊港和水库港水面宽阔，有时风浪较大，因而同海港有许多相似处，如需要修建防波堤等。俄罗斯的古比雪夫水库、齐姆良斯克水库等大型水库上的港口和中国洪泽湖上的小型港口均属此类。

港口按潮汐的影响分为开敞港、闭合港以及混合港。港内水位潮汐变化与港外相同的港口称为开敞口；在港口入口处设闸，将港内水域与外海隔开，以使港内水位不随潮汐变化而升降，保证在低潮时港内仍有足够水深的港口称为闭合港，如英国的伦敦港属于此类；兼有开敞港港池和闭合港港池的港口称为混合港，如比利时的安特卫普港（图1-10）属于此类。

图1-10　比利时安特卫普港

2. 港口按用途分类

港口按用途可分为商港、渔港、工业港、军港和避风港等。

1) 商港

商港是指主要供旅客上下和货物装卸转运用的港口。商港又分为一般商港和专业港。一般商港即用于旅客运输和装卸转运各种货物的港口，如上海港、深圳港、天津港、大连港、宁波舟山港、鹿特丹港、纽约港、伦敦港、神户港等；专业港是专门进行某一种货物或以此种货物为主的装卸港，如我国香港的维多利亚港主要从事集装箱运输，秦皇岛港主要进行煤炭运输，澳大利亚的丹皮尔港以装运铁矿石为主。表1-3所列是2022年全国主要港口货物吞吐量排名。

表1-3　2022年全国主要港口货物吞吐量排名

排名	港口	1—12月（万吨）	同比增速
1	宁波舟山港	126134	3.0%
2	唐山港	76887	6.4%
3	上海港	72777	−5.4%
4	青岛港	65754	4.3%
5	广州港	65592	0.7%
6	苏州港（内河）	57276	1.2%
7	日照港	57057	5.4%
8	天津港	54902	3.7%
9	烟台港	46257	9.3%
10	北部湾港	37134	3.7%
11	泰州港（内河）	36444	3.3%
12	江阴港（内河）	35062	3.9%
13	黄骅港	31510	1.2%
14	大连港	30613	−3.0%
15	福州港	30164	10.3%
16	连云港港	30111	11.9%
17	南通港（内河）	28508	−7.6%
18	深圳港	27243	−2.1%
19	南京港（内河）	27155	1.1%
20	湛江港	25376	−0.7%

注：本表来源于港口圈。

2) 渔港

渔港是指专为渔船服务的港口，如沈家门渔港。

3）工业港

工业港是指固定为某一工业企业服务的港口。它专门负责为该企业进行原料、产品和所需物资的装卸转运工作提供服务，如宝钢港、甘井子港等。

4）军港

军港是指专供军船用的港口，如旅顺军港、舟山军港、青岛军港（图1-11）等。

图1-11　青岛军港

5）避风港

避风港是指供大风情况下船舶临时避风用的港口，一般只有一些简单的系靠设备。

3. 港口按其在水运系统中的地位分类

港口按其在水运系统中的地位可分为世界性港、国际性港和地区港。

1）世界性港

世界性港是指在各大陆之间有庞大货物流的主要口岸，是国际货物集散的枢纽，如维多利亚港、上海港、新加坡港、伦敦港、马赛港等。表1-4所示是部分全球知名集装箱港。

表1-4　部分全球知名集装箱港

排名	国别	港口	2022年集装箱吞吐量（万吨）	2021年集装箱吞吐量（万吨）	同比增长
1	中国	上海港	4730	4703	0.6%

续表

排名	国别	港口	2022年集装箱吞吐量（万吨）	2021年集装箱吞吐量（万吨）	同比增长
2	新加坡	新加坡港	3730	3757	−0.7%
3	中国	宁波舟山港	3335	3108	7.3%
4	中国	深圳港	3004	2877	4.4%
5	中国	青岛港	2567	2371	8.3%
6	中国	广州港	2486	2447	1.6%
7	韩国	釜山港	2207	2271	−2.8%
8	中国	天津港	2102	2027	3.7%
9	中国	香港港	1657	1780	−6.9%
10	荷兰	鹿特丹港	1445	1530	−5.6%

注：本表来源于 Data 局士。

2）国际性港

国际性港是指与国外一些港口有海运业务联系的港口，如大连港、青海港等。

3）地区港

地区港是指主要为某一地区社会经济服务的港口，如营口港、福州港、威海港等。

4. 按港口在航线中的性质分类

港口按其在航线中的性质可分为基本港和非基本港。

1）基本港

基本港指班轮公司的船舶定期挂靠的港口，大多数位于较大口岸，港口设备条件比较好，货载多而稳定。运往基本港口的货物一般为直达运输，无须中途转船。但有时也有因货量太少，船方决定中途转运的情况，这时由船方自行安排并承担转船费用。在计算运费时，按基本港口运费率向货方收取运费，不得加收转船附加费或直航附加费，并应签发直达提单。表 1-5 所列是我国主要港口，表 1-6 所列是全球其他国家和地区主要港口。

文件 3　全球部分地区其他主要港口

表 1-5　我国主要港口

基本港		基本港	
港口（英文）	港口（中文）	港口（英文）	港口（中文）
BEIHAI PORT	北海港	LIANYUNGANG PORT	连云港港
DALIAN PORT	大连港	SHENZHEN PORT	深圳港

续表

基本港		基本港	
港口（英文）	港口（中文）	港口（英文）	港口（中文）
DANDONG PORT	丹东港	QINGDAO PORT	青岛港
FUZHOU PORT	福州港	QINHUANGDAO PORT	秦皇岛港
GUANGZHOU PORT	广州港	QINZHOU PORT	钦州港
HAIKOU PORT	海口港	QUANZHOU PORT	泉州港
ZHANGZHOU PORT	漳州港	RIZHAO PORT	日照港
JINGTANG PORT	京唐港	ZHONGSHAN PORT	中山港
JINZHOU PORT	锦州港	ZHOUSHAN PORT	舟山港
LAIZHOU PORT	莱州港	ZHUHAI PORT	珠海港
HONGKONG PORT	香港港	KAOHSIUNG PORT	高雄港
KEELUNG PORT	基隆港	TAICHUNG PORT	台中港

表 1-6　全球其他国家和地区主要港口

地区/国家	基本港	
	港口（英文）	港口（中文）
韩国	BUSAN PORT	釜山港
	INCHEON PORT	仁川港
日本	KOBE PORT	神户港
	OSAKA PORT	大阪港
	YOKOHAMA PORT	横滨港
	MOJI PORT	门司港
	NAGOYA PORT	名古屋港
	TOKYO PORT	东京港
欧洲	LE HAVRE PORT	勒阿弗尔港
	ANTWERP PORT	安特卫普港
	ROTTERDAM PORT	鹿特丹港
	HAMBURG PORT	汉堡港
	FELIXSTOWE PORT	费利克斯托港
	SOUTHAMPTON PORT	南安普顿港
	BREMEN PORT	不来梅港

续表

地区/国家	基本港	
	港口（英文）	港口（中文）
地中海	GENOVA PORT	热那亚港
	NAPLES PORT	那不勒斯港
	BARCELONA PORT	巴塞罗那港
	VALENCIA PORT	瓦伦西亚港
	FOS PORT	福斯港
美国西岸	LOS ANGELES PORT	洛杉矶港
	SEATTLE PORT	西雅图港
	OAKLAND PORT	奥克兰港
	LONG BEACH PORT	长滩港
美国东岸	NEW YORK PORT	纽约港
	BALTIMORE PORT	巴尔的摩港
	CHARLESTON PORT	查尔斯顿港
	NORFOLK PORT	诺福克港

2）非基本港

凡基本港口以外的港口都称为非基本港口。非基本港口一般除按基本港口收费外，还需另外加收转船附加费，达到一定货量时则改为加收直航附加费。例如新几内亚航线上的霍尼亚拉港（HONIARA PORT），便是所罗门群岛的基本港口；而基埃塔港（KIETA PORT），则是非基本港口，运往基埃塔港的货物运费率要在霍尼亚拉港的运费率的基础上增加转船附加费。

（三）机场

空港惯称机场，具有执行客货运业务和保养与维修飞机、飞机起飞、飞机降落或临时停机等用途，一般由飞行区、客货运输服务区和机务维修区三部分组成。机场的布局是以跑道为基础来安排的，并以此布置滑行道、停机坪、货坪、维修机坪，以及其他飞机活动场所。图1-12是浦东国际机场布置示意图。我国最重要的空港有北京首都国际机场、上海虹桥国际机场、广州白云国际机场等，图1-13所示是中国第一个全货运机场——鄂州花湖国际机场。

为了使机场各种设施的技术要求与飞机运行的性能相适应，飞行区等级由第一要素的代码和第二要素的代号所组成的基准代号来划分，如表1-7所示。

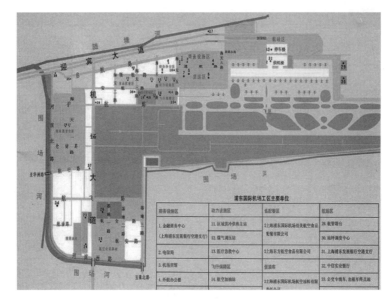

图 1-12 浦东国际机场布置示意图

图 1-13 中国第一个全货运机场——鄂州花湖国际机场

表 1-7 飞行区等级表

第一要素		第二要素		
代码	飞机基准飞行场地长度（m）	代号	翼展（m）	主要起落架外轮外侧间距（m）
1	<800	A	<15	<4.5
2	800～1200	B	15～24	4.5～6
3	1200～1800	C	24～36	6～9
4	≥1800	D	36～52	9～14
		E	52～65	9～14

第一要素是根据飞机起飞着陆性能划分的要素，第二要素是根据飞机主要尺寸划分的要素。如 B757-200 飞机需要的飞行区等级为 4D。

根据机场的通信导航设备、跑道灯光设备、目视助航设备、仪表着陆系统和雷达引航能力等条件，可以把机场分为不同的等级。

1. 一级机场

一级机场供国内和国际远程航线使用，能起降 160 t 以上（起飞全重，下同）的飞机，机场跑道通常为三类或二类精密进近跑道、4E 或 4D 级跑道。

2. 二级机场

二级机场供国内和国际中程航线使用，能起降 70~160 t 的飞机，机场跑道通常为二类或一类精密进近跑道。

3. 三级机场

三级机场供近程航线使用，能起降 20~70 t 的飞机，机场跑道通常为一类精密进近跑道。

（四）汽车站

汽车站是公路运输部门重要的基层单位之一，专门办理客、货运输业务，组织和调度车辆运行，可分为客运站和货运站。

1. 客运站

客运站是指专门办理旅客运输业务的汽车站，一般设在公路旅客集散点，其规模大小视当地的客运量而定。我国把汽车客运站分为三等：省辖市及港口、铁路枢纽一般设一等站；县、市人民政府驻地一般设二等站；乡政府驻地或较大集镇设三等站。客运站的主要工作分商务和车务两大部分。商务如售票、接受行李包裹的托运等；车务如车辆的调度、检查、加油、维修、接收和发送等。客运站的组织机构和人员配备视其等级和业务繁简而定，通常设有售票处、问事处、行包托运处、小件寄存处、候车室、停车场等。大的客运站还为旅客和车辆驾乘人员提供食宿设施。

日本和欧美一些国家发展了一种综合客运站。它由铁路车站、汽车站和城市其他交通场站，以及商店、服务业设施联合构成。站内布局紧凑，形成地上、地下覆盖多层的客运综合服务建筑物。

2. 货运站

货运站是指专门办理货物运输业务的汽车站，一般设在公路货物集散点。货运站的主要工作是组织货源、受理托运、理货、编制货车运行作业计划，以及车辆的调度、检查、加油、维修等。站内一般设有营业室、调度室、停车场、驾驶人员食宿站等，有的还配备了装卸设备和装卸人员。

货运站要定期进行货源调查，掌握辖区内货物的流量、流向、流时及其变化规律和道路通阻情况，协助物资部门编制托运计划，签订运输合同，并执行货车运行作业计划，及时处理运行中出现的问题，做好商务事故的记录、报告、查询与处理工作。

在公路运输较发达的一些国家，有些货运站还是组织联运的基地。它将一些长途运输业务安排其他运输方式进行运输，组织和协调各种运输方式的衔接和配合。有些货运站既是运输组织中心，又是货运信息中心。

（五）管道站

管道站（图1-14）常称输油（气）站，是沿管道干线为输送油（气）品而建立的各种作业站的统称，是通过给液流增加能量（压力）以改变其温度、提高液流流动性的场所。管道站按其所处位置的不同可分为首站（起点站）、末站（终点站）和站，中间站按其设备不同又可分为中间泵站、加热站、热泵站、分（合）输站和减压站等。

图1-14 管道站

1. 首站

首站是长输管道的起点，通常位于油（气）田、炼油厂或港口附近。其任务主要是接收来自油（气）田的原油（天然气）或来自炼油厂的成品油，经计量、加压后输往下一站。此外还有发送清管器、油品化验、收集和处理污油等作业。有的首站还兼有油品预处理任务，如原油的脱盐、脱水、脱机械杂质、加添加剂或热处理等。

2. 末站

末站位于管道的终点，往往是收油单位的油（气）库（例如炼油厂的原油库）或转运油库，或两者兼有。接收从管道来的油（气），将合格的油品经计量后输送给收油单位,或改换运输方式,如转换为铁路、公路或水路继续运输,解决管道运输和其他运输方式之间运输量不均衡的问题。

3. 中间站

中间站位于管道沿线,中间站的设置一般是根据输油工艺中水力和热力计算,及沿线工程地质、建设规则等方面的要求来确定的。中间站的主要任务是给油(气)流提供能量(压力、热力),它可能是只给油(气)品加压的泵站,也可能是只给油(气)品加热的加热站,或者是两者兼有的热泵站。

管道运输是一种相对独特的运输方式,它的动力设备与载货容器的组合较为特殊,载货容器为干管,动力设备为泵(热泵)站,因此设备总是固定在特定的空间内,不像其他运输工具那样可以凭借自身的移动带动货物移动,故可将泵(热泵)站视为运输工具,甚至连同干管都可以视为运输工具。

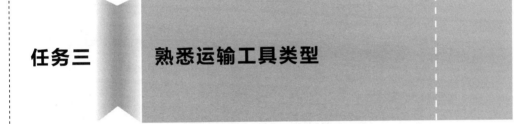

任务三 熟悉运输工具类型

【任务目标】

在熟悉运输系统的基础上,深入了解各种运输方式有哪些运输工具,为合理选择运输工具打好基础。

◆ 知识目标:了解运输工具的类型及其适装货物。
◆ 技能目标:根据给定的货物选择适当的运输工具。
◆ 素养目标:了解运输工具的发展历程,增强对我国运输行业发展巨变的自豪感。

 一、铁路运输工具

(一)铁路机车

机车(俗称火车头)是铁路运输的动力,列车的运行或在车站进行有目的的移动均需机车牵引或推送。从原动力看,机车可分为蒸汽机车(如东风型)(图 1-15)、内燃机车（如东方红型）（图 1-16）、电力机车（如韶山型）（图 1-17）、动车（图 1-18）。

图 1-15　蒸汽机车

图 1-16　内燃机车

图 1-17　电力机车

图 1-18　动车

（二）铁路车辆

在物流领域中使用的铁路车辆主要有以下六种。

1. 平车

平车主要用于运送钢材、木材、汽车、机械设备等体积或重量较大的货物，同时也可以装载各类铁路集装箱。这种车体自重较小，装运吨位较高，且无车厢栏板的制约，装卸较方便，必要时可装运超宽、超长的货物，如图 1-19 所示。我国自行设计和制造了多种平车，从结构上来分，主要有平板式平车和带活动墙板式平车两种。平车在铁路上用 N 表示，车型主要有 N12、N60、N16 和 N17 等，载重为 60 吨。

图 1-19　铁路平车（N）

2. 敞车

所谓敞车是指具有端壁、侧壁、地板而无车顶，向上敞开的货车。敞车主要运送煤炭、矿石、木材、钢材等大宗货物，也可用来运送重量不大的机械设备。若在所装运的货物上蒙盖防水帆布或其他遮篷物后，可代替棚车承运怕雨淋的货物，因此敞车具有很大的通用性，在货车组成中数量最多，如图1-20所示。我国全铁路线的敞车占货车总数的50%以上。敞车在铁路上用C表示，通用敞车有C61、C62、C62A、C62B、C64K、C70、C70B、C70H、C76H等，载重60多吨。

图1-20　铁路敞车（C）

3. 棚车

棚车是铁路的通用车辆，如图1-21所示。主要是封闭式车型，可装运贵重物品，防雨、防潮、防止丢失、散失。棚车较多采用侧滑开门式，可采用小型叉车、手推车进入车厢内装卸；也有棚车车顶设滑动顶棚，拉开后和敞车类似，可采用吊车从上部装卸。随着我国经济发展水平的提高，棚车的需求量大增，尤其是发达地区，所以在我国珠三角和长三角地区常存在棚车紧张的情况。棚车在铁路上用P表示，主要车型有P60、P61、P62、P63、P64、P65等，载重60吨左右。

图1-21　铁路棚车（P）

4. 罐车

罐车是车体呈罐形的运输车辆,用来装运各种液体、液化气体和粉末状货物等,这些货物包括汽油、原油、植物油、液氨、酒精、水、酸碱类液体、水泥、氧化铅粉等,如图 1-22 所示。罐车在运输中占有很重要的地位,约占货车总数的 18%。罐车在铁路上用 G 表示,载重 50 吨左右。

图 1-22 铁路罐车 (G)

5. 保温车及冷藏车

保温车及冷藏车是指能保持一定温度并能调温和冷冻运输的车辆。图 1-23 所示为铁路冷藏车。保温车及冷藏车能用于冬、夏等季节生、鲜食品的运送。其在铁路上用 B 表示。

图 1-23 铁路冷藏车 (B)

6. 特种车

特种车是指装运特殊货物的车辆(图 1-24、图 1-25),如长、大货物车和牲畜装运车等。

图 1-24 铁路漏斗车

图 1-25 铁路甘蔗专用车

二、公路运输工具

公路运输工具的核心是汽车。汽车是指具有独立的原动机，能自行驱动，不依赖轨道运行的陆上运输工具。在物流领域中使用的汽车货车种类很多，可大致分为三大类：一般货车、半拖车、全拖车。

一般货车指引擎操作室与车体本身固定连接的一体式车辆，大致分为两类：框式货车、倾卸式货车。这两类车体又包含全密式、半密式、开放式三种。

半拖车（又称半挂车）（图 1-26、图 1-27）指引擎操作室与车体本身可分离，亦可通过工具连接的车辆，其加挂部分一般统称为板架、拖架或半拖车架。半挂车本身没有发动机驱动，它是由牵引车或其他汽车通过杆式或架式拖挂装置牵引的一类货车。它的部分重量是由牵引车的底盘承受，只有与牵引车或其他汽车一起组成汽车列车，方能构成一个完整的运输工具。

图 1-26　公路半挂车

图 1-27　码头集装箱半挂车

全拖车（又称全挂车）（图 1-28）由全挂式牵引车或一般汽车牵引，结合板架、拖架或半拖车架组成的一类货车。由于全挂车结构简单，保养方便，而且自重小，在运输过程中可以提高运送效率，常用来运送特大货物，其载重可达 300 吨。

图 1-28　全挂车

根据机动车结构术语有关资料，货车可归类为汽车，并且分为以下八种类型。

（一）普通货车

普通货车是指载货部位的结构为栏板的载货汽车，是不包括自动倾卸装置的载货汽车，如图 1-29 所示。

图 1-29　普通货车

普通货车按载重的不同可分为轻型、中型、重型三种；按有无车厢栏板分为平板车、标准栏板车和高栏板车。

1. 轻型货车

轻型货车一般载货吨位在 2 吨以下，多为低货台，人力装卸较方便，主要用于市内集货、配送运输。

2. 中型货车

中型货车一般载货 2～8 吨，主要用于市内运输，在我国城市、乡村地区使用较多。

3. 重型货车

重型货车载货在 8 吨以上，一般是高货台，主要用于长途干线运输。

（二）厢式货车

厢式货车是载货部位的结构为封闭厢体且与驾驶室互相独立的载货汽车，如图 1-30 所示。

厢式货车具有载货车厢，有防雨、隔绝等功能，安全性好，可防止货物散失、盗失等，但由于自重较重，因此无效运输比例较高。

厢式货车按货厢高度分为低货厢货车、高货厢货车两种。低货厢货车的货台在车

图 1-30　厢式货车

轮位置，有凸起，对装车有影响；高货厢货车底座为平板，虽然不大需要人力装卸，但车上可以无障碍堆垛。

厢式货车按开门方式可分为后开门式、侧开门式（图 1-31）、两侧开门式、侧后双开门式、顶开式、翼式（图 1-32）等多种类型。

图 1-31　侧开门式厢式货车

后开门式厢式货车适用于后部装卸，方便手推车等进入装卸，货车与站台接靠时，占用站台位置较短，有利于多车辆装卸；侧开门式厢式货车适用于边部叉车装卸，货车占用站台长度较长；顶开式厢式货车适用于吊车装卸；翼式厢式货车适用于两侧同时装卸。

（三）封闭货车

封闭货车指载货部位的结构为封闭厢体且与驾驶室连成一体，车身结构为一厢式的载货汽车。

图 1-32 翼式厢式货车

（四）罐式货车

罐式货车指载货部位的结构为封闭罐体的载货汽车。

（五）平板货车

平板货车指载货部位的地板为平板结构且无栏板的载货汽车。

（六）集装箱车

集装箱车指载货部位为框架结构且无地板，专门运输集装箱的载货汽车。

（七）自卸货车

自卸货车指载货部位具有自动倾卸装置的载货汽车。这种类型的车都是力求使运输和装卸有机结合，在没有良好的装卸设备的条件下，依靠本车附属设备可进行装卸作业。如随车吊（图1-33）、尾部带自动升降板的尾板车（图1-34）、自卸车（图1-35）等。

（八）特殊结构货车

特殊结构货车指载货部位为特殊结构，专门运输特定物品的载货汽车。如运输小轿车的双层结构载货汽车，运输活禽畜的多层结构载货汽车。

这类车仅适于装运某种特定的、用普通货车或厢式货车装运效率较低的货物。它的通用性较差，往往只能单程装运，因此运输成本高。如汽车搬运车（图1-36）、散装水泥车（图1-37）、油罐车（图1-38）、洒水车（图1-39）、混凝土搅拌车（图1-40）、垃圾车（图1-41）、挂肉车（图1-42）等。

图 1-33 随车吊

图 1-34 尾板车

图 1-35 自卸车

图 1-36　汽车搬运车

图 1-37　散装水泥车

图 1-38　油罐车

图 1-39　洒水车

图 1-40　混凝土搅拌车

图 1-41　垃圾车

图 1-42　挂肉车

目前物流领域使用最多的是用于短距离配送的小型厢式货车，长途运输常用集装箱车。

随着车辆发展的大型化、重载化趋势，目前常见的运载泡货的长途货车车身普遍在 15 米以上，运载重货的长途货车载重在 30 吨以上。图 1-43 和图 1-44 展示的是长途货车。

图 1-43　正在装货的长途货车

图 1-44　停靠中的长途货车

对于货车来说，由于驾驶室和发动机的位置不同，还可以划分为四种不同的类型，包括长头式、短头式、平头式、偏置式货车。长头式货车的特点是发动机的部位在驾驶室的前面；如果发动机的少部分在驾驶室内，那就是短头式货车；如果发动机的位置在驾驶室里面，为平头式货车；如果驾驶室偏置在发动机旁边，就为偏置式货车。

三、水路运输工具

水路运输工具也称浮动工具、浮动器，包括船、驳、舟、筏。船和驳是现代水路运输工具的核心。船装有原动机，而驳没有动力装置。

物流领域使用的货船主要分为以下几类。

（一）集装箱船

集装箱船是指专门用来装载集装箱或混装集装箱的高速货船。集装箱船具有瘦长的船体外形，为了减少风浪的影响，一般都采用球鼻艏船型，如图 1-45 所示。各种货物在装船前就已事先装入标准集装箱内，集装箱的装卸作业通常由岸上的起重机进行。集装箱船一般不配备装卸设备。

图 1-45　集装箱船

集装箱船以运载 20 英尺标准集装箱（TEU）的数量来表示船只的大小。1000TEU 以下的集装箱船为支线船，其吨位在 3000～5000 吨，远洋航线集装箱船的吨位大多都在 6000 吨以上，巨型集装箱船 CMA CGM Alexander von Humboldt（即"达飞洪堡德"轮）可运载超过 16000TEU。集装箱船的船速多在 20 节（1 节＝1 海里/小时＝1.85 千米/小时）以上，最高可达 33 节，是最快的货船类型之一。

一艘集装箱船的货物装卸速度大约是相同吨位的普通货船的 3 倍，而大型高速集装箱船的装卸速度大约是同吨位普通货船的 4～5 倍。因此，使用集装箱船可减少船舶停靠码头的时间，加快船舶周转速度，提高船舶、车辆及其他交通工具的利用率。集装箱船由于可以节约装卸劳动力，减少运输费用，同时可以减少货物的损耗和损失，保证运输质量，加上集装箱船装卸效率高，所以其已成为目前远洋运输的主流，矿石、煤炭、石油、粮食等大宗物资也都使用集装箱船。

集装箱船经历了好几代的发展，已成为世界范围内重要的水路运输工具之一。

第一代集装箱船的问世可追溯至 20 世纪 60 年代。横穿太平洋、大西洋的 17000～20000 载重吨（dead weight tonnage，DWT）的集装箱船可装载 700～1000TEU。

第二代集装箱船发展于 20 世纪 70 年代。40000～50000DWT 的集装箱船的装箱量增加到了 1800～2000TEU，船速也由第一代的 23 节提高到 26～27 节。

第三代集装箱船是在 1973 年石油危机之后发展起来的。这一代集装箱船船速降至 20～22 节，通过增大船体尺寸，装箱量可达 3000TEU。第三代集装箱船成为"高效节能型"船。

第四代集装箱船是 20 世纪 80 年代后期发展起来的。这一代集装箱船采用了高强度钢、大功率柴油机等新技术，可装载 4400TEU，因其宽度小于或等于 32.3 米，能通过巴拿马运河，故又被称为"巴拿马型"。

第五代集装箱船是通过对"巴拿马型"集装箱船船体的略微改进，以及对集装箱排列的优化，特别是增加集装箱的罗列层而产生的新型集装箱船。20 世纪 90 年代末，"巴拿马型"集装箱船的装载能力接近 5000TEU；20 世纪 90 年代中期，德国制造了 5 艘 APLC-10 型集装箱船，其船体长度和宽度之比为 7∶1～8∶1，可装载 4800TEU，因其宽度超过了 32.3 米，不能经过巴拿马运河，故被称为"超巴拿马型"。

第六代集装箱船是最新一代集装箱船。1996 年春，载箱能力为 6000TEU 的"REGINA MAERSK"投入使用。1997 年 8 月，载箱能力为 6600TEU 的"SOVEREIGN MAERSK"问世。2002 年，出现了 8600TEU 超大型集装箱船。2005 年，9200TEU 集装箱船投入营运。2006 年，11000TEU 集装箱船在海运航线上首次展露风姿。2008 年，13800TEU 集装箱船横空出世。2013 年，巨型集装箱船 ULCS（ultra large container ship）出现，其装载量还在不断扩大。图 1-46 展示的是巨型集装箱船。

图 1-46　巨型集装箱船

（二）散货船

散货船是散装货船的简称，专门用来运输不加包装的货物，如煤炭、矿石、木材、牲畜、谷物等。散装运输谷物、盐、水泥等大宗干散原材料或农产品货物的船舶，都可以称为干散货船。散装货物一般都是廉价的原材料或农产品，因此散货船的运量很大，但通常都是单向运输。

散货船通常分为如下几个级别。

1. 灵便型散货船

灵便型散货船指载重量在 2～5 万吨的散货船，其中超过 4 万吨的船舶又被称为大灵便型散货船（handymax bulk carrier）。众所周知，干散货是海运的大宗货物，这些吨位相对较小的船舶对航道、运河及港口具有较强的适应性，载重量适中，且多配有起卸货设备，营运方便灵活，因而被称为"灵便型"。

2. 巴拿马型散货船

巴拿马型散货船是指在满载情况下可以通过巴拿马运河的大型散货船，即主要满足船舶总长不超过 274.32 米，型宽不超过 32.3 米等运河通航有关规定的散货船。这类船可以根据需要，调整船舶的尺度、船型及结构来改变载重量，该型船载重量一般在 6 万～7.5 万吨之间。

3. 好望角型散货船

好望角型散货船指载重量在 18 万吨左右的散货船，该船型以运输铁矿石为主，由于船型限制而不可能通过巴拿马运河和苏伊士运河，需绕行合恩角和好望角，故得此名。在我国台湾省，人们称之为"海岬型"散货船。但近年苏伊士运河管理局已放宽通过苏伊士运河的船舶的吃水限制，该型船多可满载通过该运河。

4. 大湖型散货船

大湖型散货船是指经由圣劳伦斯河水道航行于美国、加拿大交界处五大湖区的散货船，以承运煤炭、铁矿石和粮食为主。该型船在尺寸上要满足圣劳伦斯河水道通航要求，船舶总长不超过 222.50 米，型宽不超过 23.16 米，且桥楼任何部分不得伸出船体外，吃水不得超过各大水域最大允许吃水量，桅杆顶端距水面高度不得超过 35.66 米。该型船载重量一般在 3 万吨左右，大多配有起卸货设备。

（三）油船

油船，又称油轮，是专门用来装运散装石油（原油及石油产品）、液体货物的船舶，是远洋运输中的特大型、大型船舶。油船上的货物是通过油泵和输油管进行装卸的，故油船上无须设置吊货杆或起货设备。目前，油船载重量普遍在 5 万吨以上，大型油船在 20 万～30 万吨，超大型油船已达 50 万吨以上，图 1-47 展示的是世界超级油船诺克·耐维斯号。

图 1-47　世界超级油船诺克·耐维斯号

（四）液化气船

液化气船是专门用来装运液化天然气和石油气的船舶。其中专门装运液化天然气的船称液化天然气船，专门装运液化石油气的船称为液化石油气船。液化气船的液舱结构不同于其他货船，而是采用全密封的金属罐。考虑建造费用等问题，目前的大型液化石油气船大多采用冷冻式。液化气船的吨位一般为 6 万～13 万立方米，航速为 17～20 节。

（五）滚装船

滚装船是专门用来装运载货车辆，以其为货物单元的船舶，是一种快速运输货物的新型船舶，如图 1-48 所示。它的优点是船和码头都不需设置起重设备，载货车辆能够带货自行上船或下船，装卸速度快、效率高，是实现水陆直达运输的好方法。由于载货车辆需占用大量货舱容积，因此货舱的利用率低，运输成本高。滚装船的吨位一般在 5000～30000 吨，航速在 18～22 节。

图 1-48 滚装船

（六）载驳船

载驳船是专门用来装运载货驳船，以其为货物单元的船舶。载驳船的运输方法是先将各种货物装在统一规格的驳船里，再将驳船装到载驳船上。到达中转港后，卸下驳船，然后用拖船或推船将驳船拖带或顶推到目的港。它的最大优点是装卸效率高，且不受港口水深的影响，无须占用码头泊位，无须装卸机械，无须对货物换装、捣载。目前比较常见的载驳船有拉西型和西比型两种。

（七）冷藏船

冷藏船是指设有冷藏设备，专门用来装运易腐鲜活货物的船舶，其吨位一般较小，大都在几百至几千吨，航速相对较高，一般在20节左右。

四、航空运输工具

（一）飞机

用于物流领域的航空运输设备主要有货机和客货机两类。客货机以运送旅客为主，运送货物为辅。

客货机即普通客机，是可以同时承担载客与载货任务的飞机。客货机有两种机型："COMBINE"机型和"QC"机型。"QC"机型即可以快速实现客机改货机的机型，航空公司可以把飞机充当全客机或者全货机使用，而拆除、安装座椅只需要非常短的时间。这样航空公司就可以白天运乘客，晚上把飞机改装成货机运货。

视频1
飞机机型介绍

全货机是指机舱全部用于装载货物的飞机。全货机一般为宽体飞机，主舱可装载大型集装箱。目前世界上最大的全货机载重达250吨，通常商用大型全货机载重在100吨左右。

商用大型全货机 B747F 载重达 100 吨，拥有 56 立方米的载货容积或 29 个 20 英尺的航空集装箱舱位。世界上主要的飞机机型有波音系列（B-）、麦道系列（MD-）、空中客车系列（A-）、图系列（TU-）。除这些主要机型外，我国还有运系列（Y-）等。图 1-49 展示的是正在装货的飞机。

图 1-49　装货时的飞机

飞机按机身尺寸可以分为窄体飞机和宽体飞机（图 1-50）。窄体飞机机身宽大约 3 米，旅客座位之间有一条走廊，货物往往在下舱装货，主要装运散货；宽体飞机机身较宽，客舱有两条走廊，机身宽度一般在 4.72 米以上，这类飞机可以装运集装箱货物和散货。

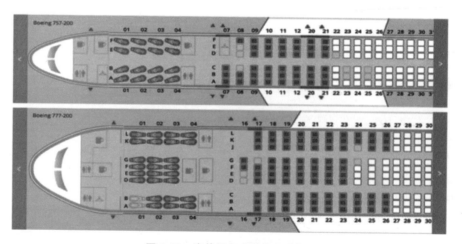

图 1-50　窄体机与宽体机示意图

主流的飞机制造商有波音公司（Boeing）和空中客车公司（Airbus）。

在宽体客机中，波音 747 是典型的代表。波音 747 最大航程为 9800～15000 千米，载客量为 366～467 人。波音 747 又可以细分为 B747-100、B747-200、B747-300、B747-400 等机型。除了波音 747，波音 777 和波音 787（图 1-51）也是宽体飞机。

图 1-51 波音 787 内景图

空中客车公司（简称空客）的 A300、A310、A330、A340 和 A380 也是宽体飞机。当然，A380 这样的空中"巨无霸"称超宽体飞机更合适。空客的 A380 是唯一的超宽体客机，也是仅有的一款四走道客机。

大型飞机一般前舱装板，后舱装箱，前舱的板可以换成箱，散舱位于飞机的尾部。大板一般以 2500 千克为宜，小板一般以 2300 千克为宜，限载时要少装，不限载时可多装。大箱一般以 800 千克为宜，小箱一般以 600 千克为宜，不限载时可多装，限载时要少装。

波音 787（图 1-52）比较特殊，介于宽体和窄体之间，可以被称为半宽体飞机。

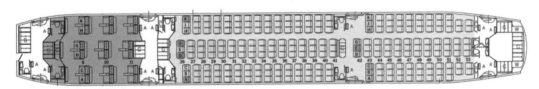

图 1-52 波音 787 舱位图

中国的运输机研制经历了复杂的过程。1980 年 9 月 26 日，运-10（Y-10）飞机在上海成功首飞。运-10 飞机项目没有正式投入商用，但"独立自主，大力协同，无私奉献，不断创新"的运-10 精神却被一代代"飞机人"传承了下来。而运-20（图 1-53）是中国研究制造的新一代军用大型运输机，于 2013 年首飞。

图 1-53 运-20

ARJ21 机型，中文名字为"翔凤"。2002 年开始启动，2008 年底实现首飞，目前已经规模化生产。

C919 中型客机（图 1-54），全称 COMAC C919。C 是 China 的首字母，COMAC 是中国商用飞机有限责任公司英文缩写，第一个"9"的寓意是天长地久，"19"代表着该机型的最大载客量为 190 座，是中国首款按照最新国际适航标准生产、具有自主知识产权的干线民用飞机，目前已经试飞。

图 1-54　C919 中型客机

C919 首飞成功，意味着中国航空制造领域实现了从量变到质变的跨越，预示着我们摆脱了大型飞机技术上的封锁，又少了一个"卡脖子"的技术，预示着中国的航空制造业迈入了强国的行列，激发了民族的自豪感和自信心，为加强国防建设，实现中华民族伟大复兴的中国梦添上了浓重的一笔。

文件 4　常见机型舱门及装载　　　文件 5　常见航空器机型数据

（二）集装器

在航空运输中，航空公司为了避免用人工方式将散货逐一搬上飞机，会采用航空集装箱（container）或者集装板（pallet）来将货物、行李或者邮件集中到某一个载具上，以此提高货物的运输时效，装载的设备就叫航空集装器（图 1-55），英文名为"unit load device"，简称 ULD。

视频 2
航空集装器介绍

图 1-55　航空集装器

飞机的形状由其空气动力学的特性决定，所以航空集装箱是专门针对飞机的机身和货舱的形状所设计的，部分航空集装箱采取了截角或圆角的设计，以此来保证货舱有限空间的最大装载率。不同的机型依据空间大小装载不同规格的航空集装箱。

航空载具的规格受飞机型号的限制，全货机可以使用所有的载具，而客机只能使用集装板和航空集装箱。由于载具尺码的限制，只能在载具允许的尺码范围内接货；超出尺码的，只能用其他运输方式来解决，比如采用集装箱船或者滚装船。

为了方便标记和识别航空集装器，国际航空运输协会（国际航协）规定了表示航空集装器的种类、规格和所属人代码。承运人的航空集装器在投入使用前，必须在国际航空运输协会处注册代码。常见的集装器种类代码有 AKE、DPE、ALF、AMP、DQF、AMA、HMJ 等。图 1-56 是关于航空集装器代码构成的介绍。

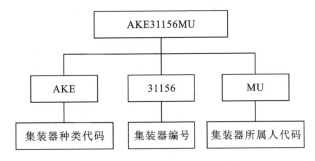

图 1-56　航空集装器代码构成

AKE 代表集装器种类代码，31156 代表集装器编号，MU 代表集装器所属人代码，这里指中国东方航空集团有限公司。

AKE 也有丰富的含义，其中 A 指适航审定的航空集装箱，还可以采用 D、F、G、J、M、N 等代码，代表集装器种类，如图 1-57 所示。

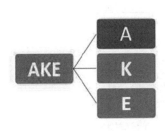

字母	含义
A	CERTIFIED AIRCRAFT CONTAINER 适航审定的集装箱
D	NON-CERTIFIED AIRCRAFT CONTAINER 非适航审定的集装箱
F	NON-CERTIFIED AIRCRAFT PALLET 非适航审定的集装板
G	NON-CERTIFIED AIRCRAFT PALLET NET 非适航审定的集装板网套
J	THERMAL NON-STRUCTURAL CONTAINER 非适航审定的结构保温集装箱
M	THERMAL NON-CERTIFIED AIRCARFT CONTAINER 非适航审定的保温集装箱
N	CERTIFIED AIRCRAFT PALLET NET 适航审定的集装板网套
P	CERTIFIED AIRCRAFT PALLET 适航审定的集装板
R	THERMAL CERTIFIED AIRCARFT CONTAINER 适航审定的保温箱
U	NON-STRUCTURAL IGLOO 非结构集装棚

图 1-57　集装器种类代码第一个字母含义

集装器种类代码的第二个字母表示集装器底板尺寸，此处的 K 意味着，航空集装箱的尺寸是 1534 mm×1562 mm，其他还有 A、B、E、F、G、H 等不同尺寸和规格，如图 1-58 所示。

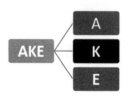

A	2235×3175
B	2235×2743
E	2235×1346
F	2438×2991
G	2438×6058
H	2438×9125
J	2438×12192
K	1534×1562
L	1534×3175
M	2438×3175
N	1562×2438
P	1194×1534
Q	1534×2438
X	2438<最大长度<3175
Y	最大长度<2438
Z	最大长度>3175

图 1-58　集装器种类代码第二个字母的含义（mm）

集装器种类代码中的第三个字母表示集装器的外形轮廓及适配机型、舱位。上述例子中的 E 代表该集装器适用于 B747、A310、DC10、L1011 等机型，除了 E 之外还有 N、P、A、G 等字母。

文件 6　集装器外形轮廓代码

除了航空集装箱之外，航空运输中还会使用集装板（图 1-59），集装板主要是一块铝制的平板，四周有用于固定网罩的网扣，中间略微凹陷，将货物摆放在上面后，可用薄膜将集装板缠绕整齐并加盖网罩固定。常见的集装板型号有 PGA、PMC、PQP、P6P、PEB、P1P、PAG、PLA 等。集装板最大可装载 3175 kg，集装板适载机型包括 B747、B747F、B777 等。机场配载工作人员或者货代要根据集装器具体规格要求合理配载装机，确保飞机及集装器的高效装载。

图 1-59　航空集装板

五、托盘及集装板

（一）托盘

托盘是使静态货物转变为动态货物的媒介，它是一种载货平台，而且是活动的平台，或者说是可移动的地面。放在地面上失去灵活性的货物，一旦装上托盘便立即获得了活动性，成为灵活的流动货物，因为装在托盘上的货物，在任何时候都处于可以实现转移运动的准备状态中。

现行国家标准《物流术语》对托盘（pallet）的定义是用于集装、堆放、搬运和运输放置作为单元负荷的货物和制品的水平平台装置。作为与集装箱类似的一种集装设备，托盘现已广泛应用于生产、运输、仓储等领域，被认为是 20 世纪物流产业中两大关键性创新之一。

（二）托盘类型

1. 平托盘

平托盘几乎是托盘的代名词，托盘通常指平托盘，因为平托盘使用范围最广，利用数量最大，通用性最好。

2. 柱式托盘

柱式托盘分为固定式和可卸式两种，其基本结构是托盘的 4 个角有钢制立柱，柱子上端可用横梁连接，形成框架。柱式托盘的主要作用：一是利用立柱支撑重量物，往高处叠放；二是可防止托盘上放置的货物在运输和装卸过程中发生塌垛。

3. 箱式托盘

箱式托盘是四面有侧板的托盘，有的箱体上有顶板，有的没有顶板。箱板有固定式、折叠式、可卸下式三种；四周的栏板有板式、栅栏式和网式。四周栏板为栅栏式的箱式托盘也称笼式托盘或仓库笼。箱式托盘防护能力强，可防止塌垛和货损，可装载不能稳定堆码的货物，应用范围广。

4. 轮式托盘

轮式托盘与柱式托盘和箱式托盘相比，下部多了小型轮子。因此，轮式托盘具有能短距离移动，自行搬运或滚上、滚下的装卸优势，用途广泛，适用性强。

5. 特种专用托盘

由于托盘作业效率高、安全稳定，在一些要求快速作业的场合，托盘的重要性尤其突出，所以各国纷纷设计出了多种多样的专用托盘，各国采用的这类托盘不计其数。例如航空托盘、平板玻璃托盘、油桶专用托盘、货架式托盘、长尺寸托盘、轮胎托盘等。

（三）托盘标准

ISO 6780 标准中列出了多种托盘规格，包括 1200 mm×1000 mm、1200 mm×800 mm、1219 mm×1016 mm、1140 mm×1140 mm、1100 mm×1100 mm 和 1067 mm×1067 mm 等，这些都是国际标准规格。我国常用的托盘标准有两种，即 1000 mm×1200 mm 和 1100 mm×1100 mm。我国是一个贸易大国、出口强国，所以需要了解货物出口到不同国家所需托盘的主要尺寸。

（1）美国出口托盘。对美国进行外贸出口时，托盘的标准尺寸为：1200 mm×1000 mm。

（2）英国出口托盘。向英国进行外贸出口的托盘标准尺寸一般有：1200 mm×800 mm、1000 mm×1000 mm、1200 mm×1000 mm。

（3）德国出口托盘。向德国进行外贸出口的托盘尺寸一般为：1200 mm×800 mm。

（4）法国出口托盘。向法国进行外贸出口的托盘尺寸一般为：1200 mm×800 mm。

（5）澳大利亚出口托盘。向澳大利亚进行外贸出口的托盘尺寸为 1100 mm×1100 mm。

（6）日本出口托盘。向日本进行外贸出口的托盘标准尺寸要求不超过 1100 mm×1100 mm。很多客户会使用田字型托盘。

（7）韩国出口托盘。向韩国进行外贸出口的托盘和向日本进行外贸出口的托盘的标准尺寸差不多，一般田字型 1100 mm×1100 mm 的塑料托盘就够用了。

（8）加拿大出口托盘。向加拿大进行外贸出口的托盘标准尺寸有：1140 mm×1140 mm、1067 mm×1067 mm。

（9）新加坡及其周边国家出口托盘。向新加坡及其周边国家进行外贸出口的托盘标准尺寸有：1100 mm×1100 mm、1100 mm×1400 mm、1200 mm×800 mm、1200 mm×1000 mm 及 1200 mm×1200 mm。

任务四 精通运输线路

【任务目标】

在熟悉运输系统的基础上,熟悉各类运输线路及经过该线路大致的运输时间,为选择合适的运输方式打基础。

◆ **知识目标**:熟悉运输有关的基本概念。

◆ **技能目标**:在给定运输时间、运输物品等条件下,选择合理的运输方式和运输线路。

◆ **素养目标**:了解中国高速公路、铁路的规划和布局。

运输线路是供运输工具定向移动的通道,是运输工具赖以运行的物质基础。在现代物流系统中,主要的运输线路有铁路、公路、航线和管道,其中铁路和公路为陆上运输线路,需承受运输工具及其装载物或人的重量,引导运输工具的行进方向;航线分为水运航线和空运航线,主要起引导运输工具定位和定向行驶的作用,不必承受来自运输工具及其装载物或人的重量,船舶等浮动器和飞机等航空器及其装载物或人的重量由水和空气的浮力来支撑;管道是一种相对特殊的运输线路,其严密的封闭性使之部分承担了运输工具的功能。

一、公路线路

(一)公路的主要组成部分

公路是一种线性工程构造物。它主要承受汽车的重复荷载且经受各种自然因素的长期影响。因此,公路的建设要求有很多,不仅要有和缓的纵坡、平顺的线形,而且要有牢固可靠的人工构造物、稳定坚实的路基、平整不滑的路面,以及其他必要的防护工程和附属设备。

公路的基本组成部分包括:路基、路面、桥梁、涵洞、隧道、防护工程(护栏、挡土墙、护脚)、排水设备(边沟、截水沟、盲沟、跌水、急流槽、渡槽、过水路面、渗水路堤)、山区特殊构造物(半山桥、路台、明洞)。此外,为适应行车需要还设置有行车标志、加油站、路用房屋、通信设施、附属工厂及绿化带等。

我国公路常用的路面主要有碎石路面、级配砾石路面、加固土路面、沥青表面处理路面、沥青灌入式路面、沥青碎石路面、沥青混凝土路面、水泥混凝土路面，不同的面层类型适合不同等级的路面。

桥隧是桥梁、涵洞和隧道的简称，都是为车辆通过自然障碍（河流、山岭）或跨越其他立体交叉的交通线而修建的建筑物。桥梁和涵洞的共同点在于车辆在上面运行，主要用来跨越河流。一般桥梁的单跨径较涵洞大，总长较涵洞长。隧道与涵洞相像，但隧道主要用于穿越山丘，车辆是在隧道内运行。根据公路建设的有关规定，凡单孔标准跨径小于 5 米的，或多孔跨径总长小于 8 米的是涵洞，大于上述规定的为桥梁。

（二）公路的分级

根据交通量及使用的性质，公路可分为五个等级。

1. 高速公路

高速公路属于高等级公路。中国交通运输部《公路工程技术标准》规定，高速公路是指能适应年平均昼夜小客车交通量为 25000 辆以上，专供汽车分道高速行驶，并全部控制出入的公路。

2. 一级公路

一级公路是指一般能适应按各种汽车折合成小客车的远景设计年限，年平均昼夜交通量为 15000～30000 辆，车道数为 4，通往重点工矿区、港口、机场，专供汽车行驶的公路。

3. 二级公路

二级公路是指一般能适应按各种汽车折合成中型载重汽车的远景设计年限，年平均昼夜交通量为 3000～7500 辆，车道数为 2，为连接政治、经济中心或大工矿区、港口、机场等地的专供汽车行驶的公路。

4. 三级公路

三级公路是指一般能适应按各种汽车折合成中型载重汽车的远景设计年限，年平均昼夜交通量为 1000～4000 辆，车道数为 2 的公路。

5. 四级公路

四级公路是指一般能适应按各种汽车折合成中型载重汽车的远景设计年限，年平均昼夜交通量为 1500 辆以下（双车道），单车道的交通量在 200 辆以下，车道数为 1 或 2 的公路。

（三）公路的类型

1. 高速公路

为了实现我国高速公路的快速发展，2004 年，国家制定了《国家高速公路网规划》，这是中国历史上第一个具有"终极"意义的高速公路骨架布局规划，标志着高速公路成为中国公路网中最高层次的公路通道。《国家高速公路网规划》采用放射线与纵横网格相结合的布局方案，形成由中心城市向外放射并横贯东西、纵贯南北的大通道，由 7 条首都放射线、9 条南北纵向线和 18 条东西横向线组成，简称为"7918 网"，总规模约 8.5 万千米，其中主线 6.8 万千米，地区环线、联络线等其他路线约 1.7 万千米。

国家高速公路网路线编号由字母标识符和阿拉伯数字组成。由于国家高速公路属于国道网的一部分，因此其字母标识符仍然采用汉语拼音"G"，与一般国道一致。

国家高速公路编号与一般国道编号的区别主要体现在数字位数上。现行的国道编号是 3 位数，国家高速公路的编号采用 1 位、2 位和 4 位数，其中首都放射线采用 1 位数，纵向线和横向线采用 2 位数，地区环线和联络线采用 4 位数。

2. 国道

国道是指具有全国性政治、经济意义的主要干线公路，包括重要的国际公路、国防公路，连接首都与各省、自治区、直辖市首府的公路，连接各大经济中心、港站枢纽、商品生产基地和战略要地的公路。国道网分为四种编号方式，分别以"1""2""3""0"开头。第一类是"1"开头的国道，是首都放射线，共 12 条，编号 101—112；第二类是南北向的国道，以"2"字开头，共 47 条，编号 201—248（无 226）；第三类是东西向的国道，以"3"字开头，共 60 条，编号 301—361（无 313）；第四类是"五纵七横"的主干线，以"0"字开头。

3. 省道

省道又称省级干线公路。在省公路网中，省道具有全省性的政治、经济、国防意义，并经省、自治区、直辖市统一规划确定。省道的编号，以省级行政区域为范围编制。省道放射线的编号，由省道标识符"S"、放射线标识"1"和两位数字顺序号组成，如 S120；省道南北纵线的编号，由省道标识符"S"、南北纵线标识"2"（偶数）和两位数字顺序号组成；省道东西横线的编号，由省道标识符"S"、东西横线标识"3"（奇数）和两位数字顺序号组成。

4. 县道

县道是指具有全县（县级市）政治、经济意义，连接县城和县内主要乡（镇）等主要地方的公路。县道一般由大写字母 X 开头。

二、铁路线路

说起铁路,不得不提京张铁路,它是中国人自主设计并且修建的第一条铁路,是由中国著名的铁路工程设计师詹天佑亲自主持设计和修建的,在当时一度引发了国内外轰动。该条铁路是一条从北京的丰台区,过居庸关、八达岭,一直延伸到张家口的铁路,由于当时这条铁路沿线地势陡峭,加上外国的干预,因而建设的过程困难重重。

铁路线路需要承受列车的重量,并且引导它们的运行方向,是铁路运行的基础。铁路线路由路基、桥隧和轨道三部分组成,轨道由钢轨、连接零件、轨枕、道床、防爬设施以及道岔组成。

我国以往使用的钢轨以每米重 38 千克、43 千克、50 千克的居多,目前干线上主要铺设每米重 60~70 千克的钢轨。

视频3 铁路运输线路

采用重轨有助于增加线路的强度与稳定性,减少维修量,提高通过能力。一般线路上铺设的钢轨长度为 12.5 米或 25 米。钢轨连续铺设时,相邻钢轨之间留有轨缝,以便适应热胀冷缩。

为了减少列车对钢轨接头的振动和冲击,增加列车运行的平稳性,减少维修,各国正在迅速推广无缝轨道。无缝轨道一般由 25 米长的钢轨连接而成,用高强度螺栓、扣板式扣件或弹条扣件将其"锁定"在轨枕上,以阻止钢轨的热胀冷缩。

两根钢轨头部内侧之间与轨道中心线相垂直的距离称为轨距。我国绝大多数铁路线路轨距为 1435 毫米,这也是国际上多数国家通用的轨距,称为标准轨距。大于标准轨距的称宽轨,如独联体国家、巴基斯坦、孟加拉国、印度等境内有大量宽轨铁路,轨距为 1676 毫米;小于标准轨距的为窄轨,如马来西亚、越南、缅甸及我国云南省境内有轨距为 1000 毫米的米轨、762 毫米和 610 毫米的寸轨。因为轨距不同,所以在开展国际铁路运输的时候,在过境站要进行换轨作业,一般要增加一天的运行时间。

为了推进中国铁路快速发展,我国在"十五"期间提出了重点建设和强化改造铁路主通道,即"八纵八横"。2016 年,我国《中长期铁路网规划》中规划建设高速铁路客运通道,其中"八纵八横"为主通道。"八纵"通道包括沿海通道、京沪通道、京港(台)通道、京哈-京港澳通道、呼南通道、京昆通道、包(银)海通道、兰(西)广通道。"八横"通道包括绥满通道、京兰通道、青银通道、陆桥通道、沿江通道、沪昆通道、厦渝通道、广昆通道。

截至 2020 年底,中国铁路营业里程达 14.6 万千米,其中高铁营业里程为 3.8 万千米,居世界第一。

三、空运航线

空运航线是地球表面的两个点之间的连线相对应的空中航行线路，是规定飞机飞行的线路，也称航空交通线，它规定了飞机飞行的具体方向、起讫与经停地点及所使用的航路。航路是一条特别规划的飞行通道，即以空中走廊形式划定的飞行管制区，它有一定的宽度（一般为15千米）和飞行高度层，其中设有无线电导航设备。每架飞机都是在自己专用的空中走廊飞行，与其他的飞机保持一定的空间间隔。

我国空运航线有固定航线和非固定航线两类。固定航线包括国内航线和国际航线，国内航线是指飞机飞行的线路起讫地点和经停地点均在本国国境以内的航线。国内航线又分为两类：一类是连接北京和各省份以及连接两个或几个省份的航线，称为国内干线；另一类是在一个省份以内的航线，称为省（区）内航线或地方航线。国际航线是指飞机飞行的线路跨越本国国境，通达其他国家的航线。

视频4　空运航线

"一带一路"倡议提出以来，中国民航不断提升中国与世界各国的互联互通水平，不断拓展民航合作平台。

空运航线分为国内航线和国际航线，航空运输也分为国内运输和国际运输。国内运输主要在国内航线上进行。但若国际航线包含国内航段，则在这条航段上也可以从事国内运输。例如我国民航企业可以在自己经营的"北京—上海—东京"国际航线上以"北京—上海"航段载运国内客货。在国际民航法上，这种经营权叫作境内业务权（或国内载运权），一般是不给予外国民航的。国际运输多是在国际航线上进行，但是国内航线的航班上也载运属于国际运输性质的联程客货。在国际航线中，国内中转部分也属于国际运输范畴，如果出现异常，都要按照国际运输规则理赔。

四、水运航线

（一）水运航线定义及类型

水运航线是指船舶在两个或多个港口之间从事客货运输的路线。水运航线由航道、航标构成。航道是以水上运输为目的所规定或设置（包括建设）的船舶航行通道，是具备一定深度和宽度的长条形适航水体。航道的航运条件由水体的深度、宽度、曲度、流速、流向和流态六个因素组成。航标是河流、湖泊、运河、水库等水域中的导航设施，能准确标示航道的方向、界线、航道内其他附近的水上建筑物或水下障碍物，起到了揭示航道的最小深度及供船舶测定方位的作用。灯塔是航标中功能最丰富的一种，一般有人看守，主要用于海上航运、供船舶测定方位并向船舶提供即时航运环境信息。

水运航线按自然地理环境可分为海运航线和内河航线。海运航线可按如下方法分类：

（1）根据航运的范围可分为国际大洋航线、地区性的国际航线和沿海航线。
（2）按船舶运行的形式可分为定期航线和非定期航线。
（3）按海运的航程可分为近洋航线和远洋航线。

国际大洋航线是指贯通一个或几个大洋的航线，是世界性的航线，各国船舶都可自由航行。其中除大西洋、太平洋、印度洋三大航线外，还有从大西洋通过地中海、印度洋到太平洋区域，横贯几个大洋的航线。

（二）全球航区及航线

1. 全球十二大航区

目前，国际大洋航线中以国际贸易的货运量大小来看，大西洋航线最大，太平洋航线及印度洋航线次之。可以将全球知名的航线分为十二大航区，分别为远东/亚洲（Far East/Asia）、中东（Middle East）、地中海（Mediterranean）、西北欧（North-West Europe）、西非（West Africa）、南非（South Africa）、大洋洲/澳洲（Oceania/Australia）、北美洲西海岸（West Coast of North America）、北美洲东海岸（East Coast of North America）、中美洲/加勒比海（Central America/Caribbean）、南美洲西海岸（West Coast of South America）、南美洲东海岸（East Coast of South America）。

视频 5　海运航线

2. 大西洋航线

大西洋水域辽阔，是世界第二大洋，大西洋北部沿岸的海岸线更曲折，有许多深入大陆的内海和海湾，因此有许多港口，如北海、波罗的海、地中海、加勒比海、哈得逊湾和圣劳伦斯沿线的港口。大西洋海运量占世界海运量的60%以上。

大西洋的主要航线为：西北欧、北美东岸—加勒比海航线；西北欧—北美东海岸航线；西北欧、北美东岸—地中海、苏伊士运河去往东方的航线；西北欧、地中海—南美东海岸航线；西北欧、北美大西洋岸—好望角去往东方的航线；南美东海岸—好望角航线。

3. 太平洋航线

太平洋是世界上第一大洋，目前其海运量占世界海运总量的20%以上。随着中国经济辐射能力的增强，承担中国货物海运进出口的太平洋航线在全球航线中的地位不断提高。太平洋航线沿岸有许多优良的港口，如上海港、香港港、深圳港、新加坡港、横滨港、神户港等都是世界大港，香港港和新加坡港还是重要的国际航运市场。太平洋的主要航线包括：远东—加勒比海、北美东海岸航线；远东—北美西海岸航线；远东—南美西海岸航线；远东—东南亚航线；远东—澳新航线；澳新—北美东西海岸航线；北美—东南亚航线。

4. 印度洋航线

印度洋是世界第三大洋，面积仅占全球海洋总面积的1/5左右。印度洋沿岸由于其特殊地理位置，沿岸各港终年不冻，一年四季均可通航。其航线可以将大西洋与太平洋连接起来，印度洋上的航线主要有如下几条。

（1）远东及东南亚经印度洋、地中海到达西北欧的航线；

（2）经南亚国家如缅甸、孟加拉国、印度、巴基斯坦等的港口的航线；

（3）从波斯湾沿岸国家经东非的索马里、肯尼亚、坦桑尼亚附近，绕好望角通往大西洋，到达西欧和北美等地区的航线；

（4）进出非洲东岸国家的航线。

地区性的国际航线通过的只是一个或几个海区，可到达区内各国的港口，如我国至朝鲜、日本或东南亚各地的航线，地中海区域航线，波罗的海区域航线等。

沿海航线专供各国船舶在本国各港口之间来往使用，一般为国内航线。如我国上海至大连线、青岛至上海线、上海至天津线等。

5. 北极航线

北极航线是指经过北极海域的一系列水道，连接着亚洲、欧洲和北美洲。

北极航线共有三条主要航道，分别是西北航道（横穿加拿大北极群岛，连接大西洋和太平洋）、东北航道（经俄罗斯北部水域连接大西洋和太平洋）和穿极航道（穿越北冰洋高纬度海域，又称中央航道），其中最重要的是俄罗斯控制的东北航道和加拿大控制的西北航道。北极航线相比于传统的经过苏伊士运河或巴拿马运河的航线，可以节省大量的距离、时间和费用。这条北极航线被称为"冰上丝绸之路"，将大大缩短中欧之间的运输时间和成本，也将增强中国在北极地区的影响力。

中国作为贸易大国，非常关注北极地区的交通潜力。据有关研究估计，随着全球气候变暖，东北航道会在50年后实现全年通航。一旦这些航线正式开通，中国通往欧洲及北美的远洋航运，相比传统经苏伊士运河或巴拿马运河的航线，航行时间将会大幅缩短，运输成本也将减少20%～30%。在此基础上，中国发布了《中国的北极政策》白皮书，白皮书提出"冰上丝绸之路"的倡议，不仅能加强沿线各国的贸易交流，也能为北极事务提供便利的合作平台。"冰上丝绸之路"之所以重要，主要有以下几个方面的原因。

首先，"冰上丝绸之路"将大大改变全球的航运格局。北极气候的改变，使得西北航道与东北航道成为备受各国关注的国际航线。"冰上丝绸之路"可以带动沿岸国家和地区基础设施建设，增设补给点，促进北极航线的开发利用。

其次，可以利用北极地区的能源补给。在"冰上丝绸之路"体系中，中国可以在北极开辟能源新通道，同时与其他国家共同探讨北极能源的开发利用。德国、韩国、日本等国发布的北极政策也都表达了开发北极能源的意愿。

最后，还可拓展其他领域的合作空间。各国在"冰上丝绸之路"倡议中，提出可在科研、铁路、物流、旅游业等多个领域往来交流，促进形成全面而稳定的发展体系。

对于国际社会来说，开通北极航线可以为全球贸易提供更多的选择，促进全球贸易的自由化和便利化；还可以为全球治理提供更多的建议，促进全球治理民主化和多元化；更可以为全球和平提供更多的保障和支持，促进全球和平稳定与合作共赢。

五、管道

管道主要指长距离输送管道（简称长输管道），有干管、沿线阀室，通过河流、铁路、公路、峡谷等的穿（跨）越结构物，管道防腐用的阴极保护设施等。沿线阀室是必要时为截断流体并进行相应作业而设置的。长输管道沿途每隔一定距离就设有截断阀，阀门设在地下阀井或地上阀室；大型穿（跨）越结构物两端也必须设截断阀，以便发生事故时可及时截断管内的流体，防止事故扩大影响抢修。为防止土壤对管道的腐蚀，管外都涂有防腐绝缘层，并加设阴极保护等防护设施。

管道通常按管径大小进行区分，但由于管道的普及性较差，线路专用性极强，网络性较差，加上运输量的弹性较小，管径的大小更多取决于需求的大小，故目前还没有比较明确的标准。输油管道管径从几百毫米到1220毫米不等；输气管道管径从几百毫米到1420毫米不等；输煤管道管径从几百毫米到1220毫米不等。按所输送的物品形态不同，管道又可以分为油品管道、气体管道和固体料浆管道三类。我国目前的管道主要是油品管道和气体管道。

【项目综合测评】
文件7　项目一　测试题及答案

项目二　小件货物运输需求及运输方案

Project Two

任务一　　明确小件货物运输需求

任务二　　计算运输费用及报价

任务三　　设计小件货物运输方案

项目导航

在日常生活中,我们能见到公路运输、铁路运输、水路运输、航空运输、管道运输五种基本运输方式。除了这五种基本运输方式之外,我们时不时还能听到快递运输、整车运输、零担运输、集装箱运输、特种货物运输等运输组织方式。物流专业的学生或许早已对不同运输方式有了较为深入的了解,所以本教材将聚焦各类运输组织方式,主要解决定制化的运输需求。

日常生活中个人、企业都会有小件货物的运输需求。小件货物运输是指货物量少、需要和其他货物进行组合的运输业务,其对应的主要企业类型是快递和零担企业。企业或个人对小件货物运输的需求也不一致,有的是一次性的需求,有的是长期稳定的需求,但更多的是以小件货物速运为基础的综合物流需求。本项目的目标是解决企业长期性的小件货物运输需求。

项目导学

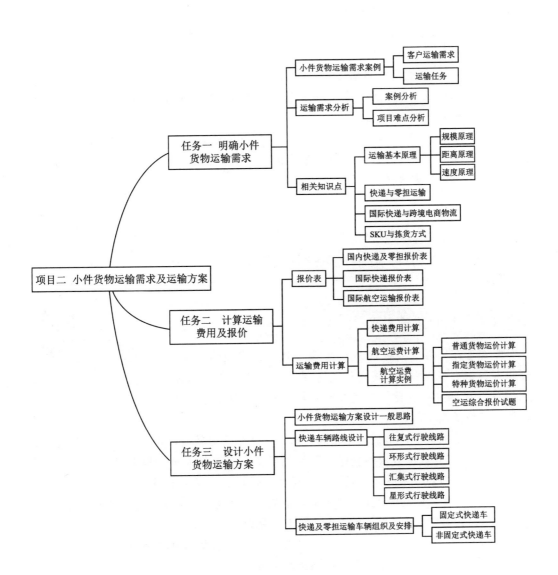

任务一　明确小件货物运输需求

【任务目标】

掌握小件货物物流企业的类型和经营定位,同时了解企业客户和个人客户在小件货物运输需求方面的区别,根据典型小件货物运输需求设计运输方案,掌握有关小件货物运输的基本知识和操作技能。

◆ 知识目标:熟悉快递和零担货物运输的概念和特点,熟悉小件货物运输的特点及服务。

◆ 技能目标:根据案例中的小件货物运输需求,掌握一般企业的需求特征以及如何在此需求基础上进行调研和分析,同时明确该需求是否与该公司的业务相匹配。

◆ 素养目标:通过"通达系"企业的发展过程,了解改革开放的伟大成就,通过快递、跨境电商等案例,让学生了解中国制造的优势和中国物流产业的蓬勃发展。

一、小件货物运输需求案例

(一)客户运输需求

张经理在华强北商业区从事音箱及耳机的批发零售业务,以批发为主,零售为辅,每年的业务量为2万件以上,所需的快递费用为36万元。除了门店批发、零售业务之外,张经理还在线上开设了淘宝店,以零售为主。

视频6
小件货物运输需求

由于华强北商业区租金成本较高,每天出货量又比较大,张经理便在华强北商业区附近租了一间80平方米的仓库,并且招聘了一名工作人员,根据每天的订单完成货物的分拣和打包,最后通知顺丰或者邮政快递提货并发到全国各地。

目前该工作人员反映其工作量太大,需要至少增加一人协助。张经理核算了一下,他应支付每人每年至少8万元的工资,现有年租金为4.8万元,每年物流方面的支出约56.8万元。面对如此巨额的支出,张经理便想着如何找更合适的物流服务商提供更优质的服务。张壹得知这个情况后,试图跟踪项目,对接服务。

（二）运输任务

根据张经理企业经营的基本信息、物流需求等情况，帮张经理设计一套完整的物流解决方案，降低企业的物流成本，并提供相应的报价单。

此外，张经理也计划在电商平台拓展业务，他准备在亚马逊、速卖通等跨境电子商务平台的欧美市场从事音箱批发、零售业务，他需要了解目前跨境电商物流活动的特点、主流模式及发展情况，同时了解相应的物流时间和费用。为方便理解，最好根据公司货物情况，列出一件货物或者 10 箱货物从深圳到德国汉堡的主要运输方式，并提供部分报价。

二、运输需求分析

（一）案例分析

在日常生活中，我们都使用过快递，快递又称速递或快运，是指物流企业（货运代理人）通过自身的独立网络或以联营合作（即联网）的方式，将用户委托的文件或包裹，快捷而安全地从发件人手中送到收件人手中的门到门的新型运输方式。

现代快递业的发展与世界各地区的经济发展密不可分。快递是解决日常生活中小件货物运输的一种非常重要的方式。但是不同的快递在定位、运输工具、运输时效、运输价格、服务对象等方面也都有所不同。为了方便大家理解，可以根据货物去向、服务对象和产品特点将快递分成七个大的类别，分别是国际快递、文件快递、电商快递、大件零担、航空运输、电商物流、自营配送。每种类型的快递有不同的优势企业。

除了快递之外，零担运输也可以解决小件货物运输任务。一般情况下，零担运输更适合较多的小件货物运输，尤其是货物较多时，零担运输相比快递运输更具价格优势。

作为普通的个人用户，我们在日常生活中的物流需求较简单，只需根据自己的货物的大概情况进行选择，货多选零担，货少选快递。但是对于企业客户来讲，小件货物运输需求就更复杂了，这些企业的货物数量和特点不尽相同，不管是服务还是价格可能都不同，因此需要制定物流服务合同，需要物流公司根据货物的属性和每天的发货量进行成本评估，有针对性地设计物流模式并报价。

张经理经营的企业的有关情况如下。

(1) 货物：音箱和耳机（纸箱包装）；

(2) 流量及流向：货物从公司的一个仓库发出，发往国内和国际，其中 98% 的货物是发往国内珠三角、长三角和京津冀地区；客户需求可以是一件货物的零售需求，也可以是多箱货物的批发需求。

物流方案和报价的确定和货物本身及包装的重量、货物流量和流向有较大的关系，货物本身分轻泡货和重货。不同的重量、不同的运输方式、不同的竞争态势又会导致不同的报价。

本案例中的货物是有多种 SKU（stock keeping unit，存货单位）的音箱和耳机，主要发往物流量比较大的珠三角、长三角和京津冀地区，经调查，发货货物量以平均 1 箱货物为主。

运输商务的一般流程包括分析运输需求、确定运输方案、提出运输报价、签订运输合同。为了满足运输需求并解决案例中的问题，需要学习运输基本原理、快递与零担运输、国际快递与跨境电商物流、SKU 与拣货方式等内容。

（二）项目难点分析

批发、零售企业存在长期的、较稳定的小件货物运输需求。该客户需求的难点在于，其需求不是简单的标准快递，货物重量可能在 0.1～3000 千克，需要使用多种运输公司的服务。此外，该公司产品的 SKU 还比较多，需要进行储存和分拣、代发作业，所以需要定制化的小件货物运输方案，同时要给出合理的优惠及折扣，运输有三天的时效。

如果客户要开展跨境电商之类的国际物流业务，有很多具有不同业务类型的公司可以提供综合的物流服务，客户需要根据自己的电商平台的类型和企业的竞争情况去选择合适的物流模式。

三、相关知识点

（一）运输基本原理

运输基本原理是指导运输企业营运管理的基本原理，分别是规模原理、距离原理和速度原理。

1. 规模原理

规模原理是指随着装运规模的增长，每单位重量或体积的运输成本下降，由此产生规模经济。运输规模经济之所以存在，是因为与转移一票货物有关的固定费用可以按整票货物的重量分摊。因此，一票货物越重，就越能"摊薄"成本，使每单位重量的成本更低。与货物转移有关的固定费用包括接收运输订单的行政管理费用、运输工具装卸费用、设备费用等。这些费用之所以被认为是固定的，是因为它们不随装运的数量而变化。

2. 距离原理

距离原理是指每单位距离的运输成本随距离的增加而减少，由此产生距离经济。运输的距离原理又称为递减原理，因为费率或费用随距离的增加而逐渐减少。距离经济的合理性类似于规模经济。尤其是运输工具装卸时发生的相对固定的费用必须分摊为每单位距离的变动费用。距离越长，就可以将固定费用分摊得更多，每千米支付的总费用将会更低。在评估各种运输方案或营运业务时，这些原理就是重点考虑的因素。其目的是要使装运的规模和距离最大化，同时仍要满足顾客的服务需求。

3. 速度原理

速度原理是指在运输生产经营活动过程中，就某一次运输业务而言，随着运输速度的增大，货物的单位运输成本将上升。这是因为运输速度越高，运输过程中消耗的能源就越多，对运载工具及运输组织工作的要求就越高，因而使运输成本增加。但是，运输速度提高，完成特定货物运输所需时间就越短，这又使得运输实现的时间效用价值增大，有利于缩短到货期，减少库存，降低存储费用。

一般运输费用规则的制定，都遵循以上运输基本原理，体现规模经济、距离经济的特点。

（二）快递与零担运输

1. 快递货物运输

快递货物运输（简称快递或快递运输）有广义和狭义之分。广义的快递是指任何货物（包括大宗货件）的快递；而狭义的快递专指商务文件和小件的紧急运送服务。从服务的标准看，快递一般是指在48小时之内完成的快件运送服务。

快递根据发送的范围分为国内快递和国际快递，目前在国内经营国际快递业务的企业有两大类，一种是国际四大快递龙头企业，另外一种是快递代理企业。经营国内快递业务的企业主要有顺丰、中国邮政、"四通一达"，以及大量的区域性、地方性的小快递企业。由于零担货物与快递货物在货源组织、行车组织方面有很多类似的地方，所以，除非特殊说明，可以用快递货物替代零担货物。

视频7 快递与零担

2. 零担货物运输

零担货物运输（简称零担或零担运输）可分为铁路零担货物运输、公路零担货物运输以及海运零担货物运输（海运拼箱业务）。

铁路零担货物运输规定一批货物的重量、体积或形状需要以一辆以上货车运输的，应按整车托运；不够整车运输条件的，按零担托运。铁路零担货物运输、公路零担货物运输曾是重要的货物运输方式，为发展经济、促进城乡物资交流、满足人民物质文化生活的需求以及增加公路收入发挥了重要作用。时至今日,随着市场经济的不断发展,传统公路零担货物运量不断下降。

海运零担货物运输的一般方式是集装箱零担货物运输,也就是集装箱的拼箱货运输,是指承运人(或代理人)接收货主托运的数量不足整箱的小票货运,根据货物类型、性质和目的地进行分类整理,把去往同一目的地的货物拼装在一起,所以又叫海运拼箱业务。

3. 快递企业及类型

目前在我国经营的快递企业根据公司性质可分为四类。一类是外资企业,包括联邦快递(FedEx)、敦豪(DHL)、天地快运(TNT)、联合包裹(UPS)等。外资快递企业具有丰富的经验、雄厚的资金以及发达的全球网络,主要承担国际快递业务。第二类是国有快递企业,包括中国邮政(EMS)、民航快递(CAE)、中铁快运(CRE)等。国有快递企业依靠其背景优势和完善的国内网络而在国内快递市场处于领先地位。第三类是大型民营快递企业,包括顺丰速运、圆通速递、申通快递、中通快递、百世快递(2021年极兔快递收购其国内快递业务)、韵达快递等。以前常说的"四通一达"主要服务国内的电商企业。这些民营快递企业在国内市场站稳脚跟后,开始向国际扩张。顺丰速运(顺丰)主要运输文件,面向高端电商客户,运输时效和满意度比一般的快递企业高很多,同时也在运营国际快递业务。第四类是小型民营快递企业,这类企业规模小、经营灵活但管理比较混乱,快递质量不高,满意度低。这些企业大部分是规模较大的快递公司在某区域的合作伙伴,或者是经营同城快递和省内快递业务的小企业。

近二十年来,电商企业带动了快递业务的飞速发展,所以在日常生活中也会有"电商快递"的说法。

4. 零担货物运输企业及类型

目前国内零担货物运输有三类运输企业:第一种是铁路运输企业,例如由中铁快运经营的铁路快递;第二种是汽车专线运输,比如恒路物流;第三种是公路快运企业,有德邦快递、天地华宇等公司。

零担货物运输的特点在于组织工作复杂、零担货运环节较多、作业工艺比较细致、货物配载和装载要求也比较高。一辆运输车上有不同的货主,同时每个货主所托运的物品的收货地址不同,但是所经过的中转站是一样的。由于货物需要凑整发车,所以发车速度较慢,零担货物质量的确定、货物的装卸均由车站负责。不过随着经济的快速发展和零担货物托运量的极大增加,零担货物运输速度和快递货物运输速度逐渐相差无几,但是零担货物运输一般不提供免费的门到门运输服务,运费比快递货物运输便宜很多。

零担货物又分为小票零担和大票零担。小票零担定位于50~500千克产品的快运服务,大票零担主要面向500~3000千克的货物。

按照管理运营模式,零担货物运输企业分为直营模式和加盟模式。直营模式的零担货物运输企业有德邦快递、天地华宇、佳吉快运等;加盟模式的零担货物运输企业有安能物流等。

5. 快递与零担货物运输的区别和联系

快递与零担货物运输主要有四点不同：运送的货物不同、物流服务范围不同、物流服务时效承诺不同、定价不同。

1）运送的货物不同

快递都是单人可以轻易拿得动的东西，一般都是1件；零担运输的货物要重得多，货物重达1~3吨。

2）物流服务范围不同

快递是门到门服务，一般不会存在单人搬运货物困难导致无法上楼的情况；零担货物因为货物多且重，所以很多时候难以做到全部货物门到门服务，一般是收货人自提或者付费送货上门。

3）物流服务时效承诺不同

快递顾名思义就是快，一般用飞机运达，有时也会采用公路运输及高铁运输，国内干线运输可以缩短至0.5~1天，加上前后端支线运输及收派服务，货物次日就可送达；零担货物运输一般情况下比快递慢，以货车运输为主。因为可能涉及集货、中转等环节，零担货物运输一般都要2~3天，线路超过2000千米的一般要3~5天。

4）定价不同

快递的收费标准基本是"首重＋续重"，因为大部分快递货物都在1千克以内，收取固定费用，利润非常大；零担的报价模式是按每千克单价报价，发货前一定会称重，但大部分物流公司都设定了最低值，所以货物太轻、太少就不适合零担货物运输，一般货物重量在30千克左右才会考虑使用零担货物运输。专线零担货物运输每千克单价甚至可以低至几毛钱。

（三）国际快递与跨境电商物流

目前，无论是国内电子商务还是国际电子商务都如火如荼。对于国内电子商务企业而言，物流成本占企业成本的比例比较低，所以物流成本不是特别关键的因素；但对于跨境电商企业而言，快递服务及费用成为该企业能否成功的关键。所以跨境电商卖家为了增强自身发展的优势，会对运费、安全度、运送速度、是否有关税等做全面的衡量，尽量在保证物品安全和运输速度的情况下，为买家选择运费更低廉的服务。

目前常见的为跨境电商提供国际快递服务的有UPS、DHL、TNT、FedEx等四大国际快递企业，国内主要有EMS国际快递、中国邮政小包（China Post Air Mail）、中国邮政大包（China Post Air Parcel）、中国香港邮政大包、中国香港邮政小包等相关国际快递服务。

1. EMS国际快递

EMS提供的国际快递服务水平不如其他四大国际快递企业（UPS、DHL、

TNT、FedEx），一般3～7个工作日才能送达，但EMS的价格优势是非常明显的。

EMS的优点是运费比较便宜。一般找货代都可以拿到至少5折的折扣，EMS可以直达的国家是按照货物重量计算运费，500克以下的物品可以按文件价格计算。EMS当天收货当天运输，物流信息当天可查，清关能力比较强。EMS能运送出关的物品也比较多，其他公司限制运输的物品它基本都能运输，如化妆品、箱子、服装、鞋子等各种物品以及各种特殊商品。

EMS的缺点是相比于商业快递速度偏慢。网站查询信息滞后，通达国家较少，一旦出现问题就只能进行书面查询，花费时间较长。

2. 四大国际快递

四大国际快递企业包含联合包裹（UPS）、敦豪（DHL）、联邦快递（FedEx）、天地快递（TNT）。四大国际快递企业的优点是速度快（一般2～4个工作日可送达）、服务好，货物可送达全球200多个国家和地区，网站信息更新快，遇到问题解决及时，可以在线发货。

四大国际快递企业的缺点是运费较贵，要计算产品包装后的体积，对托运物品的限制比较严格，很多锂电等产品无法运输。

3. 各类邮政小包

（1）中国邮政小包的优点是运费便宜，首重和续重都是100克，清关能力强，能邮寄的物品比较多，如化妆品、包、服装、鞋子以及许多特殊商品等，派送网络覆盖世界各地。缺点是限制2千克重量，运送时间比较长（一般15个工作日可送达），到达许多其他国家后的货物状态无法在网站上查询和跟踪。

（2）中国香港邮政小包的优点是运费便宜，全球统一价，以10克为计量单位，一般货代给的价格在每10克100～130元，货物可以到达全球各地，只要有邮局的地方基本上都可到达。缺点是限制2千克重量，运送时间比较长（一般7～12个工作日可送达），到达许多其他国家后的货物状态无法在网站上查询和跟踪。

4. 各类邮政大包

（1）中国邮政大包的优点是运费便宜，首重和续重都是1千克，清关能力强，能邮寄的物品也比较多，如化妆品、包、服装、鞋子以及许多特殊商品等，派送网络覆盖世界各地。缺点是限制20～30千克重量，运送时间比较长（一般15个工作日可送达），到达许多其他国家后的货物状态无法在网站上查询跟踪。

（2）中国香港邮政大包的优点是运费便宜，首重和续重都是0.5千克，货物可以到达全球各地，只要有邮局的地方基本上都可以到达。缺点是限制30千克重量，运送时间比较长（一般7～12个工作日可送达），到达许多其他国家后的货物状态无法在网站上查询和跟踪。

5. 快递专线

快递专线指针对 B2C 的电商小包，物流商在国内仓库将不同客户的零散货物进行集货分拣和装箱，通过整合头程空运资源安排货物运输，抵达目的地机场后采用 B2C 商业清关，尾程交由本地派送服务商派送给实际收件人。重点航线包括中美、中澳、中欧等。可接受的产品规格和属性主要取决于尾程派送商，包括专线大包（单票在 2～30 千克）和专线小包（单票小于 2 千克）。尾程派送大部分是用本地邮政或者派送网络比较发达的渠道。例如美国专线常见使用 UPS 和 FedEx，英国专线基本使用 Royal Mail 和 Yodel，德国专线常见使用 DHL，法国专线常见使用 Colissimo，西班牙专线常使用 Correos，意大利专线常见使用 GLS。快递专线价格介于航空包裹和 EMS 之间。

视频 8　快递专线

6. FBA（fulfillment by Amazon）头程

FBA，就是指卖家把自己在亚马逊上销售的产品的库存直接送到亚马逊当地市场的仓库中，客户下订单，由亚马逊系统自动完成后续的发货，即亚马逊将自身平台开放给第三方卖家，将其库存纳入亚马逊全球物流网络，为其提供存储、拣货、包装以及终端配送的服务，亚马逊则收取服务费用。

视频 9　FBA 头程

亚马逊是不负责清关和将货物派送至亚马逊仓库的服务的。FBA 头程服务就是指从中国将货物运至亚马逊仓库。市面上主要有三种发货方式。一是 DHL、UPS、FedEx 直发快递。一般重量在 20 千克以上的货物的运输价格还是比较实惠的，时效快，适合紧急补货。二是 FBA "空运＋派送"（俗称专线）。货物先空运到当地，再使用当地快递派送至亚马逊仓库，时效快，比直发快递略慢，快递免预约入库，非常方便。现在市面上的 FBA "空运＋派送" 一般是双清包税的，不需要为支付关税预付费用。这种发货方式的费用也很便宜，运输费用为 20～35 元/千克。三是 FBA 海运头程，包括 "海运＋当地清关＋目的国派送"，时效略微长一些。目的国派送分为卡车派送和快递公司派送，主要区别在于派送时间上。一般 FBA 海运头程全程价不含税，每立方米的货物运费为 1000 元以上；FBA 海运头程时效长，通常要一个多月，一般需要亚马逊入库预约，操作比快递麻烦，但是价格便宜，费用大约为 10 元/千克。

7. 航空运输

航空运输是使用飞机、直升机及其他航空器运送人员、货物、邮件的一种运输方式，具有快速、机动的特点，是现代旅客运输尤其是远程旅客运输的重要方式，也是国际贸易中贵重物品、鲜活货物和精密仪器运输不可或缺的一种运输方式。

航空运输具有商品性，服务性，国际性，准军事性，资金、技术及风险密集性和自然垄断性六大特点。航空运输按照不同的标准可以分为不同的类型。航空运输起源于 1871 年，由于近年来国际经济低迷，航空运输产业遭遇瓶颈，但是在未来，航空运输事业依然有广阔的发展空间值得我们发掘。

航空运输企业经营的形式主要有班期运输、包机运输和专机运输。通常以班期运输为主，后两种是按需要临时安排。班期运输是按班期时刻表，以固定的机型沿固定航线、按固定时间执行运输任务。当待运客货量较多时，还可组织沿班期运输航线的加班飞行任务。

国际上常见的航空组织和机构有 ICAO、FIATA、IATA 等，另外也有几个重要的国家和区域性的航空组织，如 FAA、EASA、CAAC 等。

1) 国际民航组织（ICAO）

国际民航组织（International Civil Aviation Organization，ICAO）是一个由各会员国组成的政府间组织，旨在推动全球民用航空的发展和管理。它成立于 1947 年，并在同年 5 月 6 日举行了第一次大会，后来成为联合国的一个专门机构。

2) 国际货运代理协会联合会（FIATA）

国际货运代理协会联合会（International Federation of Freight Forwarders Associations）是一个非营利性国际货运代理的行业组织，FIATA 是这个组织的法文全称的首字母缩写。联合会于 1926 年 5 月 31 日在奥地利维也纳成立，总部现设在瑞士苏黎世，并分别在欧洲、美洲、非洲和中东、亚太设立了区域委员会，设有地区主席。FIATA 设立的目的是代表、保障和提高国际货运代理在全球的利益。该联合会是在世界范围内运输领域最大的非政府和非营利性组织，具有广泛的国际影响。有关资料显示，其会员来自全球 161 个国家和地区的国际货运代理行业，包括 106 家联合会会员和近 6000 家企业会员。

3) 国际航空运输协会（IATA）

国际航空运输协会（International Air Transport Association，IATA）（简称国际航协）是一个由世界各国航空公司所组成的大型国际组织，其前身是 1919 年在海牙成立并在二战时解体的国际航空业务协会，总部设在加拿大的蒙特利尔，执行机构设在日内瓦。和监管航空安全和航行规则的国际民航组织相比，它更像是一个由承运人（航空公司）组成的国际协调组织，管理并解决在民航运输中出现的诸如票价、危险品的运输等问题，主要作用是通过航空运输企业来协调和沟通政府间的政策，并解决实际运作的问题。

4) 美国联邦航空管理局（FAA）

美国联邦航空管理局（Federal Aviation Administration，FAA）是美国交通运输部下辖的一个机构，负责民用航空的安全管理和相关的政策制定。它在 1958 年成为美国联邦机构的组成部分，并在 1967 年并入美国交通运输部。

5) 欧洲航空安全局（EASA）

欧洲航空安全局（European Union Aviation Safety Agency，EASA）是欧盟的一个机构，主要负责民用航空的安全监管。它的总部位于德国科隆，成立于 2002 年 7 月 15 日，并在 2008 年取代了联合航空局（JAA）。

6）中国民用航空局（CAAC）

中国民用航空局（Civil Aviation Administration of China，CAAC）是中国民用航空的主管部门，负责中国的民用航空管理工作。它是中华人民共和国交通运输部的直属机构。

8. 高铁快递（CRH Express）

随着我国高铁事业的发展，高铁也成为运送快递的理想途径之一。这是因为高铁运送快递不受交通堵塞、航空管制等因素影响，除极端天气外，高铁快递准点率高。

高铁快递又称高铁快运，由中铁快运组织运输，主要利用日常运行的高铁列车进行货物运输，货物的运送时限包括当日达、次日达等方式，能抵达的城市较多。

高铁快递的主要优势有如下几个方面。

1）时效性强

高铁快递具备较强的时效性。相对于传统的铁路物流，高铁更能满足客户对速度的需求，尤其是在高速发展的电子商务、快递物流需求背景下。借助高铁快递，尤其是客货混合运输，快递物流从发货到收件的时间明显缩短，对提升物流效率、降低运输成本具有积极影响。

2）客货混合运输模式节能减排

高铁快递目前主要采用客货混合运输模式，在客运列车上占据部分空间进行货物运送。这一模式因有效利用了原有资源，使得高铁的客运与货运相互促进，进而提高了运输效率。同时，相较于传统铁路货运，高铁快递在节约能源、减少碳排放方面具有显著优势。

3）货物安全及货运监控能力强

由于高铁本身的密闭性、安全性较好，高铁快递在保障货物安全方面也具有突出优势。再者，高铁快递在很大程度上借助智能化、信息化手段，使得货物的追踪和监控更加方便快捷，有利于提高货物运输的可靠性。

4）带动产业链协同发展

高铁快递的不断发展能够带动相关产业链的协同发展。以快递业为例，高铁与快递物流的结合可促使快递企业在高铁线路覆盖区域内建立起运输、分拨、派送等一体化物流体系。此外，政府、铁路企业、物流企业等在高铁快递发展过程中的合作与创新也可为我国物流产业的发展提供新动力。

高铁快递只能实现各地火车站之间的快速抵达，对于实现市内快递上门服务，还需要进一步完善。高铁快递的出现，将与航空快递等快递行业产生竞争，相比于机场，货物抵达火车站后运达到顾客手中会更加方便。有关研究估计，到2025年、2030年，我国高铁快递市场份额将分别达到1%、5%，市场容量分别达到14亿件、132亿件，可见其市场潜力巨大。图2-1所示是高铁快递业务作业现场情况。

图 2-1 高铁快递业务作业现场情况

（四） SKU 与拣货方式

1. SKU（存货单位）

SKU 全称为"stock keeping unit"（存货单位），即计量库存进出的基本单元，可以以件、盒、箱或托盘等为单位。SKU 是大型连锁超市 DC（配送中心）物流管理的一个必要的方法，现在已经被引申为产品统一编号的简称，每种产品均对应一个 SKU 号。

针对电商而言，SKU 便是指一款商品，而每款商品都会出现一个 SKU，便于电商品牌识别商品。

一款商品如果有多种颜色的样式，则对应多个 SKU，例如一件外套，有红色、黑色、白色，那么其 SKU 编码也不相同，如果编码相同则很容易混淆商品导致发错货。

2. 常见拣货方式

面对电商小批量、多频次的订单，快递业务在货物出库时的拣选方式也会影响快递的效率。常见的拣货方式有摘果式和播种式，它们各有优劣之处，需要工作人员根据订单情况，合理选用拣货方式提高工作效率。

1) 摘果式

摘果式拣货法是让拣货人员巡回于储存场所，按客户订单挑选出每一种商品，巡回完毕，也就完成了一次拣货作业，如图 2-2 所示。拣货人员需要将配齐的商品放置于发货场所指定的货位，随即便可开始处理下一张订单。

优点：作业方法单纯；订单处理前置时间短（收到订单到拣货的时间间隔短）；工作人员责任明确、派工容易、公平；拣货后不必再进行分拣作业，适用数量大、品种少的订单的处理。

缺点：当商品品种较多时，拣货行走的路线过长，拣货效率较低；当拣货区域较大时，搬运系统设计比较困难；面对少量、多批次拣货时，会造成拣货路径重复，费时费力，效率低下。

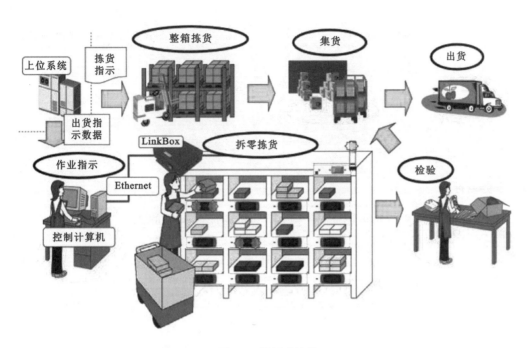

图 2-2　摘果式拣选

2）播种式

播种式拣货法是将每批订单的同种商品累加起来，从储存仓位中取出，集中搬运到理货场，并按每张订单的数量投入对应的分拣箱，分拣完成后分放到待运区域，直至配货完毕，如图 2-3 所示。

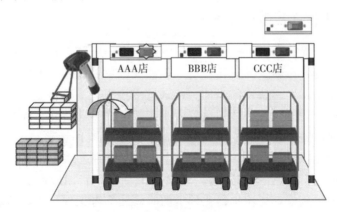

图 2-3　播种式拣选

优点：适合订单数量大（多）的系统，可以缩短拣取货物时的行走、搬运距离，增加单位时间的拣取量，对于少量、多批次的配送十分有效。

缺点：由于必须等订单达到一定数量时才做一次处理，订单处理前置时间较长。

任务二　计算运输费用及报价

【任务目标】

掌握常见的小件货物运输费用的构成、运价的计算和报价方式。

◆ **知识目标**：学习快递和零担运输的报价表及构成。

◆ **技能目标**：看懂报价表，会根据货物的运输属性，合理选择运输方式、计算运费并报价。

◆ **素养目标**：通过跨境电商物流的演变，了解中国物流企业的现状及发展前景。

一、报价表

（一）国内快递及零担报价表

对于国内小件货物来讲，一般可以用国内快递、公路零担货物运输两种运输方式来完成。快递适合比较少的货物，比如文件或者单件体积小的物品，但是随着快递市场竞争的加剧及快递费用的降低，越来越多体积大、重量重的物品也使用快递来托运。零担货物运输则适合体积比较大或者数量较多的货物，如本项目任务一案例中的批发货物，就需要通过零担来完成，这样才能节约运输成本。一般情况下，20千克以下或者运费在50元以下的货物特别适合快递运输，20千克以上或者运费在50元以上的货物更适合零担运输，但是这个重量和费用限制也不是绝对的，只有当货物数量比较多或者运输价格比较贵的时候才会考虑使用零担运输来代替快递运输。

无论是快递还是零担，从报价表上可以看出，价格不仅和运输的距离有关，也和线路的繁忙程度有关，距离越远一般会更贵些，线路越繁忙价格会更低。每批货物不仅要考虑货物的重量还要考虑货物的体积，要分别计算体积重量和毛重，二者取最大者便是计费重量，运费就等于计费重量乘以运价率。但是零担或者快递为了方便，便简化了报价表，一般都按照线路直接确认运价率；重量则分成了两部分，按首重和续重来计算总的费用。图2-4所示为圆通速递报价表。

图 2-4 圆通速递报价表（元/千克）

地区	文件	首重	续重	地区	文件	首重	续重
江苏	8	8	2	四川重庆	15	15	12
浙江	8	8	2	云南	15	15	15
上海	8	8	2	贵州	15	15	15
安徽	10	10	8	陕西	15	15	12
广东	12	12	12	内蒙古	15	15	12
福建	12	12	12	宁夏	15	15	12
湖南	12	12	12	山西	15	15	10
湖北	12	12	12	广西	20	20	20
山东	12	12	12	吉林	20	20	20
天津	12	12	10	甘肃	20	20	20
北京	12	12	10	黑龙江	20	20	20
海南	12	12	10	辽宁	20	20	20
江西	15	15	12	青海	20	20	15
湖北	15	15	12	新疆	25	25	20
河南	15	15	12	西藏	25	25	20
河北	15	15	12	香港	30	30	20

（二）国际快递报价表

四大国际快递企业报价表大致相同，基本费用分为文件费用和包裹费用。要分别找到报价表中对应的包裹类型，每一行就是根据货物的重量直接列出的各个重量的价格，一般重量越大，运费单价会越便宜，如果货物足够大还可以单独申请大货价格。重量确定以后要找到托运目的地所在的代码对应的那一列，最后所得的数字就是此票货物的价格。由于国际快递受燃油费用的影响比较大，所以费用会随着燃油价

文件 8　DHL 国际
报价单相关信息

格的调整不断调整，但是为了避免基本报价经常变动，四大国际快递企业都采用了基本费用和燃油附加费用两者累加来计算总的费用。如果国际燃油费用波动厉害，突破了燃油的价格规定，报价表上只需提升燃油附加费的比例即可。国际快递报价表可以参考 DHL 报价表（样表见表 2-1），另外国际快递报价单上一般会有更详细的报价介绍。

表 2-1 DHL 报价表样表（单位：元/千克）

包裹类型	重量（千克）	1区 中国	2区 新、马、泰等东南亚国家	3区 日本	4区 澳大利亚、新西兰等	5—27区 ……	28区 哥伦比亚、巴巴多斯等	29区 巴拉圭	30区 美国
文件	0.5	111.8	80.3	95.6	109.6	—	165.4	165.4	133.3
文件	1.0	139.9	96.9	128.4	138.4	—	203.9	192.5	144.4
文件	1.5	172.2	117.8	165.6	180.6	—	246.8	223.9	145.5
文件	2.0	204.5	138.6	202.6	222.6	—	289.6	255.2	161.2
文件	2.5	236.9	159.5	239.8	264.8	—	332.5	286.6	182.1
包裹	0.5	114.8	92.8	126.3	130.8	—	167.4	167.4	133.3
包裹	1.0	153.0	118.6	163.5	167.8	—	215.0	203.6	144.4
包裹	1.5	196.0	149.1	205.4	218.6	—	268.3	245.4	159.2
包裹	10.0	887.0	629.4	640.9	1042.5	—	1112.2	907.7	583.8
包裹	10.5	921.1	650.1	644.1	1081.6	—	1155.2	940.1	687.0
包裹	11.0	960.4	676.0	652.5	1125.9	—	1203.3	977.7	700.7
包裹	11.5	1005.7	690.1	666.8	1176.2	—	1257.4	1021.2	720.4
包裹	12.0	1044.9	698.3	675.2	1220.4	—	1305.5	1058.8	734.0
包裹	25.0	2131.8	1091.9	1067.0	1865.6	—	2178.0	2178.1	1258.9
包裹	25.5	2173.7	1126.2	1100.3	1925.9	—	2256.4	2256.5	1301.6
包裹	26.0	2213.9	1134.8	1108.9	1939.5	—	2264.3	2264.4	1308.6
包裹	26.5	2256.0	1169.3	1142.3	1999.9	—	2342.9	2343.0	1351.2
包裹	29.5	2502.6	1298.4	1268.4	2221.9	—	2602.2	2602.3	1500.4
包裹	30.0	2542.8	1307.0	1277.0	2235.5	—	2610.1	2610.2	1507.4
大货	31～50	59.4	43.1	42.2	74.2	—	88.5	88.5	52.3
大货	51～70	59.4	43.1	42.2	74.2	—	83.7	83.7	52.3
大货	71～99	57.5	41.3	41.3	72.3	—	83.7	83.7	52.3
大货	100～199	55.5	38.3	38.3	70.3	—	81.8	81.8	52.3
大货	200～299	55.5	38.3	38.3	70.3	—	81.8	81.8	52.3
大货	300～499	—	—	—	—	—	—	—	—
大货	500～999	—	—	—	—	—	—	—	—
大货	500～999	—	—	—	—	—	—	—	—

（三）国际航空运输报价表

国际航空运输主要涉及机场到机场的运输服务，而不是像快递一样提供门到门的服务。另外，相比于国际快递，在货物少的情况下国际航空运输的价格没有竞争力，所以一般客户很少找国际航空公司去托运货物。但是当货运量大的时候，国际航空运输的价格比国际快递更有优势，而且货运量越大优势越大，所以该运输方式很受货代公司欢迎。在日常生活中，很多货代公司代替航空公司提供国际航空运输服务，并且附带了上门提货服务。

国际航空运费由 IATA 协调并制定价格体系。一般来说，货物的航空运费主要受两个因素影响，即货物适用的运价与货物的计费重量。由于航空运输货物的种类繁多，货物运输的起讫地点所在航空区域不同，每种货物所适用的运价亦不同。换言之，由于运输的货物种类和运输起讫地点的不同，IATA 会对航空货物运价乃至运费进行分门别类和计算。同时，由于飞机载运能力受飞机最大起飞全重和货舱本身体积的限制，货物的计费重量需要同时考虑其体积重量和实际重量两个因素。并且，由于国际航空运输货物运价的"递远递减"原则，产生了不同重量分界等级的一系列运价，即重量分界点运价，其初始重量的限制也影响着货物运费的计算。

如果两个机场间有直达的航班，那就可以轻松找到两个机场间的各种运费。根据货物数量和品名不同，目前常见的运费有三种：指定商品运价（specific cargo rate，SCR）、等级货物运价（class commodity rate，CCR）、普通货物运价（general cargo rate，GCR）。这三种运价的使用顺序如下：优先使用指定商品运价，如果指定商品运价条件不完全满足，则可以使用等级货物运价和普通货物运价；等级货物运价优先于普通货物运价使用。

如果货物可以按指定商品运价计费，但因其重量没有满足指定商品运价的最低重量要求，那么可以与普通货物运价计费结果相比较，取较低者。如果该指定商品同时又属于附加的等级货物，则只允许将附加的等级货物运价和指定商品运价的计费结果进行比较，取较低者，注意不能与普通货物运价的计费结果比较。如果货物属于附减的等级货物，即图书、报纸、杂志和作为货物运输的行李等，其等级货物运价计费则可以与普通货物运价计算的运费相比较，取较低者。

为了解决日常通用的运费问题，接下来我们以公布直达运价来进行讲解。

公布直达运价是指承运人直接在运价资料中公布的从运输始发地至运输目的地的航空运价。运价的公布形式有 N、Q 等运价结构，也有 B、K 运价结构（欧洲特有的运价结构）。N 运价，即 normal general cargo rate，指的是标准的普通货物运价；Q 运价，即 quantity rate，指的是按重量分界等级计算的运价，如 Q45 就表示货物在 45 千克以上可以使用该运价。

指定商品运价与普通货物运价同时公布在 TACT（《航空货运运价手册》）中的 TACT Rates 部分。等级货物运价计算规则在手册中的 TACT Rules 中公布，需结合 TACT Rates 一起使用。

公布直达运价的航空运输报价表样表见表 2-2。

表 2-2　航空运输报价表样表

Date/Type	Note	Item	Min.weight	Local currency
BEIJING	始发地	CN		BJS
Y. RENMINBI	结算货币	CNY		KGS
TOKYO	目的地	M	230.00（最低运费）	
		N	37.51（普通货物运价，N 价）	
		45	28.13（普通货物运价，Q 价）	
	0008	300	18.80（指定商品运价）	
	0300	500	20.61	
	1093	100	18.43	
	2195	500	18.80	

说明：

Date/Type——公布直达运价的生效或失效日期以及集装器运价代号；本栏中若无特殊标记，说明公布直达运价适用于在 TACT 有效期内销售的所有 AWB（air waybill，指航空运单）。

Note——对应运价的注释。填制货运单时，应严格按照注释所限定的内容执行。

Item——指定商品运价的品名编号。

Min.weight——使用对应运价的最低重量限制。

Local currency——用运输始发地货币表示的运价或最低运费。

注意须核实真正的报价表。

1. 普通货物运价

一般地，普通货物运价根据货物重量不同，分为若干个重量分界点的运价。例如，"N"表示标准普通货物运价（normal general cargo rate，常用 Normal GCR 表示），指的是 45 千克以下的普通货物运价（如无 45 千克以下的货物时，N 则表示 100 千克以下普通货物运价）。如果没有超过每票货物的最低运费，则需要使用最低运费，运价代码用 M 表示。

货物按其适用的航空运价与其计费重量计算所得的航空运费，应与货物最低运费相比，取较高者。

同时，普通货物运价还公布有 Q45、Q100、Q300 等不同重量分界点的运价。这里的 Q45 表示 45 千克以上（包括 45 千克）普通货物的运价，以此类推。对于 45 千克以上的不同重量分界点的普通货物运价均用"Q"表示。

2. 指定商品运价

TACT Rates 根据货物的性质、属性以及特点等对货物进行分类，共分为十组，每一组又分为十个小组。同时，对其分组形式用四位阿拉伯数字进行编号。该编号即为指定商品货物的品名编号，如表 2-2 中的 0008 等，运价代码用"C"表示。

在使用指定商品运价时，只要运输的货物满足下述三个条件，那么运输始发地和运输目的地就可以直接使用指定商品运价：① 运输始发地至目的地之间有公布的指定商品运价；② 托运人所交运的货物品名与指定商品运价有关的货物品名相吻合；③ 货物的计费重量满足指定商品运价使用时的最低重量要求。

指定商品运价是指适用于自规定的始发地至规定的目的地运输特定品名货物的运价。通常情况下，指定商品运价低于相应的普通货物运价。就其性质而言，该运价是一种优惠性质的运价。鉴于此，指定商品运价在使用时，对于货物的起讫地点、运价使用期限、货物运价的最低重量计算起点等均设有特定的条件。

3. 等级货物运价

等级货物运价是指在普通货物运价基础上附加或附减一定百分比，附加或附减规则公布在 TACT Rules 中，运价须结合 TACT Rates 确定。

通常附加的等级货物用"S"表示（surcharged class rate）；附减的等级货物用"R"表示（reduced class rate）。

IATA 规定，对于等级货物运输，如果属于国际联运，并且参加联运的某一承运人承运的航段有特殊的等级货物，即使运输起讫地点间有公布直达运价，也不可以直接使用。此时，应采用分段相加的办法计算运输始发地至运输目的地的航空运费。此项规则在此不再详细说明。

以下所述的等级货物运价均为运输始发地至运输目的地之间的公布直达运价。等级货物运价主要适用货物包含活动物、贵重物品等。

活动物（live animals）运价示例见表 2-3。

表 2-3 部分活动物运价示例

	IATA AREA（see Rules 1.2.2 "Definitions of Area"）					
	Within 1	Within 2 (see also Rule 3.7.1.3)	Within 3	Between 1&2	Between 2&3	Between 3&1
ALL LIVE ANIMALS Except：Baby Poultry less than 72 hours old	175% of Normal GCR	175% of Normal GCR	150% of Normal GCR Except：1 below	175% of Normal GCR	150% of Normal GCR Except：1 below	150% of Normal GCR Except：1 below
Baby Poultry less than 72 hours old	Normal GCR	Normal GCR	Normal GCR Except：1 below	Normal GCR	Normal GCR Except：1 below	Normal GCR Except：1 below

注：
（1）费率涵盖所有地区，不包括 ECAA 国家之间；
（2）西南太平洋区域内及周边区域适用 GCR 的 200%；
（3）最低运费：（不包括 ECAA 国家之间）活动物的最低运费标准为相应 M（最低运费）的 200%。

与活动物运价有关的说明及注意事项如下。

(1) 可以运输的活动物类型包括：① 幼禽类（baby poultry），指出生不足 72 小时的幼禽；② 猴类和灵长类（monkeys and primates）；③ 冷血动物类（cold blooded animals）；④ 除上述三类以外的所有活动物（all live animals）。

表 2-3 中的"Except"表示一些区域的运价规则相比表中规则有例外的情况，使用时应严格按照 TACT Rules 的规则要求，正确计算航空运费。

(2) TACT 制定的活动物运价表中，有关活动物运价规则及解释说明如下：① "Normal GCR"，指使用 45 千克以下的普通货物运价，如无 45 千克以下的普通货物，可使用 100 千克以下普通货物运价。注意，不考虑较高重量分界点的较低运价。② "Normal GCR or over 45kg"，指使用 45 千克以下普通货物运价，或者 45 千克以上普通货物运价；即使有较高重量分界点的较低运价，也不可以使用。③ "Appl. GCR"，即"Applicable GCR"，指使用相适应的普通货物运价。④ "As a percentage of Appl. GCR"，指按相应的普通货物运价附加某个百分比使用。需要注意的是，运输动物所用的笼子等容器、饲料、饮用水等重量包括在货物的计费重量内。

(3) 活动物运输的最低收费标准：① IATA 规定的三区内，采用相应 M（最低运费）的 200%；② IATA 规定的二区与三区之间，采用相应 M 的 200%；③ IATA 规定的一区与三区之间（到美国、加拿大，或者从美国、加拿大出发除外），采用相应 M 的 200%；④ 从 IATA 规定的三区到美国，采用相应 M 的 110%；⑤ 从美国到 IATA 规定的三区，采用相应 M 的 150%；⑥ IATA 规定的三区与加拿大之间，采用相应 M 的 150%。

需要注意的是，活动物运输的有关规定和收费标准可能会随相关政策变动而变化，为了获取最准确的信息，建议咨询相关航空公司。

4. 贵重货物运价（valuable cargo rate）

对于贵重货物运价，IATA 规定的所有区域的运价是普通货物运价（Normal GCR）的 200%。

特例：IATA 规定的一区与三区之间，且经过北太平洋或中太平洋（除从朝鲜半岛至美国本土），1000 千克及以上贵重货物的运费，按 45 千克以下普通货物运价的 150% 收取（150% of the Normal GCR）。

最低运费：贵重货物的最低运费按公布最低运费的 200% 收取，同时不低于 50 美元或其等值货币。

由于机场很多，每个机场间不可能都有航线，所以就出现了协议运价、比例运价以及公布直达运价。这三种运价一般按照顺序使用：在日常生活中，优先使用协议运价；如果没有协议运价，则使用公布直达运价；如果没有协议运价和公布直达运价，则使用比例运价；最后才采用分段相加运价（最低组合运价）。如果货物运输的始发地至目的地没有公布直达运价，则可以采用比例运价和分段相加运价的方法计算全程运费。

5. 比例运价（construction rate）

当货物运输始发地至目的地没有公布直达运价时，比例运价采用货物运价手册中公布的一种不能单独使用的运价附加数（add-on amount），与已知的公布直达运价相加构成非公布直达运价，此运价称为比例运价。TACT Rates 中所列的比例运价分为三类：① 普通货物的比例运价，用"GCR"表示；② 指定商品的比例运价，用"SCR"表示；③ 集装箱的比例运价，用"ULD"表示。

将比例运价和公布直达运价相加时，必须严格遵守下列原则：只有相同种类的货物运价才能组成始发地至目的地的货物运价。如：① 普通货物比例运价只能与普通货物运价相加；② 指定商品的比例运价只能与指定商品的运价相加；③ 集装箱的比例运价只能与集装箱的运价相加。

采用比例运价注意事项如下：

（1）比例运价只适用于国际运输，不适用于当地运输。

（2）采用比例运价构成公布直达运价，比例运价可加在公布直达运价的两端，但每一端不能连加两个以上的比例运价。

（3）当始发地或目的地可以由不同的运价组合点（rate combination point, RCP）与比例运价相加组成不同的公布直达运价时，应采用最低运价。

需要注意的是，运价的构成不影响货物的运输路线。

6. 分段相加运价（combination of rates and charges）

分段相加运价，又可译为分段相加运费。

对于相同运价种类，当货物运输的始发地至目的地没有公布直达运价和比例运价时，只能采用分段相加的办法。对于运输起讫地点间组成的运价，一般采用最低组合运价。

采用不同的运价种类组成的分段相加运价，必须严格按 TACT Rules 的运价相加规则进行组合。

运输起讫地点间的运价采用将相同种类、相同重量分界点运价直接相加后的运价，该运价称为分段相加运价（其中可能涉及货币换算），该运价乘以货物的计费重量即构成全程航空运费。如果运输起讫地点间的运价是采用不同种类运价或虽采用相同种类运价，但采用不同的重量分界点，则称为分段相加运费。

表 2-4 是国际货运分段相加运价的规则。

表 2-4　国际货运分段相加运价规则表

运价类别	可相加运价
国际普通货物运价 （international GCR）	普通货物比例运价（construction rates for GCR） 国际普通货物运价（international GCR） 国内运价（domestic rates） 过境运价（transborder rates）

续表

运价类别	可相加运价
国际指定商品运价 (international SCR)	指定商品运价 (construction rates for SCR) 国内运价 (domestic rates) 过境运价 (transborder rates)
国际等级货物运价 (international class rates)	国内运价 (domestic rates) 过境运价 (transborder rates)

需要注意，国际指定商品只可以与国际指定商品运价相加；国际等级货物运价只可以与国际等级货物运价相加。否则，将违背国际指定商品运价与国际等级货物运价的特定含义，从而破坏运输起讫地点间的运价体系。

如果货物运输起讫地点间无公布直达运价且无指定商品的比例运价，而运输的货物属于指定商品，则按分段相加运价计算，可以采用以下两种计算方法：

(1) 按普通货物比例运价计算。

(2) 按分段相加的指定商品运价计算。

由于属于不同运价种类，比较计算时除了考虑优先使用指定商品运价原则外，还应兼顾货物的重量是否满足指定商品运价的最低重量限制。通过比较，计算出较低的航空运费。

国际航空货物运输中，航空运费是指自运输始发地至运输目的地之间的航空运输费用。在实际工作中，对于航空公司或其代理人将收运的货物自始发地（或从托运人手中）运至目的地（或提取货物后交给提货人）的整个运输组织过程，除发生航空运费外，在运输始发地、中转地、目的地还经常发生与航空运输有关的其他费用。

二、运输费用计算

（一）快递费用计算

能准确地计算和结算快递费用是保证公司盈利和提供良好服务的重要环节。常见的快递费用计算规则有如下几条。

1. 首重与续重

快递公司对物品进行首重和续重的判断，并收取不同的费用。其计费方式如下所示。

当需寄递物品实际重量小而体积较大时，运费需按体积重量标准收取，按首重运费＋［重量（kg）×2－1］×续重运费计算。

当需寄递物品实际重量大而体积较小时，运费需按毛重量标准收取，按首重运费＋［重量（kg）×2－1］×续重运费计算。

2. 边远地区收费

边远地区的运费相对比较高，因此收费也会相对高一些。

3. 订单类型

快递公司会根据订单类型的不同而进行不同的收费，订单类型主要分为三种，分别是常规快递、时效快递和特殊商品快递。

4. 超重费用

如果需要寄递的物品超出了承重范围，快递公司会另外收取超重费用，在收费标准上，根据物品的不同材质，所收取的费用也就不同。

5. 快递公司选择

不同的快递公司，对于快递费用的计算方法也有所不同，因此，需要根据自己的需求和所寄递的物品情况，选择适合自己的快递公司。

总的来说，快递费用是根据多个因素来确定的，包括物品的重量、体积、材质、寄递距离、订单类型等，因此，在计算快递费用时，需要考虑这些因素，选择适合自己的快递公司，以便能够更加方便、快捷地将物品寄出。

根据任务一的案例，一件从深圳到美国纽约的电子产品货物包括音箱和耳机，单件纸箱包装采用 300 mm×200 mm×200 mm；整箱纸箱包装采用 400 mm×400 mm×600 mm。

计算两箱货物 DHL 总运费。先从表 2-1 查找从深圳到美国的运价区域（30 区），然后确定体积重量为 38.4 kg，毛重 32 kg，计费重量为 38.5 kg，得到运价＝（52.3×38.5）×1.125×（折扣）＝2265.24 元×（折扣），系数 1.125 包含了燃油附加费。

（二）航空运费计算

航空运费是指承运人将一票货物自始发地机场运至目的地机场所收取的航空运输费用。该费用根据每票货物所适用的运价和货物的计费重量计算而得。由于货物的运价是指货物运输起讫地点间的航空运价，所以航空运费的计算过程包括确定计费重量和确定运价率。

1. 确定计费重量（chargeable weight）

计费重量是指用以计算货物航空运费的重量。货物的计费重量或者是货物的实际毛重，或者是货物的体积重量，或者是较高重量分界点的重量。

（1）实际毛重（actual gross weight）：包括货物包装在内的货物重量，称为货物的实际毛重。

(2)体积重量（volume weight）：按照国际航协规则，将货物的体积按一定的比例折合成的重量，称为体积重量。其计算方法是，测量货物的最长、最宽和最高处，而且要进位，换算标准为每 6000 cm³ 折合 1 kg。

(3)计费重量（chargeable weight）：采用货物的实际毛重与货物的体积重量两者较高者；但当货物按较高重量分界点的较低运价计算的航空运费较低时，则将此较高重量分界点的货物起始重量作为货物的计费重量。

国际航协规定，国际货物的计费重量以 0.5 kg 为最小单位，重量尾数不足 0.5 kg 的，按 0.5 kg 计算；0.5 kg 以上不足 1 kg 的，按 1 kg 计算。

当使用同一份运单，收运两件或两件以上可以采用同样种类运价计算运费的货物时，其计费重量规定为：货物总的实际毛重与总的体积重量两者较高者。综上所述，较高重量分界点重量也可能成为货物的计费重量。

2. 查找适用运价率

国际货物运价是指 IATA 在 TACT 运价资料上公布的运价。国际货物运价应使用 IATA 的运价手册中的 TACT Rates，结合并遵守国际货物运输规则（TACT Rules）共同使用。按照 IATA 公布的货物运价形式划分，国际货物运价可分为公布直达运价和非公布直达运价。

查找运价率的时候要考虑货物的品名，品名不一样，可选择的运价类型也不一样，运价率也就不一样，对于一些比较特殊的货物，还要查询是否是危险品或者其他产品。

3. 其他费用

其他费用是指由承运人、代理人或其他部门收取的与航空货物运输有关的费用。在组织一票货物自始发地至目的地运输的全过程中，除了航空运输外，还包括地面运输、仓储、制单、国际货物的清关等环节，提供这些服务的部门所收取的费用即为其他费用。以下是一些与国际航空运输有关的其他费用。

1）货运单费（documentation charges）

货运单费又称为航空货运单工本费，此项费用为填制航空货运单之费用。航空公司或其代理人销售或填制货运单时，该费用包括逐项逐笔填制货运单的成本。对于货运单费，各国的收费水平不尽相同，依 TACT Rules 及各航空公司的具体规定来操作。货运单费应填制在货运单的"其他费用"（other charges）一栏中。按《华沙公约》等有关公约，国际上多数 IATA 航空公司做出如下规定：由航空公司来销售或填制航空货运单，此项费用归出票航空公司（issuing carrier）所有，表示为 AWC；由航空公司的代理人销售或填制货运单，此项费用归销售代理人所有，表示为 AWA。

中国民航各航空公司规定：无论货运单是由航空公司销售还是由代理人销售，填制货运单时，货运单中的"其他费用"一栏均用 AWC 表示，意为此项费用归出票航空公司所有。

2）危险品处理费（charges for shipments of dangerous goods-handling）

国际航空货物运输中，对于收运的危险品货物，除按危险品运输规则收运并收取航空运费外，还应收取危险品处理费，该费用必须填制在货运单"其他费用"栏内，用"RAC"表示费用种类。TACT Rules 规定，危险品处理费归出票航空公司所有。在货运单中，危险品处理费表示为"RAC"。

3）运费到付货物手续费（charges collect fee，又称 CC fee）

国际货物运输中，当货物的航空运费及其他费用到付时，在目的地的收货人，除支付货物的航空运费和其他费用外，还应支付运费到付货物手续费。

此项费用由最后一家承运航空公司收取，并归其所有。一般 CC fee 的收取，采用目的站开具专门发票的方式，但也可以依据货运单收取（此种情况仅在交付航空公司无专门发票并将货运单作为发票使用时使用）。

对于运至中国的运费到付货物，运费到付货物手续费的计算公式及标准如下：

运费到付货物手续费＝（货物的航空运费＋声明价值附加费）×2%

各个国家 CC fee 的收费标准不同。在中国，CC fee 最低收费标准为 100 元。

4）声明价值附加费

当托运人托运的货物，1 kg 毛重价值超过 20 美元或其等值货币时，可以办理货物声明价值，托运人办理声明价值必须是一票货运单上的全部货物，不得分批或者部分办理。托运人办理货物声明价值时，应按照规定向承运人支付声明价值附加费。

声明价值附加费的计算公式为：

声明价值附加费＝货物声明价值－货物毛重×20 美元

注意，20 美元应折算为等值的当地货币。

接下来将以国际航协的公布直达运价为例进行例题演示和计算。

（三）航空运费计算实例

1. 普通货物运价计算

【例1】 由北京运往东京的一箱服装，毛重 31.4 kg，体积尺寸为 80 cm×70 cm×60 cm，计算该票货物的航空运费。公布直达运价如下表：

BEIJING	CN		BJS
Y. RENMINBI	CNY		KGS
TOKYO	JP		
		M	230.00
		N	37.51
		45	28.13

解：

体积（volume）：	80 cm×70 cm×60 cm＝336000 cm³
体积重量（volume weight）：	336000 cm³÷6000 cm³/kg＝56 kg
毛重（gross weight）：	31.4 kg
计费重量（chargeable weight）：	56.0 kg
适用运价（applicable rate）：	GCR Q28.13 CNY/kg
航空运费（weight charge）：	56.0×28.13＝CNY 1575.28

【例2】 北京运往新加坡一箱水龙头接管，毛重35.6 kg，计算其航空运费。公布直达运价如下表：

BEIJING	CN		BJS
Y. RENMINBI	CNY		KGS
SINGAPORE	SG		
		M	230.00
		N	36.66
		45	27.50
		300	23.46

解：（1）按实际重量计算。

Gross Weight：	35.6 kg
Chargeable Weight：	36.0 kg
Applicable Rate：	GCR N36.66CNY/kg
Weight Charge：	36.0×36.66＝CNY1319.76

（2）采用较高重量分界点的较低运价计算。

Chargeable Weight：	45.0 kg
Applicable Rate：	GCR Q27.50CNY/kg
Weight Charge：	27.50×45.0＝CNY 1237.50

（1）与（2）比较，取运费较低者。即航空运费为1237.50元。

2. 指定货物运价计算

【例3】 北京运往大阪20箱新鲜蔬菜，共360.0 kg，每箱体积为60 cm×45 cm×25 cm，计算航空运费。公布直达运价如下表：

BEIJING	CN		BJS
Y. RENMINBI	CNY		KGS
OSAKA	JP	M	230.00
		N	37.51
		45	28.13
	0008	300	18.80
	0300	500	20.61
	2195	500	18.80

解：查找 TACT Rates 的品名表，蔬菜可以使用编号为 0008（新鲜蔬菜和水果）的指定商品运价。由于货主交运的货物重量符合"0008"指定商品运价使用时的最低重量要求，运费计算如下。

Volume： 60 cm×45 cm×25 cm×20＝1350000 cm³
Volume Weight： 1350000 cm³÷6000 cm³/kg＝225 kg
Chargeable Weight： 360.0 kg
Applicable Rate： SCR 0008/Q300 18.80CNY/kg
Weight Charge： 360.0×18.80＝CNY 6768.00

注：在使用指定商品运价计算运费时，如果其指定商品运价直接使用的条件不能完全满足，例如货物的计费重量没有达到指定商品运价使用的最低重量要求，使得按指定商品运价计算得到的运费高于按普通货物运价计算得到的运费时，则按低者收取航空运费。

3. 特种货物运价计算

【例 4】 从北京运往温哥华一只大熊猫，重 400.0 kg，体积为 150 cm×130 cm×120 cm，计算航空运费。公布直达运价如下表：

BEIJING	CN		BJS
Y. RENMINBI	CNY		KGS
VANCOUVER	BC	CA	
		M	420.00
		N	59.61
		45	45.68
		100	41.81
		300	38.79
		500	35.77

解：查找活动物运价表，从北京运往温哥华，属于从三区运往一区的加拿大，运价的构成形式是"150%of Appl.GCR"。运费计算过程如下。

（1）按查找的运价构成来计算。

Volume： 150 cm×130 cm×120 cm＝2340000 cm^3

Volume Weight： 2340000 cm^3÷6000 cm^3/kg＝390.0 kg

Chargeable Weight： 400.0 kg

Applicable Rate： S 150% of Applicable GCR

150%×38.79CNY/kg＝58.185CNY/kg＝58.19CNY/kg

Weight Charge： 400×58.19＝CNY 23276.00

（2）由于计费重量已经接近下一个较高重量点500 kg，用较高重量点的较低运价计算。

Chargeable Weight： 500.0 kg

Applicable Rate： S 150% of Applicable GCR

150%×35.77CNY/kg＝53.655CNY/kg＝53.66CNY/kg

Weight Charge： 500.0×53.66＝CNY 26830.00

对比两个运费，取运费较低者，因此，运费为23276.00元。

【例5】 从上海运往巴黎两箱幼禽，每一箱重25.0 kg，体积为70 cm×50 cm×50 cm，计算航空运费。公布直达运价如下表：

SHANGHAI	CN		SHA
Y. RENMINBI	CNY		KGS
PARIS	FR		
		M	320.00
		N	68.34
		45	51.29
		500	44.21

解：查找活动物运价表，从上海运往巴黎，属于三区运往二区，运价的构成形式是"Normal GCR or over 45 kg"。运费计算如下。

按查找的运价构成形式来计算。

Total Gross Weight： 25.0×2＝50.0 kg

Volume： 70 cm×50 cm×50 cm×2＝350000 cm^3

Volume Weight： 350000 cm^3÷6000 cm^3/kg＝58.33 kg≈58.5 kg

Chargeable Weight： 58.5 kg

Applicable Rate： S Normal GCR or over 45 kg

100%×51.29CNY/kg＝51.29CNY/kg

Weight Charge： 58.5×51.29＝CNY 3000.47

因此，运费为3000.47元。

4. 空运综合报价试题

一批货物从广州到长崎，货物有四种具体重量体积，计算航空运费。公布直达运价表摘抄如下：

NGS	NAGASAKI	JP	M	230.00
			N	25.67
			45	19.25
		0008	300	18.80
		0300	500	20.61
		1093	100	14.72
		2195	300	18.80

1）货物相关信息

Routing：Guangzhou, CHINA (CAN) to NAGASAKI, Japan (NGS).
Commodity1：Cloth.
Gross Weight：Each 25 kgs, total 48 rolls.
Dimensions：37 cm in diameter and 160 cm in height each roll.

Commodity2：Silver Pot.
Gross Weight：Each 4.18 kgs, total 50 pieces.
Dimensions：88 cm×35 cm×35 cm×50.

Commodity3：Hami Melon.
Gross Weight：Each 36.25 kgs, total 8 pieces.
Dimensions：75 cm×25 cm×45 cm×8.

Commodity4：Hamster.
Gross Weight：Each 20 kgs, total 3 pieces.
Dimensions：120 cm×54 cm×54 cm×3.

2）利润及附加费

除了基本运费之外，还有相关附加费和公司的利润信息如下所示。
Air Waybill Charges：CNY 50.00.
Fuel Surcharge：CNY 9.00 / kg chargeable weight.
Security Surcharge：CNY 1.20 / kg chargeable weight.
Air freight rates are buying rates!
Please add 0.50 CNY /kg chargeable weight as freight forwarding profit.

Please add 3 CNY/kg chargeable weight as freight forwarding profit for live animals.

Please add 5 CNY/kg chargeable weight as freight forwarding profit for valuable goods.

3）指定商品类别描述

部分指定商品类别描述如下：

Specific Commodity Number

0007 Fruit, Vegetables.

0008 Fruit, Vegetables (Fresh).

0300 Fish (Edible), Seafood.

0850 Mushroom.

1093 Worms.

2865 Carpet.

2195

（A）Yarn, Thread, Fibres, Cloth (Not Further Processed or Manufactured): Exclusively in Bales, Bolts, Pieces.

（B）Wearing Apparel, Textile Manufactures.

根据普通货物及指定货物运价信息，计算如下。

解：(1) Cloth 是指定商品，可查代码为 2195。

Chargeable Weight：	1752.5 kg
Applicable Rate：	18.8CNY/kg
Weight Charge：	1752.5×18.8＝CNY 32947

运费为 32947.00 元。

(2) Silver Pot 是贵重货物，适用运价为：200％Normal GCR。

Chargeable Weight：	898.5 kg
Applicable Rate：	200％ Normal GCR

200％×25.67CNY/kg＝51.34CNY/kg

Weight Charge：	898.5×51.34＝CNY 46128.99

运费为 46128.99 元。

(3) Hami Melon 是指定商品，代码 0008。

Chargeable Weight：	290 kg
Applicable Rate：	19.25CNY/kg
Weight Charge：	290×19.25＝CNY 5582.5

按重量分界点计算如下。

Chargeable Weight：	300 kg
Applicable Rate：	18.8CNY/kg
Weight Charge：	300×18.8＝CNY 5640

由于使用普通货物运价计算的运费更低，因此选择普通货物运价计算的运费为 5582.5 元。

(4) Hamster 是活动物，不可集装运输，运费单独计算。

通过查询活动物运价表。三区到三区之间运输活动物，运价为：150% Normal GCR。

Chargeable Weight：　　　　　175 kg
Applicable Rate（150% Normal GCR）：150%×25.67CNY/kg=38.51CNY/kg
Weight Charge：　　　　　　175×38.51= CNY 6739.25

运费为 6739.25 元。

四种货物均不能集装运输，故空运主要运费为 91397.74 元。

活动物利润：3 CNY/kg

贵重货物利润：5 CNY/kg

其他货物利润：0.5 CNY/kg

总利润：898.5×5+175×3+0.5×（290+1752.5）=CNY 6038.75

附加费如下。

AWC（代理费）：CNY 50

FSC（燃油附加费）：(898.5+175+290+1752.5)×9=CNY 28044

SSC（安全附加费）：(898.5+175+290+1752.5)×1.2=CNY 3739.2

报价：91397.74+6038.75+50+28044+3739.2=CNY 129269.69

如果四种货物可以集装混合托运，则这批货的计算方法就是同时计算混合与分开的运费，两者较低者就是最低运费。

任务三　设计小件货物运输方案

【任务目标】

通过前面内容的学习，要求学生在计算运输费用和报价的基础上，学会基于长期的复杂物流需求，进行科学的设计和报价。

◆ 知识目标：学习小件货物运输方案设计一般思路，了解快递车辆路线设计，能够对快递及零担运输车辆进行组织和安排。

◆ 技能目标：看懂报价表，会根据货物的运输属性，合理选择运输方式、计算运费并报价。

◆ 素养目标：学习跨境电商物流的演变历程，了解中国物流企业的现状及发展前景。

一、小件货物运输方案设计一般思路

（一）小件选快递，大件选零担

对于小件国内货物而言，一般可以用快递、公路零担两种运输方式来完成，虽然也有铁路零担运输，但是日常生活中很少使用，而高铁快递的出现，或成为小件货物运输的重要方式。

快递一般适合运输比较小的货物，比如文件或者音箱、耳机等小物品。随着快递市场竞争加剧及快递费用的降低，越来越多的物品也都适合用快递来运输。

零担运输则适合比较大或者多的货物，任务一案例中批发的货物就可以用零担运输来完成，以节约运输成本。一般情况下，20 千克以下或者运费在 50 元以下的货物特别适合快递运输，20 千克以上或者运费在 50 元以上的货物更适合零担运输，但是这个重量和费用也不是绝对的，只有当货物数量比较多或者运输价格比较贵的时候可以考虑使用零担运输来代替快递运输。

（二）顺丰和"通达系"的区别

顺丰速运（集团）有限公司（简称顺丰）于 1993 年 3 月成立，总部设在深圳，是国内的快递物流综合服务商，经过多年发展，已初步建立为客户提供一体化综合物流解决方案的能力，不仅提供配送端的物流服务，还延伸至价值链前端的产、供、销、配等环节，从消费者需求出发，以数据为牵引，利用大数据分析和云计算技术，为客户提供仓储管理、销售预测、金融管理等一揽子解决方案。

视频 10
顺丰和"通达系"

作为国内快递行业中首家拥有自有全货机的公司，截至 2018 年 12 月 31 日，顺丰拥有 66 架全货机，9 个枢纽级中转场，49 个航空、铁路站点，143 个片区中转场，330 个集散点。

顺丰在新加坡、马来西亚、日本、韩国、美国、泰国、越南、澳大利亚等 10 余个国家均设有分公司。国际快递辐射 60 多个国家和地区，国际小包服务覆盖全球各个国家及地区，海外仓覆盖 30 多个国家和地区，国际竞争力不断提升。

顺丰采用直营的经营模式，由总部对各分支机构实施统一经营、统一管理，保障了网络整体运营质量，是国内首家采用直营模式的 A 股快递公司。

"通达系"指的是圆通速递、申通快递、中通快递、韵达快递。截至 2020 年 4 月，阿里巴巴成为韵达股东之一，"通达系"都实现了和阿里巴巴的合作。

顺丰与"通达系"企业在主要的服务对象与市场定位上均有不同，经营管理方式也有差异。

顺丰主要的服务对象是商务需求和高端的电商服务，在过去的几年，顺丰因为缺乏电商流量的支撑，增长相对疲软，市场份额不断被压缩。2015—2019年，顺丰的市场占有率从9.48%下滑至7.26%。"通达系"快递主要服务于电商市场，凭借电商市场的优势，市场占有率不断提高。

经营管理上，顺丰所有的网点都采用了直营模式，直营模式实行统一的核算制度和经营战略，在人才培养、技术开发、产品推广、信息管理等方面易于发挥整体优势，也方便公司把控整体的服务质量，同时提供代发、到付、代付货款等一系列定制化的增值服务。"通达系"采用加盟模式为主，在加盟模式中，快递公司把精力重点放在主要地区的转运和集散中心，配送业务则外包给加盟商自负盈亏。

顺丰最引以为傲的就是快递速度，天网、地网、信息网"三网合一"的系统架构提升了快递的速度。

顺丰每个网点每天的工作流程都井然有序，力求每条工序上精益求精。顺丰每个网点每天都会到四次班车，每个网点的时效都是"收一派二"，即当次班车到的货必须在两个小时内送到客户手中。在收件上，网点每天都有三次班车发货，客户下单后，快递员必须在一个小时内收货，并把货物包装好，在当次班车将货物发出。每天"到四发三"是顺丰能将快递速度做到第一的基础保障。转运中心、干线运输等环节各类物流技术的不断投入，成为顺丰速度之快的重要保障。

那么客户是选择快递还是零担？如果货物普遍偏小件，一般可以选择顺丰、"通达系"等国内快递公司来完成运输任务。顺丰时效性很强，可以在客户下单后两天内收到快递物品，但是相比"通达系"快递价格较贵。"通达系"一般服务于企业客户，通常下单后三天可收到。"通达系"普遍采用加盟的方式引入各类企业完成揽货和终端配送，服务合同也多是和终端服务企业签订，所以终端服务质量是关键，在合作过程中有可能出现快递承包企业违约、诈骗等情况。顺丰由于全部自营，在服务效率和货物安全保障上要比其他快递好得多。

（三）长期客户快递折扣

在计算快递运费过程中，需要分别计算体积重量和毛重。例如，货物毛重16 kg，体积为400 mm×400 mm×600 mm，一般公路运输下，体积重采用除以5000 cm^3/kg或者6000 cm^3/kg的方法，具体来讲就是先把单位转换成厘米，用40 cm×40 cm×60 cm除以5000 cm^3/kg，结果得19.2 kg。在日常生活中对计费重量有取整的要求，不足1 kg按照0.5 kg或者1 kg向上取整，这样货物的体积重量就是19.5 kg或者20 kg，毛重和体积重量二者取较大值就是计费重量，然后按照首重和续重累加所得费用就是快递的单票费用。

对于长期服务的客户，还要考虑给企业相应的月结折扣价格，一般根据每个月的运费总额和平均单价来衡量折扣多少。折扣和运费总额通常呈正相关。如果客户平均单价是17元，货物偏小，快递企业成本较低，就可以给予较大的折扣。

随着电商企业的兴起，单个公司的快递量迅速增长，快递公司为了争取这些公司的订单，除了折扣价格之外还会使用协议运价的方式进行合作，具体来讲就是考虑 SKU 数量、每单产品重量和体积以及目的地的方向等，价格会比普通的报价低很多，比如小件货物的单价可以低至 2.5 元左右，适用于有较大快递需求的企业。

除了上述业务之外，快递供需双方合作一段时间后，可能采用更"优"的报价方式，如每月给定快递费用总数，不限量地进行发货，这种方式在义乌等小件货物需求量大的地方较常见。

如果货物较大，比如每票货平均重量在 20 kg 以上，正常情况下就要选择天地华宇、德邦快递等公路快运企业，时效也能满足"客户下单后，三天后收到"，但是零担价格相对于快递要优惠得多，所以建议选择零担运输企业来完成，尤其是当货物重量很大时，比如 100 kg 以上，零担价格优势就更明显。除了这些知名的零担运输企业，还有更多的不知名的小零担运输企业，其价格可能更低，但是时效和服务质量就很难把握了。很多物流公司也意识到，自己的客户是小件客户，但是小件也有多种类型，所以这类公司也在不断为客户开发新产品或者提供更大的折扣优惠，不断提高服务质量并降低总的物流成本。

所以任务一案例中张经理的国内物流需求可以选择快递企业或者零担企业，委托企业完成货物储存、一件代发、快递等功能，按月结的方式进行结算，根据每个月的平均单价和运输企业协商更优质的服务报价。同时，除了快递费用之外，也可以委托运输企业进行存货代发，这样张经理就可以彻底从物流业务中解放出来，专心做线上、线下销售业务。

（四）跨境电商物流模式

跨境电商物流模式经历了从小包到海运的华丽转身，从最早的国外下单、国内发货的邮政小包时代，到现在的海运和海外仓代发，实现了完整蜕变。考虑到近几年亚马逊物流流量大，所以目前的跨境电商物流 FBA（fulfillment by Amazon）头程服务比较流行。具体来讲就是指卖家通过快递、空运、海运三种发货方式。一是 DHL、UPS、FedEx 直发快递，一般适合 20 千克以上的货物，运输价格比较合适，时效快，适合紧急补货；二是 FBA"空运＋派送"，货物先空运到当地，再使用当地快递派送至亚马逊仓库，时效快，稍微比直发快递慢一些；三是 FBA 海运头程，包括"海运＋当地清关＋目的国派送"，时效略微长些。亚马逊开放平台同时提供存储、拣货、包装以及终端配送服务，收取相关服务费用。

视频 11
跨境电商物流

随着中国跨境电商的蓬勃发展，越来越多的跨境电商企业选择在海外开设独立站，同时建立自己的或者独立的第三方海外仓库进行储存和代发业务，其业务范围也在不断扩大。

二、快递车辆线路设计

在组织车辆完成货物的运送工作时,通常存在多种可供选择的行驶线路,车辆按不同的行驶线路完成同样的运送任务时,由于车辆的利用情况不同,相应的配送效率和配送成本也会不同。因此,选择时间短、费用省、效益好的行驶线路是运输配送组织工作中的一项重要内容。而提高运输配送线路质量的方法就是尽量减少车辆空驶率,所以在设置配送中心的时候,配送中心地址应处于某一区域的中心地带,与周围的客户点有较方便的交通网,而且需要综合考虑运输任务,优化车辆的行驶线路,使总行程最短;合理地调配车辆,尽量使回程车辆能部分或全部有载。

常见的行驶线路规划有往复式行驶线路、环形式行驶线路、汇集式行驶线路、星形式行驶线路等类型。如果道路运输网分布复杂,物流节点繁多,可以采用运筹学方法利用计算机来辅助确定车辆最终的行驶线路,以保证车辆高效运行。

(一)往复式行驶线路

往复式行驶线路是指在货物运送过程中车辆在两个物流节点之间往返运行的线路形式,根据汽车在行驶时的载运情况,又可分为单程有载往复式、回程部分有载往复式和双程有载往复式行驶线路。

1. 单程有载往复式行驶线路

这种行驶线路因为回程不载货,其里程利用率较低,一般不到50%。在这种情况下,只有利用装卸作业点之间的最短线路才能缓解车辆的利用率较低的情况,所以主要适合短途的运输,如图2-5所示。

2. 回程部分有载往复式行驶线路

车辆在回程过程中有货物运送,但该回程货物不是运到线路的终点,而是运到线路的中间某一节点,或是中途载货运到终点,车辆在每一轮周转中须完成两个运次。由于这种线路回程部分有载,其里程利用率有了一定的提高,即大于50%,小于100%,如图2-6所示。

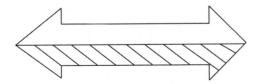

图2-5 单程有载往复式行驶线路

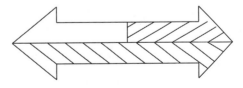

图2-6 回程部分有载往复式行驶线路

3. 双程有载往复式行驶线路

这种行驶线路指车辆在回程运行中全程载有货物运到终点，其里程利用率为100%，如图2-7所示。

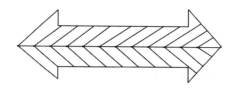

图2-7 双程有载往复式行驶线路

根据三者的比较，车辆在双程有载往复式行驶线路上运送货物时效果最好，在回程部分有载往复式行驶线路上次之，在单程有载往复式行驶线路上效果最差。

（二）环形式行驶线路

环形式行驶线路是指配送车辆在由若干个物流节点组成的封闭回程路上作连续单向运行的行驶线路。车辆在环形式行驶线路上行驶时，每一轮周转内至少完成两个运次的货物运送工作。由于不同运送任务装卸作业点位置分布不同，环形式行驶线路可能有不同形式，如简单环式、交叉环式、三角环式或复合环式线路等，如图2-8所示。

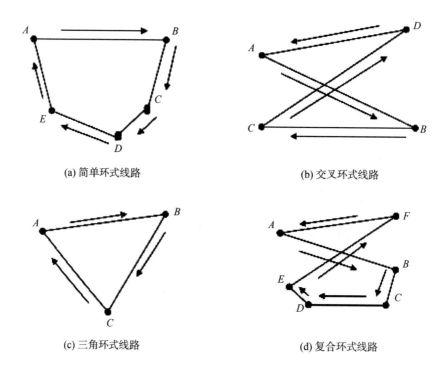

(a) 简单环式线路　　　　　　　　(b) 交叉环式线路

(c) 三角环式线路　　　　　　　　(d) 复合环式线路

图2-8 环形式行驶线路

当配送车辆无法组织回程货物时，为了提高车辆的里程利用率，可组织环形式行驶线路。车辆在环形式行驶线路上运送货物时，应尽量使其空驶行程之和小于载货行程之和，最大限度地组织车辆有载运行，以其里程利用率达到最高为最佳准则。

（三）汇集式行驶线路

汇集式行驶线路是指车辆沿分布于运行线路上的各个物流节点依次完成相应的装卸作业，且每次的货物装（卸）量均小于该车核定载重量，直到整个车辆装满（卸空）后返回出发点的行驶线路。汇集式行驶线路有环形的，也有直线形的，一般情况下为封闭线路。这种线路主要有以下三种形式。

1. 分送式行驶线路

车辆在运行线路上各物流节点依次卸货，直到卸完所有待卸货物后返回出发点，如图 2-9 所示。

2. 聚集式行驶线路

车辆沿运行线路上各物流节点分别或同时装、卸货物，直到完成对所有待运货物的装卸作业后返回出发点，如图 2-10 所示。

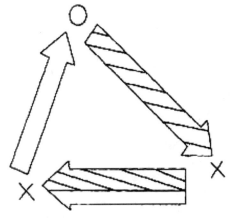

图 2-9　分送式行驶线路示意图
（圆圈代表卸货，叉代表装货，后同）

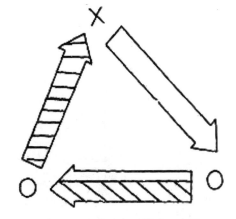

图 2-10　聚集式行驶线路示意图

3. 分送—聚集式行驶线路

车辆在分送—聚集式行驶线路上运行时，其调度工作组织较为复杂，车辆所完成的运输周转量与车辆沿线路上各物流节点的绕行次序有关，若绕行次序不同，即使完成同样运送任务，其周转量也不相同。因此，车辆在分送—聚集式行驶线路上运行时，其组织工作较为复杂。分送—聚集式行驶线路示意图如图 2-11 所示。

图 2-11 分送—聚集式行驶线路示意图

（四）星形式行驶线路

星形式行驶线路是指车辆以一个物流节点为中心，向其周围多个方向上的一个或多个节点行驶而形成的辐射状行驶线路。如图 2-12 所示，O 是中心节点，A、B、C…是各方向上的节点，如果就一个行驶方向（O 至 A）看，可以简化成一个往复式行驶线路；如果就一个局部（O、F、H、G）看，车辆按 O—F—H—G—F—O 运行，又可简化成一个环形式行驶线路；如果各节点更广泛地连通，车辆在多个节点之间运行，则从整体上又形成了一个复杂的网络式行驶线路。

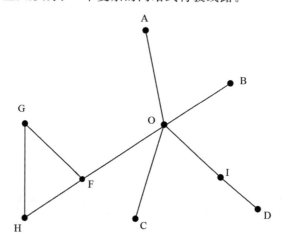

图 2-12 星形式行驶线路示意图

 三、快递及零担运输车辆组织及安排

快递及零担运输车辆指装运快递或者零担的小件货物的车辆，即快递班车，按照发送时间的不同可分成固定式和非固定式两大类。

（一）固定式快递车

固定式快递车通常称为精准卡航快递班车，这种快递班车一般是以营运范围内快递货物流量、流向，以及货主实际要求的内容为基础组织运行的。运输车辆主要以厢式货车为主，目前大型快递公司大多使用 VOLVO/SCANIA 等全封闭厢式货车。固定式快递车主要采取以下几种方式运行。

1. 直达式快递班车

直达式快递班车是指在起运站将各个发货人托运到同一站且性质适合配载的快递货物同车装运后直接送达目的地的一种快递班车。这种快递班车适合货运量特别大的物流中心城市，比如北京、广州、深圳、上海、杭州、义乌等地之间可以用这类班车来解决快递任务，如图 2-13 所示。

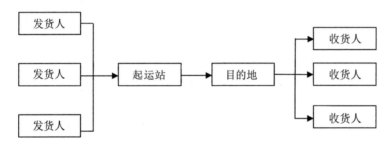

图 2-13　直达式快递班车

2. 中转式快递班车

中转式快递班车是指在起运站将各个发货人托运的同一线路、有不同到达站且性质允许配载的各种快递货物，同车装运至规定的中转站，卸后复装，重新组成新的快递班车运往目的地的一种快递班车。这种快递班车适合货运量比较大的次级物流中心城市，或者毗邻物流中心城市的城市，比如天津、苏州、郑州等地之间可以开行这类班车来解决快递任务，如图 2-14 所示。

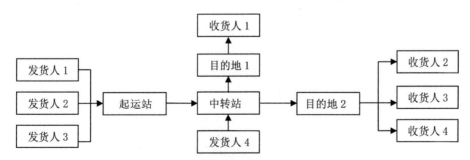

图 2-14　中转式快递班车

对于需要中转的快递班车和沿途快递班车来说，到规定的中转站进行中转，需要在中转站办理货物中转作业。中转作业有以下三种方法。

1）落地法

将到达车辆上的全部货物卸下入库，按方向或到达站次序将货物运至货位上进行集合，然后重新配装组织成新的快递班车。

2）坐车法

坐车法是将到达车辆上有同一到达站，且中转数量较多或卸车困难的那部分核心货物留在车上，把其余到达站的货物全部卸下，入库堆码，而后在到达车辆上加装与核心货物同一到达站的货物，组成一个新的快递班车。

3）过车法

过车法是当几辆不同去向的快递车辆同时到站进行中转作业，交车时，部分中转货物由一辆车向另一辆车上直接换装，而不在车站仓库货位上卸下。

3. 沿途式快递班车

沿途式快递班车是指在起运站将各个发货人托运同一线路、不同到达站，且性质允许配载的各种快递货物，同车装卸后，在沿途各计划停靠站卸下或装上其他快递货物再继续前进，直至最后终点站的一种快递班车。这类快递班车主要在物流中心城市或者次中心城市与周边普通城市之间开通快递班车，由于沿途经过车站较多，运输速度较慢。

在上述三种快递班车运行模式中，直达式快递班车经济性最好，是快递班车的基本形式，它具有以下四个特点：

（1）避免了不必要换装作业，节省了中转费用，减轻了中转站的作业负担；

（2）减少了在途时间，提高了快递货物的运送速度，有利于提高车辆周转效率和物资调拨速度；

（3）减少了货物在中转站作业的次数，有利于保障运输安全和货物的完好，减少事故，确保质量；

（4）货物在仓库集结、待运的时间少，能充分发挥仓库货位的利用程度。

（二）非固定式快递车

非固定式快递车是指按照快递货流的具体情况开行货运车辆的一种组织形式。这种组织形式由于缺少计划性，会给快递企业及客户带来一定不便，因此属于一项临时性的措施，只适合季节性线路或新辟零担货运线路。

【项目综合测评】
文件9 项目二测试题及答案

项目三 干线货物运输需求及运输方案

Project Three

任务一　明确干线货物运输需求

任务二　熟悉运输市场开发

任务三　设计干线货物运输方案

任务四　探索运输行车优化

项目导航

在日常生活中，我们能见到公路运输、铁路运输、水路运输、航空运输、管道运输五种基本运输方式。除了这五种基本运输方式之外，我们还经常能听到铁路整车运输、铁路集装箱、公路整车运输、"五定"班列等运输方式。同时，我们也会了解到生产企业一个生产点或者多个生产点供应全国甚至全球的供应链网络，供应链网络涉及公司产品如何在国内分拨或者全球调拨。通过本项目的学习，一方面让大家了解干线货物运输的技术方法；另一方面，学生还需掌握此类需求及相关商务操作方法。

项目导学

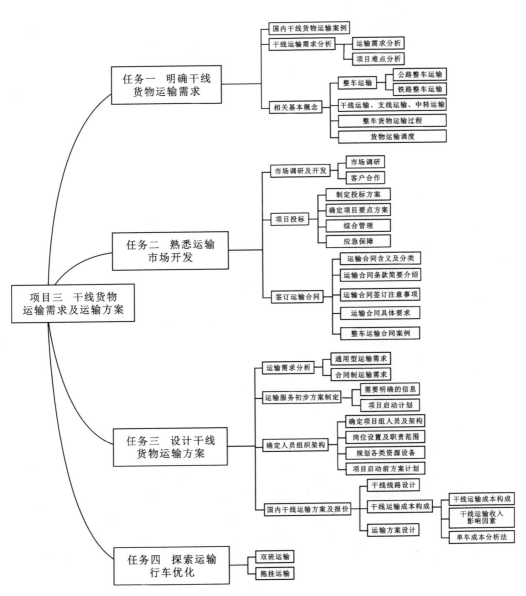

任务一　明确干线货物运输需求

【任务目标】

通过干线货物运输需求的案例，明确此类运输需求的特点，从而掌握需求，明确需求的商务过程，为商务合作做好充足的准备。

◆ 知识目标：了解干线运输、支线运输、整车运输等基本运输概念。
◆ 技能目标：掌握干线货物运输需求的调研流程和商务的基本流程，掌握干线货物运输的组织方式。
◆ 素养目标：了解托盘、车辆等的物流标准，以及相关标准对国家、行业发展的影响。

一、国内干线货物运输案例

日常生活中经常会有大规模货物调拨的运输需求，例如汽车、电脑、空调等产品先通过全球生产或者组配，再配送到全球各个有需求的区域，最后到零售店进行销售。从出厂到各区域的分拨运输一般不能用现有快递或者零担运输直接配送给客户，而是需要大规模的干线运输来实现。与小件货物运输不同，干线货物运输每次货物运量大、距离长。

李贰所在的深圳恒路物流武汉分公司提供的就是这种干线货物运输服务。其业务模式主要有两类，一类是城市间的定期专线业务，另一类是全国的货物分拨业务。

（一）运输需求

李贰刚到深圳恒路物流武汉分公司上班。最近他经朋友介绍，认识了一个较大的客户。这位客户的办公地点在湖北省武汉市吴家山，公司主要生产各种零食，有300多个SKU，产品主要运往本省等多个城市以及湖南、江西等周边省份。

目前给这个客户提供运输服务的主要有三家运输公司，该客户产品种类多，运输时间比较紧急，同时每个月的运输量不是特别稳定。因此造成每趟车装载效率不稳定。

运输供应商对该客户的运输业务不是特别满意，一直希望提高运价。该客户根据公司业务的需要已经分配了三名工作人员，分别进行订单的接收与整理，根据整理后的货物线路和物品订单通知三家运输公司接受任务，并按照三家运输公司的回复顺序选择承运商。

（二）运输任务

李贰了解到客户的运输需求信息后，感觉对客户的需求无从下手，不知道客户的运输难点在哪儿，也不知道为什么是三家公司同时涉足这个业务，而不是某家公司独立承担运输任务。

如果要深入分析、解决客户痛点，提升工作业绩，就需要求助专业团队，咨询如何有针对性地挖掘客户，了解客户的需求和痛点，并在此基础上进行规范的分析，解决问题。

二、干线运输需求分析

（一）运输需求分析

李贰拿到该客户需求信息后，请示商务部经理。经理对此项目很重视，组织了商务部和操作部联席会议，讨论是否要争取该项目。经过会议讨论分析，他们列出了几项需要在后期沟通中明确的问题，具体包括如下几个方面：

视频12
干线货物运输需求

（1）客户目前运送的线路和节点有哪些；

（2）客户近半年或者一年来的各条线路的货物体积、重量以及车辆数目是多少；

（3）客户产品的需求方分别是哪些公司，公司的各类产品的日需求量是多少，运输提前期是多少，订货的批量能否提高；

（4）客户每天发往各地的货物载运车辆是如何组织的，直达和中转大致的方案是怎样的；

（5）该客户除了需要支付三名工作人员的工资外，每年完成销售业务的所有运输任务的运输费用是多少。

以上这些都需要通过后续的沟通和对历史数据的分析，才能得到客户需求的具体信息。

1. 货物及运输包装

该任务中货物有 300 个 SKU，货物大多使用纸箱包装，规格多是 200 mm×300 mm×500 mm，其余使用 1000 mm×1200 mm 的托盘，散板率为 20%。

2. 发货点基本信息

该公司仓库独立经营，仓库有两层，面积5000平方米，有四个装卸平台，基本使用叉车装卸货物，平均每车装卸时间为90分钟。表3-1是客户运送货物流量流向统计表（部分）。

表3-1 客户运送货物流量流向统计表（部分）

目的地	货量占比	运距（km）	目的地	货量占比	运距（km）
黄冈	3.10%	70	澧县	0.00%	588
鄂州	1.10%	83	常德	5.00%	588
黄石	12.60%	99	益阳	3.70%	521
武穴	0.40%	200	合计	8.70%	
合计	17.2%		株洲	5.70%	462
咸宁	0.40%	260	醴陵	0.70%	570
赤壁	1.70%	160	攸县	0.20%	600
合计	2.10%		合计	6.60%	
天门	0.60%	214	湘潭	4.70%	461
荆门	5.50%	214	娄底	2.70%	598
合计	6.10%		冷水江	0.10%	788
仙桃	4.90%	102	新化	0.50%	700
潜江	2.60%	214	合计	8.00%	
荆州	12.00%	214	邵阳	2.90%	650
宜昌	16.60%	339	永州	5.40%	788
恩施	3.40%	678	合计	8.30%	
合计	39.50%		宁乡	1.30%	400
孝感	4.90%	102	吉首	0.80%	900
随州	2.60%	214	合计	2.10%	
襄樊	11.00%	214	衡阳	7.20%	598
十堰	16.60%	339	耒阳	1.10%	660
合计	35.10%		郴州	4.90%	752
			合计	13.20%	

3. 流量及流向

公司的出货量每个月大概是18000立方米的货物，重量大约是7200吨。据分析，公司重点客户有六家。武汉地区KA客户（关键客户）、DT客户（分销客户）占比情况如图3-1所示。KA客户、DT客户的订单总货量占公司业务总量的20%，各省业务主要集中在省会城市及其他主要城市,如湖北宜昌的 KA 客户货量占湖北省总货量的 20% 以上,DT 客户约占 15%;湖南长沙的 KA 客户货量占湖南省总货量的 8% 以上,DT 客户占 30% 以上;江西南昌的 KA 客户货量占江西省总货量的 11% 以上,DT 客户占 27% 以上。其他二、三线城市的运输货量较小。虽然运输的货量是省会城市占主导,但客户的单个订单量偏小,例如公司负责的武汉地区 KA 客户平均订单量大部分小于 0.5 吨(图 3-2)。

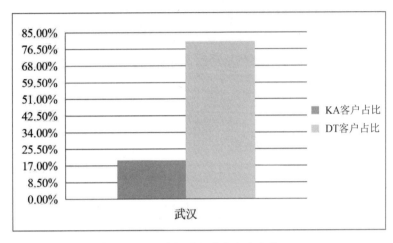

图 3-1 武汉地区重点客户占比

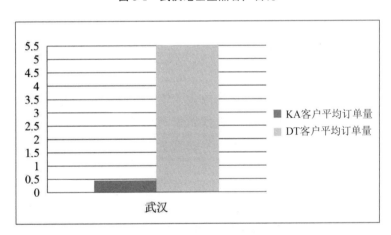

图 3-2 武汉地区重点客户订单量(吨)

4. 运输及配送车辆

该公司目前合作的运输企业主要提供 9.6 米车的厢式货车,每次装运量为 45 立方米左右。

视频 13
普通重卡
载货车命名

(二)项目难点分析

该项运输业务第一个难点在于:运输终点的方向多,每个方向上的运输量不稳定。这样的运输业务特征要求运输线路多且车辆多，同时公司已有部分业务经过这些运输节点，可以将新客户的货和已有的运输货物进行拼车，制订高效的运输计划，科学地对各条线路货物进行运输调度，因而对运输调度员提出了很高的要求。但是由于沿途配送点太多，装载时间大幅增加，从而降低了运输时效和客户满意度。因此，对于运量比较大的客户可以制定一个地点装货、多个地点卸货的运输模式，即在同一线路上对不同配送点的订单进行拼单。

第二个难点在于不了解各条线路的发货周期能否调整，以及线路报价的大概情况。

第三个难点是偏远地区的货物需要中转才能到达，但客户对运输时效要求高，必须科学组织才能完成任务。

三、相关基本概念

（一）整车运输

1. 公路整车运输

公路整车运输是指托运人一次托运的货物在3吨（含3吨）以上，或虽不足3吨，但其性质、体积、形状需要1辆3吨以上车辆进行公路货物运输的形式。

公路整车运输通常是一车一张货票、一个发货人，一般不需要中间环节或中间环节很少，送达时间短，相应的货运集散成本较低。调度员应选派定额的载重量与托运量相匹配的车辆来装运整车货物。涉及城市间或过境贸易的长途运输与集散，通常以整车为基本单位签订贸易合同，以便充分利用公路整车运输的便捷、经济、可靠等优点。

2. 铁路整车运输

凡一批货物的重量、性质、体积、形状等需要以1辆或1辆以上铁路货车装运的，均按整车条件运输。

托运人托运同一到站的货物数量不足1车而又不能按零担办理时，要求将同一线路上最多不超过3个到站点的货物装1车时，按整车分卸办理。

铁路装车或卸车地点不在公共装卸场所，而在相邻的两个车站站界间的铁路沿线进行的，称为途中作业。铁路装车和卸车地点不跨过两个车站或不越过装车车站的站界的运输，称为站界内搬运。铁路整车分卸和途中作业仅限于按整车托运的货物。危险货物不办理站界内搬运和途中作业。

（二）干线运输、支线运输、中转运输

1. 干线运输

干线运输是指在运输网络中起骨干作用的线路运输。按分布的区域范围划分，跨越省、区（市）的运输线（包括铁路线、内河航线、沿海航线、航空线以及公路线等）所完成的客货运输通常为干线运输。从运输方式角度来讲，铁路"八纵八横"、高速公路、长江航道、黄河航道、珠江航道、国际航空线和国内特大城市间的航空线等的客货运输均为干线运输，其余运输线上的客货运输为支线运输。

2. 支线运输

支线运输是相对于干线运输来说的，是在干线运输的基础上，对干线运输起辅助作用的运输形式，一般省、区（市）范围内运输线上的客货运输为支线运输。

3. 中转运输

中转指从始发地到目的地，经过一个或多个地点，利用运输工具（自行车、火车、汽车、轮船、飞机等）将货物运输到目的地的工作。

（三）整车货物运输过程

1. 运输准备过程

运输准备过程又称运输生产技术准备过程，是货物进行运输之前所做的各项技术性准备工作。车型选择、线路选择、装卸设备配置、运输过程的装卸工艺设计等都属于技术性准备过程。

2. 基本运输过程

基本运输过程是运输生产过程的主体，是指直接组织货物，从起运地至目的地，完成其空间位移的生产活动，包括起运站装货、车辆运行、终点站卸货等作业过程。

3. 辅助运输过程

辅助运输过程是指为保证基本运输过程正常进行所必需的各种辅助性生产活动。辅助运输过程是本身不直接促使货物发生位移的运输活动，它主要包括车辆、装卸设备、承载器具、专用设施的维护与修理作业，各种商务事故、行车事故的预防和处理工作，以及营业收入结算工作等。

4. 运输服务过程

运输服务过程是指服务于基本运输过程和辅助运输过程中的各种服务工作和活

动。例如，各种行车材料、配件的供应，代办货物储存、包装、保险业务，均属于运输服务过程。

（四）货物运输调度

1. 运输调度

运输企业接到货运任务后，就要着手任务，指派人员安排车辆前往装货地点，这就是运输调度。具体来讲，运输调度是指车辆调度员负责与托运部门、港口码头、装卸货地点联系，组织并安排运输，落实进出计划的工作实施，负责车辆的调度和疏导，保证车辆有序运作，确保业务正常进行，并在驾驶员出车前与其对接好承运的货物、线路情况等信息，并进行相应的安全提示。调度工作的主要内容就是根据运输任务，安排正确的车辆、正确的驾驶员和正确的路线。

2. 运输调度的职责

货物运输调度岗位职责包括以下几项：
（1）坚持以均衡和超额完成生产计划任务为原则；
（2）最低资源（运力）投入和获得最大效益的原则；
（3）掌握车辆使用、保养、修理情况；
（4）督促各类人员各尽其职，严格执行规章制度，秉公执法，赏罚严明；
（5）掌握驾驶员、修理工、管理员的思想动态，提高其政治素质；
（6）合理调度货运车辆，做到车辆调度时间、地点、任务明确；
（7）一般情况下，执行长途任务的车辆需隔日通知到位，并负责车辆调度登记，应合理安排驾驶员出车路程、次数、时间，做到同类车效益相对平衡；
（8）积极承接外来业务，努力增收节支，完成或超额完成指标；
（9）督促驾驶员出车准时、准点，车辆按指定时间、地点停放和到达。

3. 运输调度内容

货物运输调度工作的内容包括车辆调度、驾驶员调度、线路设计等内容。

1）车辆调度

车辆调度的目的是正确安排车辆。运输企业根据实际的运输任务，分配合适的车辆。车辆调度的方法有多种，分配的时候要根据客户所需货物、配送中心站点及交通线路布局的不同选用不同的方法。简单的运输可采用定向专车运行调度法、循环调度法、交叉调度法等。如果配送运输任务量大、交通网络复杂，为合理调度车辆的运行，可采用运筹学中线性规划的方法，如最短路径法、表上作业法、图上作业法等。本部分主要定性介绍实际工作中的思路和方法。

视频 14 干线车队车辆管理

（1）根据运输路线特征选择车辆。不同的车辆品牌或车型有不同的运输特性，有的车适合山路，有的车动力很强，有的车驾驶起来很舒服。所以需要根据运输任务的路线考虑公司车辆的运输特性。例如，运输任务特征是山路多、上坡多，解放牌货车可能比较适合，因为解放牌货车动力性能要比其他品牌车辆好些。

（2）车辆吨位及车辆类型的选择。运输企业的车辆可能标记有不同的载重，在选择车辆的时候，主要考虑本次运输任务的货量大小和重量。一般情况下，不仅要考虑大车行驶距离，同时也要考虑回程货物。另外需要注意的是，目前国内运输车辆往往有超载现象，要注意不能超过载重限制，此外，还要考虑用普通货车还是厢式货车。目前主要货车有平板货车、厢式货车等。如果是高附加值的纸箱包装货物，最好安排厢式货车；但如果是机械设备类的货物，就不能安排厢式货车了，应该安排平板货车或低栏板车。

（3）考虑车辆的容积。在安排车辆的时候，不仅要考虑货物重量，还要考虑货物的包装和体积。一些轻泡货物、有包装的货物、不规则的货物，其货车载重量利用率不高，但体积利用率很高。所以，在安排车辆时，容积是必须考虑的因素。

（4）车况的选择。车况的好坏也是车辆安排时要重点考虑的因素。运输企业的车况一般是有差异的。车况较好的车辆一般安排给距离较远、道路复杂、客户重要、货物重要的运输任务。相反，短途、简单的、不是很重要的运输任务，一般安排车况差些的车辆。途中即使出现问题，其影响也较小，同时也比较好就近解决问题。

（5）综合因素的考虑。在选择车辆时，除了要考虑上述几个方面的因素外，还要综合其他各方面因素，比如当天的运输情况、车辆归队情况、天气情况、驾驶员和道路情况等。

2）驾驶员调度

调度的另一项内容就是驾驶员的安排。驾驶员一般有两种安排方法：一种是"人车绑定"，另外一种是"人车不绑定"。所以在安排车辆或者驾驶员的时候，要考虑以下因素。

视频 15　司机管理

（1）驾驶经验与技术水平。运输企业里驾驶员的驾驶经验和驾驶技术水平是千差万别的。在安排驾驶员的时候，这是重要的考虑因素之一。驾驶经验丰富、驾驶技术好的驾驶员一般情况下安排其执行一些道路条件复杂的运输任务，如长途山路的运输任务。

（2）维修技术水平。有的驾驶员具有一定的维修技术，一般的车辆故障能自行维修，这类驾驶员一般可以安排其执行长途运输任务或驾驶一些车况较差的车辆。

（3）工作态度。驾驶员一般都要直接与客户或客户的客户接触，他们的工作态度会直接影响运输企业的形象。除此之外，工作态度也是影响运输质量的重要因素。在一些业务的运输过程中，会涉及其他辅助性的工作，如单证处理、货物清点与交接等。对于比较复杂的运输任务，一定要安排工作态度较好的驾驶员去执行，否则会影响业务完成的质量。

（4）性格特点。在调度时，驾驶员的性格特点有几点需要注意：一是对于性格内向的驾驶员，应该安排一些比较简单或沟通较少的运输业务；而需要与客户沟通的运输任务，最好安排性格外向、善于沟通的驾驶员去执行；对于性格比较急躁、喜欢开快车的驾驶员，应该少安排这类人行驶高速公路和城市道路；对于需要安排两个驾驶员轮换执行的长途运输任务，要考虑两个驾驶员的性格特点是否能够很好地配合，如果两个驾驶员之间存在矛盾或性格特点不能互相配合，就会影响行车安全与运输任务的完成质量。

（5）文化水平。有些运输任务的执行需要驾驶员懂得一些特定的行业知识及文化知识。如进行国际货运（转关运输、保税物流等）时，可能涉及环节多、流程复杂、单证多（英文单证）的任务，这时就需要文化水平高一点的驾驶员出车。

（6）身体状况。驾驶员的身体状况主要包括两方面：一方面是驾驶员本身的身体条件（身高、体重、有无病史等），另一方面是驾驶员当前的身体状况，如执行任务时生病与否，是否休息好。调度员在具体安排出车的时候，一定要考虑驾驶员的身体因素，因为这些因素涉及行车安全。

（7）思想状况。这里指的是驾驶员有无思想包袱，是否愿意执行本次运输任务等。作为调度人员，不应强迫驾驶员出车。如果驾驶员不愿意去，要了解不愿意去的原因，做好其思想工作。如果做思想工作无效，最好更换驾驶员。

（8）家庭情况。调度员应该对驾驶员的家庭情况有所了解，有较强恋家倾向的驾驶员，应少安排长途运输任务；如果驾驶员的家庭当前有纠纷的，也应减少安排其出车。

以上是调度员安排驾驶员时要考虑的因素。需要具体说明的是，在做某次调度的时候，并非要同时满足以上八点，而是要针对每次运输任务的具体情况，重点考虑和分别对待这些因素。

3）线路设计

对于给定的运输任务，调度员在进行线路设计时，需要考虑以下因素。

（1）道路情况。首先应该考虑的是同一辆车上的货物是否是同一个方向，顺不顺路；其次了解道路的具体通行情况，如高速公路是否封闭等，这就要求调度员对道路情况非常熟悉。

（2）车辆装载情况。车辆不能装载太多，也不能装载太少。例如，载重8吨的车，如果是长途运输，一般要装载6吨以上。如果货物不多，时间又比较紧急，就要考虑通过和部分线路的车辆拼车来及时完成运输任务。

（3）卸货点之间的距离。同一辆车上如果运载了多个配送点的货物，尤其是这些地点相距比较远时，就要考虑前面的配送点卸货后，车辆上未配送的货物还有多少。如果大多数的货物都在前面的配送点装卸完了，就会出现后面的长距离运输只有少量货物的情况，进而导致运输任务后期车辆的利用率很低。

（4）卸货时间。卸货速度慢的配送点，应尽量安排在线路设计的后面，否则它会影响其他配送点的到货时间。

（5）到货时间。有些市中心的卸货点白天不能通行，只有晚上才能卸货。这时就要考虑具体的到货时间，在设计线路时，尽量避开白天到达该点。

（6）天气条件。设计运输线路要综合考虑沿途天气的稳定性及变化情况，提前做好准备和预案。

（7）车辆、驾驶员、线路等情况的综合考虑，如考虑车辆是否适合在北方寒冷地区运输。

4. 货物运输计划

货物运输计划是根据过去一段时期内完成运输任务的历史实绩、计划期的运输需求、企业现有的运输能力而编制的运量与运力的安排计划，是物流企业经营计划的组成部分。货物运输计划一般包括货物运输量计划、车辆计划、车辆运用计划和车辆运行作业计划等。货物运输量计划和车辆计划是企业运输计划的基础部分，车辆运用计划和车辆运行作业计划是车辆计划的补充。

货物运输计划是从货物运输的需求出发，在充分利用企业现有运力的基础上编制的，是编制和实现其他计划的依据和基础，其目的是把运输的五个环节（货源的组织落实、准备技术状况完好的车辆、在运输起点装货、车辆承载并在线路上行驶、在目的地卸货）做出合理的安排，使各个环节紧密相扣、协调一致。

1）货物运输计划的类型

根据货物运输计划下达的规律和车队的类型，货物运输计划可以分成两类，一类是稳定型的货物运输计划，另一类是临时型的货物运输计划。

（1）稳定型的货物运输计划。稳定型的货物运输计划指的是在某一个时期内，车队的运输任务是相对稳定的、明确的。在该类型的货物运输计划下，车队可以事先制订日计划、月度计划、季度计划和年度计划。传统的稳定型运输客户多见于国家重点建设项目（比如高速公路、水电站）和大型企业集团（比如采矿企业、石油公司）。对于这类业务，车队一般都是以短途运输为主。随着物流服务的升级和集中配送的规模化，越来越多客户的运输业务发展成为稳定型的货物运输计划。

（2）临时型的货物运输计划。临时型的货物运输计划有时也叫运输任务或运输订单。它的特点：运输任务下达给车队的时间很短，一般在两天以内，有的甚至在几个小时内。目前，大多数的生产制造企业内部车队、第三方物流公司车队都采用这种形式。车队一接到业务部门或客户的运输订单，就要马上安排车辆前往装货。当然，有些业务可能会有一至两天的提前期，但不确定性很大。在这种情况下，车队就很难提前做好车辆计划、车辆运用计划和车辆运行作业计划。车队只能"以客户为中心"，尽最大可能满足客户的需求。因此，这要求车队调度员必须具备很强的工作能力和应变能力。对于这一类型的运输计划，车队的重点在于与客户及时沟通和协调，如果自身车辆不能满足客户需求，还需要一些外协车队配合服务，以备不时之需。

2）货物运输量计划编制

货物运输量计划，应在深入调查、掌握运输市场供求动态变化趋势的基础上，根据下列有关资料进行确定：

（1）客户下达的计划运量；

（2）长期计划中的有关指标；

(3) 计划期货物运输量预测资料；

(4) 政治经济形势对货运发展的影响；

(5) 计划期本企业拥有的生产能力；

(6) 道路网与交通变化情况；

(7) 驾驶员配备与物资供应情况；

(8) 有关货运生产的历年统计调查与分析资料；

(9) 相关技术经济定额。

根据上述资料，综合考虑公司的运力和各条线路回程货运的情况，在满足社会需要与企业最佳经济效益的前提下，合理制订货物运输量计划。

3) 车辆计划编制

车辆计划，即企业计划期内的运输能力计划，主要是合理确定货运车辆构成，保证有效利用车辆，并以最少的运力完成货物运输量计划。

(1) 车辆计划。

车辆计划是用以确定企业计划期内货物运输量的主要依据之一，也是企业运输计划的重要组成部分。编制车辆计划时，必须详细分析货运任务的特点及构成，掌握服务区的道路及装卸工作条件，根据运输需求，研究并分析车辆在不同类型计划上的使用程度，确定车辆增加的数量和类型，计算企业的运输能力。

视频 16
如何选择牵引车

(2) 车辆运用计划。

车辆运用计划，是指在计划期内企业全部营运车辆运输能力利用程度计划，是运输企业用以平衡运量与运力的主要依据之一，也是企业运输计划的重要组成部分。

车辆运用计划由一系列的车辆利用单项指标所组成。通过这些指标的计算值，可以综合计算出车辆运输工作效率的计划值。

在车辆计划既定的条件下，能否完成货物运输量计划，主要取决于企业营运车辆的运输工作效率。车辆运用计划就是以货物运输量计划和车辆计划为基础，确定车辆利用指标及车辆运输工作效率的计划。

编制车辆运用计划的主要环节是确定各项车辆利用指标的计划值，虽然这些指标并不是作为控制指标由上级主管部门下达的，但它是完成上级下达的货运任务的重要保证。因此，必须深入调查和研究、挖掘潜力，在不断改进运输组织、贯彻技术革新的过程中，尽可能在提高车辆利用效率的基础上确定各项指标，并在企业的生产经营工作中，采取各种技术和措施，不断改善运输、组织工作，保证这些指标的实现。

(3) 车辆运行作业计划。

车辆运行作业计划，是指为了完成企业运输计划和实现具体运输过程而编制的具有运输作业性质的计划。它具体规定了每一辆汽车（或列车）在一定时间内的运输任务、作业时间和应完成的各项指标。车辆运行作业计划是企业工作人员进行运输活动的依据，通过车辆运行作业计划可以把企业内部各生产环节组织起来，协调一致地进行生产，确保运输和生产任务的完成。

虽然企业的运输计划按年、季或月安排了运输任务，但这也只是提出运输目标，不可能对运输活动的细节做出具体安排，也不可能将全部货运任务一一落实到每一辆货车上。因此，为了实现具体的运输过程，编制车辆运行作业计划是必不可少的重要环节。

5. 货物运输计划的管理

（1）运输计划的下达。

企业或客户的运输计划（运输订单）可通过以下两种形式下达给车队：正式的书面通知；电话或口头通知。

如果是企业内部车队，运输计划一般可直接下达；如果是外部客户，运输计划一般要通过 E-mail 形式或者系统网络对接形式下达。

在相互熟悉的情况下，发货人可通过电话或口头形式下达运输计划。这时，车队调度员一定要认真记录相关信息（货物名称和数量、装卸地址、发货时间、运输要求等），并且做好交接，防止出错。

（2）运输计划的变动。

运输计划的变动主要来自用车部门和用车企业，变动的形式主要有：取消计划、增加或减少计划、变更装卸地点、变更发货时间等。对于上述变更情况，车队要做好相应的准备工作。

运输计划的协调主要来自车队调度的需要。在许多情况下，客户的运输计划都是不考虑车队实际运作的，车队需要主动与客户进行沟通。目前的运输市场大多是买方市场，客户是第一位的，应该尽量满足客户要求并执行运输计划。

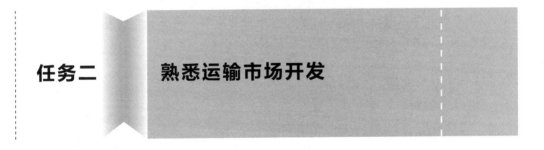

任务二　熟悉运输市场开发

【任务目标】

通过小件货物和干线货物运输需求案例，学习商务人员如何通过技术手段不断深入了解项目，最终对项目进行科学的评估。

◆ 知识目标：熟悉物流市场调研的方法和过程、市场信息收集与整理的工具和方法、招投标的过程。

◆ **技能目标**：能撰写市场调研报告，会制作标书，能通过运输合同规避风险。

◆ **素养目标**：熟悉拜访客户前的准备工作及注意事项。

一、市场调研及开发

无论是做音箱批发、零售的小件货物运输的张经理，还是做运输业务操作的李贰，他们都是为了满足市场各种各样以运输为主的物流需求。

对于物流专业的学生或初入职的物流企业员工来讲，不仅要学习运输企业的日常业务操作，还要在熟悉业务操作的基础上进行运输商务操作。运输商务活动也叫市场开发，包含客户开发、客户维护、投标、运输合同编制等活动。对行业认识的深入程度直接决定了商务人员的业务能力。对行业的认识，一方面要靠在行业里的摸爬滚打，通过时间的积累来获得；另一方面要通过专门的市场调研来获得。如果调研做得好，加上一定的行业积累，对行业的认识就可以起到事半功倍的效果。

通过对多种运输企业的调研，可以发现，对于运输、物流企业以及其他相关行业的商务人员来说，熟悉自己所在的市场和服务对象的行业发展水平是非常重要的。如前面部分介绍的运输需求中，根据客户的基本需求，商务人员需要向操作部门人员了解产品特点、货品包装、运输业务量、运量、流向等，在此基础上判断业务难度并进行基本的成本核算。通过对同行业竞争对手的调研，判断企业自身是否有足够的优势和资源去获得业务。市场调研步骤包含收集行业资料、行业物流分析、制订调研计划、组织调研、数据整理、撰写调研报告等六个步骤。

（一）市场调研

1. 收集行业资料

行业政策、产业环境等因素影响企业发展，因此在调研目标客户物流需求之前，需要了解所服务的企业所在行业的发展现状，特别是搜集直接影响行业发展的产业政策和宏观数据，以便了解行业发展特点，如行业集中度等方面的重要情况，为调研目标客户做前期准备。以国内食品行业为例，要熟悉该行业特点，在行业背景调查的基础上，除了对食品全行业的发展情况进行调查，还需要就相关企业的背景情况进行前期调查，以了解该企业在行业中所处的位置。

2. 行业物流分析

深入了解行业物流的共性特征，主要分析行业物流服务模式、物流服务现状、物流服务存在的问题和不足等。

需要对企业发展现状、企业主营业务、企业营收情况、企业物流应用情况等信息进行调研。此类前期调研有助于快速了解目标客户，方便后期与目标客户有效沟通，通过后期的实地调研进行补充和完善，快速识别并明确客户的物流需求。

3. 制订调研计划

制订调研计划是市场调查的前期必备工作。因此，调研计划的制订应在开展市场调研前全部完成。完成之后便可进行下一步市场调查。

1）明确调研对象

市场调研对象主要包含渠道与通路、市场终端、大客户、普通消费者、竞争对手。要针对每个企业的调研时间、调研内容设计相关调研计划。

2）确定调研内容

调研内容主要包括企业业务情况和企业物流特征。具体来讲，企业业务情况主要包含：企业地理位置、业务类型、营业范围、主要客户、营业额、人员数、市场份额、年增长率、物流方式、成本及企业未来5～10年发展目标（产业趋势、产业转型等）等。企业物流特级主要包含：企业主要货物的物流特性（货物形态、包装、储存要求等）；企业主要货物物流的主要流向、流量、存储、运输方式、价格、时效要求等；企业现阶段的供应链模式（原材料、产成品、供应商、客户等方面）；企业对于当前物流服务的要求（价格、时效、货损等）；企业选择物流供应商的关键因素（价格、时效、可靠性等）；企业未来的物流流量预期等。

3）明确调研流程

市场调研应有计划、有步骤地进行，避免盲目性。一般说来，市场调研流程为：确定问题与假设—确定所需资料—确定收集资料的方式—抽样设计—数据收集—数据分析—制定调查报告。

4. 组织调研

广泛采用的调研方式主要有以下6种。

1）实地调研

实地调研即通过现场了解，身临其境掌握一手资料的调研方式。该类调研方式的优点是调研内容更为生动直观，缺点是要花费较多调研时间，且调研真实性受到调研人员的主观因素影响较大。

2）问卷调查

以问卷的形式开展调研，就是将所要了解的情况通过问卷的形式发放出去，然后通过统计回收问卷中各问题的回答所占的百分比来获取调研信息的一种调研方法。该类调研方式在短时间内即可获得相关调研信息。采用这种方法需要提前设计好调查问卷，同时也需要确定问卷调查的方法和收集方式。

3）抽样调研

抽样调研即在调研对象中按一定比例抽取相当数量的对象，并针对抽取对象开展调查研究，再将调研结果按抽取的相关比例进行相应的放大的一种调研方式。该类调研方式的优点是在较短时间内可获得较为准确的调研信息。

4）会议调研

一般来说，会议调研是以座谈会的形式直接了解调研对象相关信息的一种调研方式。该类调研方式比较常用，其优点是调研时间短，调研工作效率高。

5）访谈调研

访谈调研是通过走访不同的人群、不同的调研对象以获取调研信息的一种调研方式。该类调研方式的优点是调研所获得的信息准确性高，有助于问题的深入了解。在使用访谈调研方式时一般需要提前准备相关内容的调研提纲。

6）文献调研

文献调研是通过查阅相关文献来获得调研信息的一种调研方式。该类调研方式主要是为了获取所调研事物的一般性发展规律或其演变过程。其优点是调研进程不受时间、空间的限制。

以上不同调研方式各有优劣，在实际调研中可以结合调研需求选择一项或者几项方式展开调研。具体到本项目任务一中的案例，考虑到调研内容的重要性和完整性，以及与目标客户之间建立良好关系的现实需求，应主要采用实地调研的调研方式。

依据调研计划，实施企业调研，应当对企业进行实地走访，切实了解企业的基本经营状况、人员结构、管理政策等方面的信息，收集企业在物流方面的实际需求，广泛收集企业对行业发展的建议及对物流企业工作的意见和建议，并填写客户走访记录表或者调研基本情况记录表。

5. 数据整理

数据整理是调查报告撰写和调研数据发布的重要准备环节。数据整理应根据实际调研的数据类型，把收集到的数据选择适当的方式录入电子表格，方便后续统计分析。

问卷调查是调研过程中常用的调研形式。纸质问卷回收完毕，需要将调查数据录入到计算机进行存储，以便后期的数据分析。通常可以借助问卷星等专业调查工具进行数据的收集和整理。

为了确保问卷填写的质量，需要与调查对象进行有效沟通，解释问卷中各个指标的含义和正确填写的方式。在问卷设计过程中，要充分考虑调查对象的实际情况，科学设计问题，同时清晰地标明问卷填报的方法。在调查过程中，要及时记录问卷的发放和回收情况。

调研数据的分析是调查工作的重要环节，是发现目标客户物流服务中存在的问题和识别物流服务需求的重要步骤。在大数据时代，通过专业数据分析工具所获得的信息往往能够有效辅助企业做决策。

获得目标客户的一手数据后，需要经过数据的清洗和规范化整理，然后利用 Excel

等数据分析软件进行数据的描述性统计，或者借助 Tableau、Power BI 等可视化工具实现数据可视化。

6. 撰写调研报告

根据前期调研提纲等准备资料，汇总实地调研信息，撰写市场调研报告。具体内容主要包括调研目的、调研对象、调研时间和地点、调研人员、调研方式、主要调研内容等方面，同时应重点描述目标客户的物流需求。

（二）客户合作

1. 客户开发

职场如战场，源源不断的客户是确保企业生机与活力的源泉，也是确保职场不断走向成功的关键因素。无论是企业还是职场人士，都需要想方设法寻找、开发新的客户。客户开发的流程主要包括发现客户、认知客户、开发客户、开展合作等四个步骤。

（1）发现客户。在众多企业中，如何发现客户，是客户开发的第一个步骤，也是必不可少的基本环节。企业的业务人员通过上门拜访、朋友介绍、参加展会、广告业务等方式，寻找可能合作的客户。在这个环节中，业务人员的敬业态度及沟通能力将是成功的关键。

（2）认知客户。在发现目标客户后，要对客户进行进一步的了解认识。首先是了解目标客户的企业性质；其次，要了解客户对服务有什么要求，对标自身企业的特点，测算出利益最大化的方式；最后，要认识到目标客户可能存在的潜力，并寻找建立合作关系的可能，做好准备。对客户的认知程度越高，越有利于有效开发客户。

（3）开发客户。在充分认知客户后，就要尽快开展企业的营销工作，多次接触客户。据统计，开发客户失败的很多原因是无法接触客户导致的。企业的知名度越高，越容易接触客户，中小型企业接触客户的难度往往较大。所以，需要找准客户的需求，摸准客户的脉门，选择正确的接触方式。接触客户后，开发客户的成败取决于企业所提供的服务和报价，以及业务人员的营销水平。

（4）开展合作。在经过开发客户的过程后，如果成功，企业与企业之间会以协议、合同等方式确定合作事项的细节。企业必须通过全方位的、优质的、贴心的服务，培养客户的忠诚度，使新客户转化为稳定客户。如果失败，企业必须寻找原因，积累经验，下一次面对同类型客户时不犯同样的错误。

2. 拜访客户

拜访是指企业为了收集信息、确认需求、加强联络、改善沟通而采取的活动。客户拜访是客户关系建立的第一步，是提升销售业绩的关键。在拜访客户前、中、后都要做好充足的准备，以实现获得新客户、维持客户关系、解决客户问题等目标。

拜访客户是业务员的日常工作，不但在市场调查阶段需要拜访客户，在新品推广、销售促进、客情维护等方面都需要拜访客户。然而，由于一些业务员拜访客户方式选择不当，消费者对业务员的拜访非常厌恶，业务员在拜访的过程往往会吃闭门羹，因而导致很多业务员拜访客户困难。

其实，业务员只要找准切入点、用对方法，客户拜访工作就没那么棘手。以下是企业常用的三种拜访方式：开门见山，直接表达来意；突出自我，赢得注目；察言观色，投其所好。同时要做好准备工作，了解拜访对象的相关信息并准备说辞，每次拜访完还要及时总结，做好记录，并为下一次拜访工作制订计划。

3. 谈判

商务活动中最重要的莫过于谈判。谈判不是口若悬河、滔滔不绝地与对方辩论，而是围绕自己的目的循循善诱，引导对方达成双赢共识。营销人员在客户开发工作中，要学会运用和把控谈判的"高度""角度"和"态度"，机智灵活，步步为营，争取在谈判中获得成功。

在谈判中需要不断转变思路，采取灵活的谈判方式，引导谈判局势向对己方有利的方向转变，这样才能在谈判中保持主动，从而体现出本公司谈判的能力。一方面要善于用证据说话，事实胜于雄辩，回答问题要切中要害、准确到位，解决问题的方案必须有理有据，让对方信服。另一方面，可以采用横向的谈判方式，当谈判陷入僵局，可以适当转移话题和谈判重点，洽谈其他方面的问题，为谈判争取时间。在谈判中也要学会缓和气氛，用相对轻松的言辞拉近与对方的距离，这对谈判取得成功也是有很大帮助的。另外，还应了解客户的企业文化，求同存异，寻找共同话题，取得突破。

营销人员一定要有维护自身利益的决心，要明白双赢不是双方平均得利，而是各取所需。谈判中，为了各自公司的利益，双方人员可能会产生冲突，这时，营销人员应该牢记谈判底线，时刻保持头脑清醒，哪怕在谈判中有所交锋，但最终也要赢得客户的信任和尊重。另外，也要适当协调双方的利益，要具备同理心，立足自身，换位思考，在共赢的基础上提出自己的看法，不要过多地在自身立场上讨价还价、争执不休，这样会降低谈判的效率，不能体现谈判的水平。

物流公司与企业客户的合作，不像简单的个人发货，按照报价表受理就行。一般要针对服务内容和服务质量进行详细反复的探讨才能确定合作，通常情况下还需要经过招标投标的过程才能获得客户。

 ## 二、项目投标

（一）制定投标方案

1. 成立项目小组

在获取客户正式的招标信息后，要深入分析标书内容，结合企业自身的基本条件和主营业务，就招标方的需求进行逐条比对，在此过程中可以借助 SWOT 分析方法，列出本企业的优势和不足，为后续投标小组的成立和投标书的撰写做准备，以提高中标的概率。

2. 研究招标文件

为了做好项目的投标工作，不仅要分析招标公告的信息，还要广泛收集招标企业的资料，深入了解招标企业的状况，包括发展经历、产品类型和特点、市场状况等，掌握招标企业的组织结构和未来企业发展态势。

研究招标文件，分析招标内容，提出相关问题，并做好询标工作。重点注意招标须知和其他实质性的要求，比如招标文件中要求：运输供应商须为专业的物流企业或配送货运公司，具有两年以上物流运营经验，并具有相关资质证明等。项目小组可就相关需求及时回应。

3. 编写投标书

物流项目投标书是物流企业在分析招标企业的概况和物流需求后，做出的向招标方应标的一种表示方法。同时，投标书给物流企业提供了一次介绍自己服务能力的机会，对投标成功与否起着决定性作用。

物流项目投标书主要由以下部分组成。

（1）总则。物流企业表明投标意愿，向招标方表示以本企业拥有的物流资源向招标方提供的物流服务，以及与招标方共同发展的愿望。

（2）企业介绍。物流企业针对自身发展历程、企业的实力，尤其是取得的物流服务的历史业绩，向招标方进行说明。

文件 10
公路配送物流
服务投标书

（3）服务优势。物流企业提出自身物流服务优势，如具有经验丰富的物流运作团队、先进的信息技术和物流信息网络技术、高效且实用的物流运作平台、充足的物流服务资源、智能化的仓储设施和强大的运输网络等，能高质量地完成各项物流服务。

（4）服务措施。物流企业针对招标方的物流需求，提出实施物流服务的具体方案。

（5）报价。物流企业根据提供的物流服务的种类和数量，结合市场实际情况，对所提供的物流服务进行报价。

（二）确定项目要点方案

1. 仓储模块

1）库存准确率

每月盘点库存，计算库存准确率，盘点结果如有差异，需及时上报，并制定奖惩制度。

2）库容利用率

根据项目淡旺季操作量、仓库设施等各方面要求，合理计算所需仓库面积及货位，降低仓库运营成本，提高库容利用率。

3）合理配置叉车等设备

避免长时间闲置叉车等设备。

4）作业人员配置

合理配置分班作业数及每班操作人员数，提高人员工作时效。

2. 运输模块

1）运力资源选择与管理

按照设计的线路，逐条确定运输工具。同时充分了解当地外协运输资源市场，建立"运输资源档案库"，对资源掌握情况做分析。

2）依靠各类设备提供信息系统技术支持

依靠各类设备提供信息系统技术支持，如 GPS、TMS、管车宝等，加强对承运商的培训和事后控制，将在途信息反馈纳入对承运商的 KPI 考核，并与奖惩挂钩。

3. 回单管理

建立回单管理的自我检查机制，及时发现问题并进行跟踪、解决。

4. 终端交付

建立终端交付客户满意度考核机制，开展终端客户拜访、客户满意度调查。

（三）综合管理

1. KPI 监控

每天进行 KPI 监控，根据实际情况及时调整物流运作方法。

2. 异常监控

针对客户投诉、收发货和送货异常等，及时制定整改方案并对运作团队进行培训。

3. 运作回顾

每周或每半个月与客户进行运作回顾，总结前一段时间运作情况与重大事件，制定下一阶段重点工作（前半个月按天制定，后半个月按周制定），通过实际操作量调整人员、设备的数量，及时汇总前期异常问题，分析原因、制定运作改善方案。

（四）应急保障

针对全国性操作项目，建立统一管控机制，组织下级运作点共同配合并执行的全国运作团队，明确运作，保障质量，为客户提供稳定服务，不断提升服务水平。在业务高峰期和发生突发事件时，由项目经理向运作点提出申请。运作点应明确特定人员，及时收集并报告有关信息，搭建公司内部事件信息发布渠道，加强对突发事件的监测、预报和预警工作。

1. 总部层级

统筹全国资源的调配、应急保障工作，提供运作和技术支持；出现运作异常问题应协调区域公司和城市公司共同解决，并引领全国运作团队共同学习、分享优秀操作经验，做到不断提升自我。

2. 运作层级

统筹各运作点的人员、资源和设备的调配工作，以实现对物流波峰、波谷操作的快速响应；为各运作点提供运作和技术支持；以运作点为单位及时开展项目运作回顾，梳理问题，分享优秀经验；组织运作点操作人员相互学习交流，不断提升业务能力；履行各运作点的项目操作要求，保障一线运作团队的建立、资源配置、人员培训等；解决运作中遇到的问题，分享操作经验。

三、签订运输合同

当投标书提交给招标公司或需求方后，需求方会根据之前计划好的方法进行评标，评标结果无异议，则进行下一步的合同签订工作，合同制定的依据是投标书，但也可以比投标书更为详细地明确双方的责任、权利和义务。

合同的主要内容包含车辆、装卸、运价、时间等各方面运输业务的要求，此外还有对运输质量的考核要求。

（一）运输合同含义及分类

1. 运输合同含义

运输合同是承运人将旅客或者货物从起运地点运输到约定地点，旅客、托运人或者收货人支付票款或者运输费用的合同。是承托双方签订的，明确双方权利义务关系，确保旅客或者货物有效位移的具有法律约束力的合同文件。

运输合同明确了合同当事人主体双方（承运人和托运人）的对等关系，承运人提供运输服务，收取运输费用；托运人接受运输服务，并支付相应的费用。托运人应按合同规定的时间准备好货物，及时发货、收货，装卸地点和货场应具备正常通车条件，按规定做好货物包装和储运标志。承运人应按合同规定的运输期限、货物数量和起止地点，组织运输，完成任务。实行责任运输，保证运输质量。

2. 运输合同的分类

运输合同根据不同的分类方法，存在多种运输合同。常见的分类方法是按照所运货物和运输方式划分，或以协作关系和合同期限划分。

1）按所运货物划分

按所运货物的不同可分为普通货物运输合同、危险货物运输合同、鲜活货物运输合同。

2）按运输方式划分

按运输方式的不同可分为铁路货物运输合同、公路货物运输合同、水路货物运输合同、航空货物运输合同、管道货物运输合同、快递服务合同等，这是最常见的划分货物运输合同的标准。

3）按运输过程中运输部门是否有协作关系划分

按运输过程中运输部门是否有协作关系，可分为一般货物运输合同与联运货物运输合同。

4）按合同期限划分

按合同期限可分为长期运输合同、短期运输合同、一次性运输合同。

各类货物运输合同虽各具特色，但合同的订立、履行、变更与解除，双方当事人主要的权利、义务与责任是相同的。

3. 运输合同的特征

1）运输合同当事人的特殊性

运输合同的收货人和托运人可以是同一人，但在大多数情况下不是同一人，而是第三人。因此，收货人虽然没有直接参与合同的订立，但他的权利和义务已经按有关法律、法规的规定，载明在合同中了。

2）运输合同是双务有偿合同

承运人与托运人各承担一定的义务，互享一定的权利。承运人有权取得托运人支付的费用，而托运人有权要求承运人将其货物运送到指定地点。

3）运输合同的标的是运送货物的行为

从表面上看，在运输合同履行中，货物从甲地转移到乙地，但是合同当事人的权利及义务关系并不是围绕货物产生的，而是围绕着为他人运送货物的行为而产生的。

4. 运输合同订立原则

运输合同订立的原则包括合法规范的原则、平等互利的原则、协商一致的原则和等价有偿的原则。

（二）运输合同条款简要介绍

1. 运输合同的变更与解除

《中华人民共和国民法典》（简称《民法典》）第八百二十九条规定："在承运人将货物交付收货人之前，托运人可以要求承运人中止运输、返还货物、变更到达地或者将货物交给其他收货人。"但是，如果因为单方变更或解除合同给承运人造成损失的，托运人或者提货凭证持有人"应当赔偿承运人因此受到的损失"，并且还要承担因变更或解除合同而产生的各种费用。

凡发生下列情况之一者，允许变更和解除运输合同：
（1）由于不可抗力使运输合同无法履行；
（2）合同当事人一方的原因，在合同约定的期限内确实无法履行运输合同；
（3）合同当事人违约，使合同的履行成为不可能或不必要；
（4）经合同当事人双方协商，同意解除或变更，如承运人提出解除运输合同的，应退还已收取的运费。

2. 运输责任的划分

1）托运人的权利与义务

托运人的主要权利包括：
（1）请求承运人按照合同约定的地点和时间将货物运达目的地；
（2）在承运人交付收货人货物之前，托运人可以要求承运人中止运输、返还货物、变更到达地或者将货物交给其他收货人。

托运人的主要义务包括：
（1）按合同的约定提供托运的货物；
（2）提交相关的文件；
（3）按照合同的约定方式包装货物；
（4）按照合同的约定及时交付运输费和有关费用；
（5）赔偿因变更、中止运输对承运人造成的损失。

2）承运人的权利与义务

承运人的主要权利包括：
（1）收取运输费用及其他有关费用；
（2）要求托运人提供货物运输的必要条件；
（3）留置运到目的地的货物；
（4）处置无人认领的货物。

承运人的主要义务包括：
（1）按照合同约定的要求配发运输工具，接收托运人依约定托运的货物；
（2）按照合同约定的时间、地点将运输的货物安全地运达目的地；
（3）货物运达目的地后，应及时通知收货人；

(4) 对运输过程中货物的毁损、灭失承担损害赔偿责任，如果不是自身原因造成的，还负有举证责任。

3) 收货人的权利和义务

收货人的主要权利就是持凭证领取货物，而其主要义务包括：

(1) 及时提货；

(2) 及时验收；

(3) 支付运费和保管费。

3. 责任免除条件

责任免除条件主要包括：

(1) 不可抗力；

(2) 货物本身的自然性质变化或者合理损耗；

(3) 包装内在缺陷造成货物受损；

(4) 包装体外表面完好而内装货物毁损或灭失；

(5) 托运人违反国家有关法令，致使货物被有关部门查扣、抛弃或做其他处理；

(6) 托运人员责任造成的货物毁损或灭失；

(7) 托运人或收货人过错造成的货物毁损或灭失。

4. 承担违约责任的方式

承担违约责任的方式主要有：

(1) 支付违约金；

(2) 赔偿损失；

(3) 继续履行；

(4) 单方有权解除经济合同。

违约金额由双方协商，同等对待，一般最高不超过违约部分运量应计运费的 10%。

货物的灭失、短少按灭失、短少货物的价值赔偿；货物的变质、污染、损坏按受损货物所减低价值或修理费赔偿。

造成车辆、设备损坏或第三者物质损失，按损坏或损失部分的价值赔偿。

造成车辆空驶损失或延误损失，按空驶损失费或延误费赔偿。

赔偿的时效从货物运抵到达地点的次日起算，不超过 180 日。赔偿要求应以书面形式提出，对方应在收到书面赔偿要求的次日起 60 日内处理。

（三）运输合同签订注意事项

1. 货物运单、托运单是货物运输凭证

托运人在托运货物时，一般都要向承运人提交货物运单或托运单。承运人根据托运人填写的内容与托运人提供的货物进行核对，确认一致无误后，即可办理承运手

续。在零担货物运输中，通常用货物运单代替合同。货物运单、托运单应载明下列内容：承运人、托运人、收货人的名称及其详细地址；发站（港）、到站（港）；货物名称；货物包装、标志；件数和重量；承运日期；运到期限；运输费用；双方商定的其他事项。

视频17　货物运输合同核心注意事项

双方当事人可以根据法律法规的规定，商定合同的具体内容。货物运输合同一般应具备以下主要条款：合同主体条款，包括承运人、托运人、收货人名称等基本内容；运输条款，包括运输对象，要写明货物品名、种类、数量等；起运地、到达地名称；价格条款；违约责任条款；双方商定的其他条款。

2. 托运与承运要注意风险转移节点

托运是托运人将货物交付承运人的行为，表明货物已经交给承运人。承运是承运人接收托运人的货物的行为，表明运输行为的开始。托运人按照托运单记载的数量交付运送的货物，是托运人履行货物运输合同义务的体现。因为托运人交付货物，承运人接收货物，货物运输合同才能继续进行下去，才会发生货物运输合同第二阶段的履行。因此，在托运与承运过程中，最重要的是双方要对货物进行交接、验收。通常情况下，承运人是按照重量承运货物、按重量交付货物，因此交接和验收也是以重量为基础，在货物外观和包装完好、品名与实际情况相符的情况下，即可接收货物并承运。

3. 当事人在货物运输中的权利

运输中的货物不发生所有权的转移，即货物所有权不会从托运人转移到承运人身上。但会发生货物占有权的转移，即承运人接收了货物，等于占有了货物，对货物享有占有权，同时也对货物的安全、完整、完好负有义务。由于托运人对货物享有实际的处置权，因此，承运人应当听从托运人的安排，即按照托运人的意愿，将货物运送到目的地，交付收货人。在货物没有交付收货人之前，托运人享有对货物的处置权，即托运人有中止运输、返还货物、变更到达地、变更收货人的四项权利，这是《民法典》第八百二十九条规定的内容。中止运输和返还货物属于解除合同，变更到达地和变更收货人属于合同的变更。托运人的此种权利是由货物运输合同的特点决定的。

4. 收货人是货物运输合同的第三人

收货人是货物运输合同的第三人，承运人负有向收货人交付货物的义务，收货人有权领取货物。收货人的权利主要有两项：领取货物和索赔。收货人领取货物的权利是根据托运人的授权进行的。收货人领取货物后，运输合同的权利义务即告终止。收货人应当支付托运人未付之运输费用以及运输途中发生的其他费用。收货人根据自己的意愿，可以拒绝领取货物。收货人拒绝领取的方式有两种：一种是书面或者口头明示，告知承运人不领取货物；另一种是默认方式，即收货人在规定期限内不到车站领货，以自己的行为表明不取货。对此，承运人无权强迫收货人领货。

5. 承运人不得拒绝托运人合理的运输要求

从事公共运输的承运人通常不得拒绝托运人合理的运输要求。合理的要求一般是指订立合同的要求和有关运输服务的合理要求。公共运输的承运人向社会公众发出邀请，无论何人，只要有希望与承运人签订运输合同的意思，即为要约，承运人就要与之签约而不得拒绝。公共运输必须满足公众运输安全必要的辅助性服务要求，包括提供适运的运输工具、遵守公告的运输时间和运输路线、保证运输环境的卫生和舒适等。

6. 按约定时间和地点运送货物

按约定时间和地点运送货物是承运人的基本义务。承运人要按照通常的或约定的时间将货物运送至约定的地点。承运人如果不按照约定的时间或者指定的线路运输货物，托运人可以拒绝支付由此增加的运费。运到期限是运输中很重要的时间界限。逾期运到的，承运人要承担违约责任。运到期限一般有三种情况：一是约定期限，即双方当事人商定的将货物从甲地运到乙地的期限；二是法定期限，即有关运输法律法规规定的运到期限；三是合理期限，一般是指有法律法规规定的期限，按法律法规规定的期限为合理期限；法律法规没有规定的，按运输行业的约定俗成确定期限；如果都没有规定，则双方都明确认可的期限也可以作为合理期限。合理期限是一个事实，应当根据具体情况确定。

7. 安全运输要求

安全运输既有对承运人的要求，也有对托运人的要求。对托运人来讲，要求其如实申报货物的真实情况和运输条件，其包装要符合运输安全的要求。对于承运人而言，要求其采取切实有效的措施，保证货物在运输中的安全，完整无缺地将货物交付收货人。这也是运输合同的体现和要求，其目的就是要保证货物运输的安全，防止事故和损失的发生。

8. 运输的责任限制

《民法典》第八百三十三条规定，货物的毁损、灭失的赔偿额，当事人有约定的，按照其约定执行；没有约定或者约定不明确的，依照本法第五百一十条的规定仍不能确定的，按照交付或者应当交付时货物到达地的市场价格计算。法律、行政法规对赔偿额的计算方法和赔偿限额另有规定的，依照其规定。

在民航、铁路、公路、海上和国内水路五种运输方式中，公路和国内水路货物运输没有明确的限额赔偿规定。其他三种都有限额赔偿，即发生货物损失后，承运人按照实际损失赔偿，但最高不超过赔偿限额。根据相关法规规定的原则，货物运输合同当事人也可以就货物的损失赔偿事先进行约定，以便及时处理损失和赔偿。限额赔偿的目的是保护承运人的利益，也是公平这一民法原则的具体体现。

9. 保价运输

在几乎所有的运输方式中都有保价运输。保价运输又称为按声明价值运输，是指托运人在托运货物时向承运人声明货物的实际价值并支付保价费，承运人按照声明的价值承运，一旦发生货损，承运人按照声明价值赔偿。保价运输是承运人承担运输责任的一种方式，承运人按价值承运，就应当按价值赔偿；按重量承运，就应按重量赔偿。重量赔偿的原则是按重量乘以每单位重量赔偿额计算出赔偿总额；价值赔偿是以托运人声明价值为赔偿基础。保价运输有利于保护托运人的合法权益。

10. 归责原则

货物运输合同归责原则基本上都采取严格责任原则。严格责任是指当一方给另一方造成了某种明显的损害，即应对此损害负责。与严格责任相对应的是过失责任，过失责任要求侵害人对损害须有故意或者过失行为，即存在过错才负责任。严格责任主要考虑的是被告的行为与损害结果之间的因果关系，主观状态不是构成此种责任的要素。严格责任表面上不考虑侵害人造成损害是出于何种心理状态，但实际上采取了过错推定的办法，即从损害事实中推定侵害人有过错，但允许侵害人通过证明损害是由于受害人的过失、第三人的过失、自然因素等原因造成的，以减轻或者免除侵害人的责任。

11. 承运人的免责条件

货物运输合同中，对于承运人的免责条件通常是由法律直接规定的。《民法典》第八百三十二条规定，承运人对于运输过程中货物的毁损、灭失承担损害赔偿责任，但承运人证明货物的毁损、灭失是因为不可抗力、货物本身的自然性质或者合理损耗，以及托运人、收货人的过错造成的，不承担损害赔偿责任。相关部门对货物本身的原因和托运人、收货人的过错又做了细分，便于托运人和承运人明确其责任范围。

12. 报价

运输价格不仅和距离有关，还和运输线路及产品有关。针对长期运输合同，一般按照运输的路线和货物的属性制定基本的报价，同时在合同中也会考虑每次所装货物的吨数或者体积。运输企业常用的报价方式是通过报价表来实现的。

运输报价表里包含了货物运输的区间、货物的重量、车型报价、燃油附加费、装卸费、装卸时间，以及异常运输情况会产生的额外收费。

13. 合同签订

运输合同是确定物流企业与合作方之间的权利、义务关系的重要法律文件。在合同起草之初，就要充分考虑服务和合作过程中可能会产生的纠纷。运输合同主要条款包括：合作方式、服务要求、双方责任、保险、违约责任、运价运费结算、商业行为准则、保密条款、放弃原则、合同附件、合同变更及终止、争议及未尽事宜等。

合同谈判是签订合同双方为了各自的利益，在运输服务内容、价格以及风险方面讨价还价的过程，一般包括以下几个必须明确的谈判内容：共同商谈的合作细节、明确所有合同参与方的权利与义务，以及各方违约的处理方式。由于运输过程中有很多不确定性，出现违约情况也是正常的，所以提前约定违约责任非常重要。

（四）运输合同具体要求

公司运输业务的具体要求体现在运输车辆、仓储、人员、运输服务四个方面。

1. 运输车辆要求

（1）车辆要符合《中华人民共和国道路交通安全法》。
（2）车辆要清洁、安全、可靠，以适宜运输合同指定的产品。

2. 仓储要求

（1）供应商提供符合当地法规要求的合适的仓库，包括但不限于对该仓库拥有所有权、合法的使用权和租赁权等。
（2）供应商将提供适当的设备接收/存储产品，所提供产品应符合项目客户的标准和管理要求。

3. 人员要求

（1）供应商应提供并保障相关的、足够的、合格的员工，确保安全、有效地开展运营。
（2）项目客户和供应商之间不形成任何劳动关系、劳务关系、雇佣关系和其他形式的法律关系。

4. 运输服务要求

（1）项目客户须指派专人与供应商进行业务联系。
（2）项目客户须提前（如每日19点之前向公司下派订单，每日18点之前下派调拨单）将每次的运输业务量、送达地点以及收货人等情况以书面形式准确地通知供应商。
（3）如运输指令有所变更的，项目客户必须以书面形式及时通知供应商，由于项目客户运输指令的错误及变更给供应商带来的所有损失及费用应由项目客户承担。
（4）供应商在接到项目客户的运输书面通知后，在项目客户和供应商约定的时间范围内，安排车辆到达指定的地点装车，严禁以任何理由延误、推托。
（5）供应商人员须爱护项目客户委托的物品，有效装卸，监督装卸，严禁装卸人员踩踏物品、野蛮装卸。
（6）供应商现场监装人员应严格按照产品装卸程序装车并审查装车数量，同时在项目客户的相关单据上签字确认。供应商监装人员签字后，所签收货物的数量即为有效数量。
（7）供应商必须将货物送到项目客户的送货单上指定的地点和客户手中，否则给项目客户带来的直接损失由供应商自负。
（8）供应商必须每日提供订单状态跟踪表给项目客户。
（9）当承运货物抵达指定地点、客户收货后，供应商须先将客户收货情况（包括客户签收日期、数量、是否完好签收、拒收明细、拒收原因等）书面反馈给项目客户，随后再将由客户签收的送货单或验收单正本返回给项目客户。若之前反馈的收货情况与客户签收的送货单或验收单正本有差异，供应商负责承担差异损失。

（五）整车运输合同案例

1. 运输合同背景资料

深圳布吉农产品中心批发市场有一家经营蔬菜的商户，每天从北京采购 30 吨左右的各类蔬菜到深圳布吉农产品中心批发市场批发。蔬菜种类很多，都是从北京大兴冷库运出的农产品，包装良好。正常情况下普通运输车辆就可以完成运输任务。蔬菜在高速公路可以走绿色通道，节省部分路桥费，此外由于卸货地点和批发的需求，蔬菜要求在每天凌晨 2 点前到达卸货地点。

运输货物及包装：蔬菜大包装。

运输数量：每天 30 吨左右。

运输路线：北京大兴冷库—深圳布吉农产品中心批发市场。

运输时间：2 天，且卸货时间必须在每日凌晨 2 点前。

运输价格：市场价，30 吨车辆的运费为 15000 元/单。

如果有家公司想承接这单长期生意，应如何通过设计合理的合同来规避公司的风险？

文件 11　公路运输长期合同样例

2. 运输合同需明确的信息

在制定运输合同中应明确的当事人信息如下。

托运方：北京利农蔬菜种植基地。

　　托运方详细地址：北京市平谷区马坊地区果各庄村。

　　法人代表：尚××；职务：销售代表；电话：010-60××018。

收货人：罗××；联系电话：13×××××405。

承运方：恒丰物流（北京）。

　　法人代表：陈××；职务：业务代表；电话：010-69××108。

根据国家有关规定，应经过双方充分协商后制定合同，以便双方共同遵守。

任务三　设计干线货物运输方案

【任务目标】

根据特定的运输需求，会合理地分析运输资源、核定成本，并进行合理的报价。

- ◆ **知识目标**：掌握运输有关的概念。
- ◆ **技能目标**：学会单车成本分析方法，了解运输方案设计的流程。
- ◆ **素养目标**：熟悉车队司机的管理方式。

一、运输需求分析

通过典型的运输需求及案例的引入和分析，以及与客户的多次调研、沟通，基本上可以掌握客户运输需求中包含的运输方式、运输时间、运输路线、运输工具、运输时效、运输费用等基本信息。同时也可以了解不同的运输需求附带的仓储、包装等其他物流服务相关信息。

聚焦小件货物的快递和零担运输公司（中铁快运等）以及国际集装箱运输中涉及的船公司，它们在设置营业网点、设计运输线路、提供运输服务产品等方面，主要依据的是城市的经济发展水平、贸易特点以及物流行业发展及竞争状况，这两类公司一般不以某个客户的个性需求来设计运输线路和提供服务。所以对于这两类业务，商务人员主要宣传公司在既定线路上的价格、时效优势，以及在业务繁忙季节依然提供优先服务等方面，有针对性地做些必要的附加、增值服务，在方便客户的同时，通过整合客户的业务，提供更具优势的服务或让客户享受相应的折扣价格。在小件货物运输需求案例中王经理接受的物流服务和项目四国际集装箱运输案例中涉及的服务都属于通用型运输服务。

根据自身经营特点，物流公司对其服务线路和航线已经做了布局，所承接的业务主要是对这些线路和航线的支撑和补充，这种服务称为通用型的运输服务。

相比小件货物运输需求案例，干线货物运输需求案例中长期的、批量的运输服务需求可能更复杂，我们称之为定制化的运输服务，也称合同运输。

对于合同运输来讲，由于运输数量大、产品种类多、运输方式和运输工具类型也多，并且每天的运量不太稳定，一方面要分析历史货运量信息和运费信息，另一方面要结合公司现有运输业务进行补充，通过综合考虑并确定服务的成本和报价。

客户除了有业务上的运输需求外，还有对运送质量、服务态度、安全性、时效性、准确性等方面的潜在服务需求。客户运输需求分析是运输方案设计与决策的起点，最终运输方案必须满足客户运输需求。

（一）通用型运输需求

小件货物运输需求案例中的客户需要的运输方式有 2 千克以下的小件货物和文件快递运输需求，也有十几千克到几百千克的零担运输需求。对于快递公司来讲，可根据快递货物、零担货物的数量来综合分析运输成本，通过折扣体现出优惠价格。也可以根据快递和零担两种业务，分别找到合适的物流企业提供服务，分别拿到不同的优惠价格。但是，这两种情况都还停留在浅层次方面的运输服务价格需求上。客户需要找到不同的物流服务商，这会不同程度增加客户的工作量和成本。物流企业要做的就是如何解决企业运输的痛点，如小件货物运输需求案例中，如何减少或取消现有的工作人员、如何实现订单对接、如何代理存货和发货才是关键。目前很多快递或者零担企业都在给商业企业尤其是电商企业开发代发货业务来解决这个问题。只要将客户的订单系统与快递企业的系统对接，按照生成的订单拣货、发货，这样就可以满足降低总物流费用的要求。由此将类似合同制的运输需求慢慢转变成通用型运输需求，不断提高行业及公司的竞争力。至于运输线路、运输方式、运输工具等无须过多考虑的基础决策，就可以借助公司已有的物流网络来进行选择。

（二）合同制运输需求

国内干线运输案例中客户的需求比较复杂，包含了周边的很多送货节点，设计的线路有干线运输和支线运输，每条线路的业务量也可能随季节和需求不断变化。而且，针对恒路物流武汉分公司的具体情况，由于其收货点遍布湖北及周边省份，加上运量不稳定造成车辆需求变动比较大，所以，对于运输公司来讲，如果不能清楚分析货流的情况，就很难进行资源整合配置和报价，也就很难出现长期合作共赢的局面。另外，除运输服务价格外，服务质量才是更重要的。因此，对于这种定制化的服务，不仅要设计出优秀的运输方案满足客户需求，也要试图调整客户的一些操作方式和流程，如订单批量、发货批次等，尽量保证线路运量稳定，且尽量多地开展整车直达或者整车分卸的业务，少开行中转线路。

二、运输服务初步方案制定

小件货物运输和国际集装箱货物运输都是先根据科学的预测和调研，确定线路承接的业务后，在现有业务基础上对现有运输服务线路的完善、补充和日常运营维护，并通过不断挖掘业务潜力，从而获得更多的利润。对于一般客户业务，运输方案主要在价格方面提供折扣，或服务质量上进行提升，不需要设计定制化运输方案。只有干线货物运输业务才需要根据具体的情况设计物流运输方案。

在本项目的案例中，通过前期沟通，结合恒路物流武汉分公司的既有业务情况，基本能确定公司有基础、有优势做这样的项目。通过评估，如果觉得该公司业务可行，并和公司现有业务能实现互补，那么就可以启动项目，并不断推动项目取得进展。

（一）需要明确的信息

为了科学地规划和制定方案，公司成立了项目组。先对项目进行分析调研，通过各种方式调研之前的物流供应商的执行情况和存在的问题，了解项目运作的特点与运作中需重点注意的事项，逐步明确以下信息。

（1）库存量分析：根据库存量，确定货架布局和仓库面积。

（2）产品性质：了解货物的装载和堆放情况。

（3）仓储操作量分析：确定使用的设备类型和数量。

（4）订单运输节点分析：确定运送逻辑，选择车辆。

（5）运输作业计划编制：设计运输线路，确定运输车辆类型、数量。

（6）计价方式及效益评估：在单车成本基础上设计报价的基本依据。

了解以上基本信息以后，就要确定项目组织架构和设备配置调用计划，以此估算公司的固定成本投入。项目组织架构是项目执行的机构，是项目管理的基本条件，由市场部专门负责客户需求整理及方案解决。

（二）项目启动计划

项目启动阶段，需要调动各方的资源，协调各部门配合。要详细制定项目启动计划时间进度表，在推进过程中不断完善进度表，以确保项目推进所需的人力、财力、物力等资源得到充足的准备，具体包含五大方面。

（1）人员方面：需要确保参与项目的人员具备相应的技能和素质，能够胜任自己的工作。此外，还需要对人员进行培训，增强他们的安全意识和责任心。同时，要建立完善的人员管理制度，确保人员的工作效率和质量。

（2）机器设备方面：需要选择合适的运输工具和设备，确保它们能够满足项目的需求。此外，还需要对设备进行定期维护和保养，确保设备能够正常运行。同时，要建立完善的安全管理制度，防止设备故障和事故的发生。

（3）物料方面：需要确保运输的物料符合项目的需求，包括质量、数量等方面。此外，还需要建立完善的物料管理制度，确保物料的储存、运输和使用的规范性。

（4）法律环境方面：需要了解和遵守相关的法律法规，确保项目的合法性和合规性。此外，还需要关注政策的变化，及时调整项目的策略和计划。

（5）环境方面：需要评估和关注项目运行对环境的影响，采取相应的措施减少负面影响。此外，还需要建立环保管理制度，确保项目的环保措施得到有效执行，贯彻绿色运营理念。

图 3-3 是项目启动计划任务内容示例。

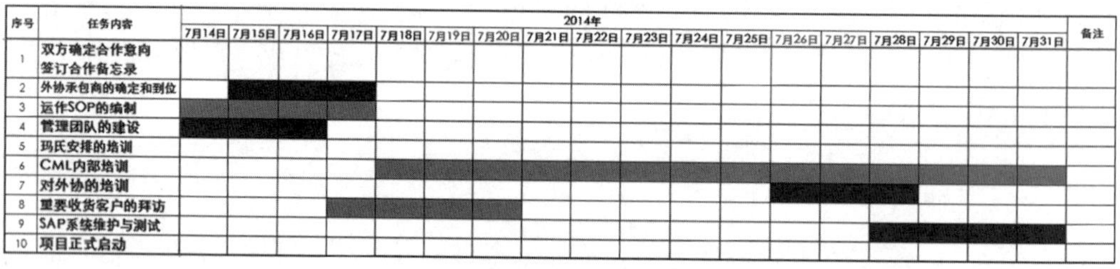

图 3-3　项目启动计划任务内容示例

三、确定人员组织架构

（一）确定项目组人员及架构

物流企业一般采用扁平化的管理架构，实行项目管理制度，在人员配置方面会根据客户业务量及服务要求进行配置。在本项目的案例中，考虑到客户业务量较大，对物流服务质量要求高，物流公司成立了以资深经理为主导的项目管理小组，该小组具体负责项目的策划及商务谈判。

在未来项目实施阶段，恒路物流武汉分公司成立运作管理小组，负责运输分发环节过程中的日常调度、跟踪、统计、信息反馈等相关工作。策划小组的主要成员将过渡为项目实施小组的主要成员，他们负责组织项目的实施，在项目启动前期参与项目管理，同时作为项目运作团队的支持和补充，保证项目平稳交接及运作。

该项目武汉区域配送的运作团队组织结构如图 3-4 所示。

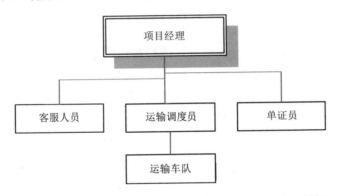

图 3-4　恒路物流武汉分公司武汉区域配送运作团队组织结构图

（二）岗位设置及职责范围

为了使运作项目能够顺利启动，在人员配置方面，公司从现有管理人员中选拔相关业务领域内具有丰富项目运作经验的人员担任项目经理等管理岗位，同时从现有操作项目中调配具有丰富项目操作经验的人员（包括运输调度员/单证员/客服人员）参与项目。由于项目淡旺季运作量差异十分明显，可以通过项目储备人员抽调、外协资源调配等各种灵活多样的方式满足操作人员数量和运输资源的需求，在项目启动前期对所有管理人员和操作人员进行培训，对所有参与培训的人员都进行书面和实操测试，测试全部合格方可上岗，同时建立培训档案；在项目启动前对签约的外协进行培训，让其充分了解客户的 KPI 和具体的运输、配送要求。表 3-2 展示了岗位设置及职责范围。

表 3-2　岗位设置及职责范围

岗位设置	职责范围	人员配备
项目经理	负责项目的运作管理，保证项目运作及服务质量	陈××
运输调度员	根据运输要求，制订运输计划，合理安排和调配车辆，优化车辆资源，保证车辆资源的供给，确保运输项目正常运作	张××、曹××
客服人员	负责及时跟踪在途信息，收货时和客户沟通，汇总相关信息，负责制作各类报表，接受客户投诉并向客户及其他相关管理人员及时反馈相关报表及运输信息	黄××
单证员	负责接收订单、系统维护、单据归档、回单收集等	张××

（三）规划各类资源设备

通过前期的调研和预测，以及与原来的物流服务商沟通，可以了解项目运作难点与运作中需重点注意的事项，科学地进行资源配置、测算成本。项目小组要根据预计操作量测算运作设备数量、运作人员数量、运输车辆数、运力模式选择、运作设备配置等。同时建立系统数据采集与维护方案，包括客户与公司双方的数据库的建立；确定货位信息并建立货位信息系统；如有系统对接需要，应联系信息部门开发相关接口；确定单据及报表制作规范；物流执行系统中设置线上实施计划等。如果项目中标，还要进行各类行政办公设备、运作设备的采购或租赁，保障设备、人员按时到位。图 3-5 所示是运力资源计划配置表的一个示例。

出发城市	运输路线	运力资源状况(单位：米)	备注
武汉	广州	8台9.6，3台4.2，1台13.5	
	深圳	3台13.5，4台4.2，2台7.6	
	珠三角(除广州深圳)	3台9.6，4台4.2	
	粤北	2台9.6，1台4.2	
	粤东	6台9.6，1台4.2，3台13.5	
	粤西	4台7.6，2台9.6	
	湖南	7台17.5，2台4.2	
	江西	2台4.2，5台17.5，3台9.6	
	海南	2台4.2，2台17.5，5台9.6	
	福建	3台7.6，8台17.5，2台9.6	
	广西	2台4.2，4台17.5，5台9.6	
	贵州	1台4.2，2台17.5，5台9.6	
	云南	2台4.2，6台17.5	
	浙江	5台17.5，1台9.6	

图 3-5　运力资源计划配置表示例

（四）项目启动前方案计划

1. 建立项目 KPI（key performance indicator）指标

项目启动前不仅要对仓储、运输等模块进行各项数据的对接，还要做好项目移仓方案，确保活动有序进行。仓储模块包含收、备、发货过程，库存控制，系统操作。运输模块包含运输计划接收、车辆配载及调度、在途跟踪、交货及签单、回单管理等功能。项目移仓方案包含移仓资源、移仓时间、人员配置、车辆时间安排、移仓步骤等。

运输项目的有关 KPI 包含两类，一类是围绕车辆绩效和服务质量的指标，包括运输过程的指标和车辆绩效的考核指标；另外一类是由所服务的客户提出来的，要求公司满足的指标。这些指标是为了提高服务质量和客户满意度而设置的。具体指标的设置要根据行业竞争状况、企业定位等综合考虑，常见的考核指标如下。

1）运输过程 KPI

货物及时发送率＝（统计期）及时发货次数/（统计期）总的订单次数×100%；

货物准时送达率＝（统计期）准时送达次数/（统计期）总的订单次数×100%；

货物完好送达率＝（统计期）完好送达的次数/（统计期）总的订单次数×100%；

运输信息及时跟踪率＝（统计期）跟踪运输信息的次数/（统计期）总的订单次数×100%。

2）车辆绩效考核 KPI

车辆事故频次＝事故次数/车辆使用时间（月）（次/月）；

车辆违章考核＝当月违章次数/当月行驶里程（次/千米）；

车辆维修费用率＝当月维修费用/当月行驶里程（元/千米）；

利用率考核＝实际运输量（体积）/可运输总量（体积）×100%；

货损货差率＝货损货差金额/运输总金额×100%；

油耗指标＝车辆实际油耗下车辆实际行驶里程/车辆每千米标准油耗；

运输损耗率＝线路总货损/线路总配送额×100%；

其他还有行车安全及违章处理及时率、每月安全培训次数、紧急业务处理及时率等。

2. 建立公司 KPI 考核指标

运输服务公司 KPI 考核指标应根据运输公司的具体业务、战略目标和市场环境制定，以确保它们能够准确反映公司的绩效和进展，一般应包括以下内容。

1）服务质量指标

准时交付率：确保运输服务能够在规定的时间内完成，满足客户需求。

服务满意度：通过客户反馈调查或评分系统来衡量客户对服务的满意程度。

货物损坏率：衡量运输过程中货物损坏的频率和严重程度。

2）运营效率指标

运输效率：衡量运输车辆的利用率，包括装载率和空驶率。
配送速度：从起始地到目的地的时间效率，通常以天数或小时数来衡量。
人均效率：衡量每个员工在运输过程中的效率和产出。

3）成本控制指标

运输成本率：运输成本与运输收入的比率，用于评估成本控制能力。
燃料效率：衡量运输车辆的燃油消耗率，以降低运营成本。
维护成本：车辆维护和修理的费用，以及这些费用占运输总成本的比例。

4）安全指标

事故频率：衡量运输过程中发生事故的次数与总运输次数的比例。
违规行为率：衡量违反交通规则的行为次数与总运输次数的比例。
安全培训完成率：确保所有员工都完成了必要的安全培训。

5）市场占有率和竞争力指标

市场占有率：衡量运输公司在目标市场中的份额。
新客户获取率：衡量公司新客户的增长速度和比例。
竞争对手分析指标：定期评估竞争对手的表现和市场动态。

6）财务指标

收入增长：衡量运输收入的年度增长率。
利润率：运输利润与运输收入的比率，反映公司的盈利能力。
现金流：衡量公司的现金流入和流出情况，确保资金有足够的流动性。

7）客户关系指标

客户保持率：衡量公司能够保持的老客户比例。
客户发展率：衡量公司能够从现有客户中获得的新业务比例。

四、国内干线运输方案及报价

（一）干线线路设计

在调研过程中发现，本项目任务一中的客户业务的难点在于订单较小、分布广，以及时效要求高带来的运输不稳定性。公司如果在所有需求地附近开设专线，会造成货运量不足或集结时间过长；如果以区域为中心开设专线，虽然可以集中运输，但是需要设立中转地或找代理商完成相应的转运工作，服务质量难以把控。

公司会组织相关专家对项目方案设计进行评估，在原有基础上提供运输线路设计方案和规范的报价依据。

因此，为了满足客户的需求，一方面可以提高客户每票订单中的产品数量，确保运输的效率；另一方面要根据具体的货运量确定直达专线和中转专线，确保时效的满足，同时让运输企业有较好的运输效益。

具体线路设计的一般思路是按照货运量的多少，优先安排一个卸货点直达，其次按照大致方向初步安排多个卸货点直达，最后在省会城市等货运量较大的城市结合已有资源开展中转线路。

以设计的线路为基础深入分析需要的车辆数目，以及每条线路的成本与利润率，最终制作报价表或者投标书。

通过对送货地点分布的分析，结合历史运输方案，针对本项目任务一中的案例我们初步设计了5条湖北省内线路（到达武穴、赤壁、荆门等地区）、9条湖南省线路、4条江西省线路，共计18条线路。

（二）干线运输成本构成

1. 干线运输成本构成

运输成本是运输企业完成运输生产活动而消耗的物化劳动与活劳动的货币表现。无论哪种运输方式，其运输成本都比较相似，主要包括工具折旧、保险税费、燃油费、通行费、停车费、装卸费、薪酬、管理费等。但各种运输方式的管理、控制成本方式不太一样，主要采取优化车辆数目、优化仓库布局、提高装载效率和推行直运战略等措施。

干线运输主要由公路运输和铁路运输来完成，由于铁路涉及面很广，所以很难分析其成本构成和提高效率的方法，日常生活中，很多企业将各种成本分摊到每辆车上，通过每辆车的单车成本来核算车辆每个月是否盈利，同时这也是核实每次运输任务运费的依据。

2. 干线运输收入影响因素

1）货品属性

主要考虑货物的毛重和体积，从而确定货物是轻泡货还是重货，这是影响报价的最主要因素。一般来说，电子产品、玩具等小的纸箱包装货物多属于轻泡货。轻泡货主要利用的是车辆的容积，有利于车厢长度长的车辆装载；相反，如果是重货，主要利用车的载重量。

2）货品包装

货物若为纸箱包装，为防止运送途中纸箱受潮，应选择全封闭的厢式货车，而不能用平板货车。

3）运输流向

根据客户的需求，本项目任务一中的案例的运输的目的地是湖北省内、湖南、江西等地。总体来讲，运输节点越分散，成本越高。

4）车辆货品运量

根据案例中城市位置设计的线路（表3-3）来看，线路A每天运量12.9立方米，如果货物的集货时间为三天,那么将有近 40 立方米的货物;如果每月类似的业务可以跑 60 趟,那么就可以计算出每辆车大概的盈亏平衡点。

5)运输报价

40 立方米的货物需要 9.5 米长的车来运输。如果单车均摊固定成本 1 万元,每趟的毛收入为 1000 元,往返 400 千米,燃油费用为 200 元,结合每车的净收入,假设报价接近 250 元/立方米,那么就可以此为基础,综合计算多条线路,最终确定车辆的运输成本和报价。

表 3-3 项目线路设计表(湖北省内)

线路	线路次序	目的地	货量占比	运量(立方米)	运距(千米)
A	1	黄冈	3.10%	2.325	70
A	2	鄂州	1.10%	0.825	83
A	3	黄石	12.60%	9.45	99
A	4	武穴	0.40%	0.3	200
	小计		17.2%	12.9	
B	1	咸宁	0.40%	0.3	260
B	2	赤壁	1.70%	1.275	160
	小计		2.10%	1.575	
C	1	天门	0.60%	0.45	214
C	2	荆门	5.50%	4.125	214
	小计		6.10%	4.575	
D	1	仙桃	4.90%	3.675	102
D	2	潜江	2.60%	1.95	214
D	3	荆州	12.00%	9	214
D	4	宜昌	16.60%	12.45	339
D	5	恩施	3.40%	2.55	678
	小计		39.50%	29.625	
E	1	孝感	4.90%	3.675	102
E	2	随州	2.60%	1.95	214
E	3	襄樊	11.00%	8.25	214
E	4	十堰	16.60%	12.45	339
	小计		35.10%	26.325	

3. 单车成本分析法

1)方法介绍

公路运输企业在承接日常业务过程中,会遇到不同的情况,而如何快速地对项目或者每一单业务进行评估就显得非常重要。比如在前面的任务分析中,项目团队通过仔细分析、认真研究,认为这个客户平均每天 15 趟车次的货物是很不错的项目,要努力争取该客户的业务。考虑到该项目配送客户集中度虽然较高,但是客户的订单较小,集货时间短,运送货物比较分散。根据

视频 18
单车成本分析法

运输管理经验,以及初步的测算,该项目采用 9.6 米车辆比较合适,车辆载重和容积利用率较高,整体效果不错。

在随后的工作中,要优化订单匹配,同时建议客户提高订单数量、降低批次,由此可获得额外的利润。但是按照目前的运输计划方案,如何向客户报价是最为重要的事情。

具体方式是将车辆从购买到报废的整个生命周期里所具有的固定成本和流动成本设计成一个表,以此计算出车辆每一天的固定分摊成本和其他变动成本。这样就可以随时按照需要,经过简单计算就可以完成成本核算及报价工作。

车辆成本主要包括工具折旧、保险税费、燃油费、通行费、停车费、装卸费、薪酬、管理费等。各种运输方式管理、控制成本的方式不太一样,但其主要内容相同,主要包括优化车辆(次)数目、优化仓库布局、提高装载效率和推行直运战略。

对于不同用途的车辆,长途车、短途车每个月能利用的时间和车辆运行里程不同。一般对于长途车辆而言,如果往返货物比较充足,每月可以工作 24~26 天;至于短途车,其每月的工作时间在 22~24 天。具体的运行数据根据公司业务特点确定,本书按照每月工作时间为 24 天计算。

一般企业车辆有 5 年的使用年限,考虑到部分残值以及小企业使用时间会多长一些,业界一般按照 8 年使用年限来计算折旧成本。以本次项目使用的 9.6 米(10 吨)车为例,将车辆总价(18 万元)除以总的运行天数 2304 天(8 年×12 月×24 天),每天的车辆使用成本就是 78.125 元。

10 吨载重车保险费用一般由第三者保险和物流险两个部分构成,大概是每年 16284 元和 1620 元,分摊到每天大概 62.2 元。

轮胎损耗按照每辆车 6 条轮胎计算。如果单价按照 1100 元计算,共计 6600 元。轮胎一般可以用 2 年,如果按照 28 天运行天数计算就是 9.8/天,如果按照 24 天运输天数计算就是 11.5 元/天。如果能估计出车辆每天运行的里程,就可以算出每千米的轮胎损耗的成本。

基于这种方式把所有的相关费用进行分解后叠加,就可以算出每条线路的每一部车每天的固定分摊成本。加上燃油费、路桥费、轮胎损耗费、税费,以及利润率,就可以测算出公司的成本和最低报价。这里主要介绍公司车辆成本核算的一般方法,各项成本在不同地区、不同时间会有较大的差异。

设计线路的依据就是保证车辆单天的净收入在这个最低报价数之上，或者大部分线路要在这个数据之上，因为这是公司盈利的保障。表3-4是运输企业单车报价的成本依据。9.6米（10吨）车，每天成本大概就是516.98元，按照15％利润率测算，车辆最低报价是2104.28元。

表 3-4 运输企业单车报价的成本依据

路线：600 千米　　　　　　　　　　　　　　　　　　　　燃油价格为 6.23 元/升

费用名称	3 吨	5 吨	8 吨	10 吨	40 吨	45 吨
保险费	31.6	40.34	62.2	62.2	75.8	75.8
年审费	10	10	10	10	15	15
停车费	18.75	22.9	37.5	37.5	33.3	33.3
修理费	25	31.25	37.5	37.5	50	50
折旧	47.74	60.76	78.12	78.12	138.89	138.89
工资	229.16	291.66	291.66	291.66	375	375
每天固定费用	362.25	456.91	516.98	516.98	687.99	687.99
轮胎损耗（按里程计算）	120	150	168	168	210	210
燃油费（按里程计算）	560.7	747.6	934.5	1009.26	1383.06	1495.2
路桥费	20	25	27.3	32	36.4	36.4
税费（按总价的6％）	63.78	82.77	98.81	103.57	139.05	145.78
固定成本合计	1126.73	1462.28	1745.59	1829.81	2456.5	2575.37
利润（15％）	169.01	219.34	261.84	274.47	368.48	386.31
总报价	1295.74	1681.62	2007.43	2104.28	2824.98	2961.68

为了更好地进行报价，除了使用单车成本表的方法外，还有简便的方法，但是思路和单车成本是一样的，即把各项固定成本分摊到每一部车和每一项任务，然后通过估算运输任务来估算成本和利润。

2）具体报价介绍

某公司接到客户物流需求信息后，得知提货点在北京，送货点为北京和天津，收货客户是便利店、超市门店、超市大仓等，货量和发货次数等运量需求数据如表3-5所示。此外，公司的成本包括管理成本（表3-6）、运输成本和装卸成本。北京仓库提货装车成本为9.00元/立方米，北京和天津卸货成本分别是10元/立方米和12元/立方米。读者可以试试描述成本的核算过程并按合理报价计算利润率。（根据工作经验，该项目车辆采用9.6米长、16.5吨载重的厢式货车，以"单点直配＋连点配送"方式运输）

文件 12　成本核算计算分析过程

表 3-5 运量需求

提货点	省份	城市	起止城市	货量（立方米）	发货次数	平均订单货量（立方米）	最大订单（立方米）	最小订单（立方米）
北京	北京	北京	北京北京	369.23	6	61.54	238.41	10.64
北京	天津	天津	北京天津	969.21	29	33.42	202.97	0.72
		合计		1338.44	35	94.96		

表 3-6 管理成本分析表

管理项目	费用（元/月）	数量	费用合计	折算成本
调度	8900.00	1.00		
追踪	6500.00	0.50		
单证/结算	6500.00	0.20		
	管理成本			

（三）运输方案设计

1. 基本思路和方法

运输方案设计的核心在于科学设计运输路线和核定单车运营成本。在企业现实运营中，路线设计不仅要考虑既有客户的线路，也要考虑公司重点发展方向和业务情况，还要考虑返程货物的情况。

在本次案例设计中，为了使案例更易于学习和掌握，我们对案例进行了以下简化：假设该企业是全新企业，项目是初始的全新项目。案例设计的目的是呈现一个完整的逻辑思路，帮助读者掌握具体的分析和计算方法。

配送是指在经济合理区域范围内，根据用户要求，对物品进行拣选、加工、包装、分割、组配等作业，并按时送达指定地点的物流活动。从定义上讲，该客户的需求属于运输任务，可以设计多点配送的运输线路方案。

通过前期的调研发现，该客户订单主要分散在湖南、湖北以及江西这三个省内。要高效完成整个运输或配送活动，该项目需要科学地设计运输线路，充分考虑各类运输方式和配送的特点和优势、劣势。因此，需要根据客户所在区域，整体划分运输区域，使整个运输方案有基本依据可遵循。一般远程的干线运输可以按照华东、华南等区域进行干线设计，然后再按省份进行线路细分。

由于本项目主要配送区域是大区域内的次级干线运输，所以可直接按照不同的省份划分，先分为湖南、湖北、江西三大线路群，然后在各个省份内部，根据调研得到的运输量，初步设计东、西、南、北四条线路。安排配送的时候，可以在区域内线路划分的基础上进行调整，也可以按照企业车辆的运载量进行线路弹性规划。

湖北省内荆门、天门、荆州、宜昌这些配送点的运输量较大，但是如果对荆门和荆州方向设计拼车运输，会导致运输线路发生绕路情况，距离延长，时效较低。通过进一步分析，可将西线分成若干线路，这些线路在湖北省内有 5 条。

线路 A：武汉—黄冈—鄂州—黄石—武穴；

线路 B：武汉—咸宁—赤壁；

线路 C：武汉—天门—荆门；

线路 D：武汉—仙桃—潜江—荆州—宜昌—恩施；

线路 E：武汉—孝感—随州—襄樊—十堰。

在规划运输线路时，由于运输的货物品种特性差异大，为提高运输效率，确保货物质量，还必须对特性差异大的货物进行分类。由于该客户的货物都是食品，又不能与其他货物进行拼装，所以不用考虑该问题，但如果安排该客户的货物与其他客户的货物进行配载的时候，就要考虑这个问题。

另外，货主的货物配送一般都有轻重缓急之分，运输规划必须根据货主的时间需求进行缓急设计，初步确定哪些货物可装配于同一辆车，哪些货物不能装配于同一辆车，哪些货物需要优先安排以满足客户的时间要求，进而做好车辆的装配工作。

2. 确定车辆

完成这项工作需要按照每条线路上每天要配送货物的重量、体积、货物特征、客户配送时间要求等具体细节，来计划安排什么类型的运输车辆执行各班次的配送任务。一般企业自有的车型有限，车辆数量也有限。当本企业车型或车辆无法满足客户要求时，可使用外协车辆。但要根据具体情况决定以外协车辆为主，还是以自营车辆为主。

无论选择哪种方式，都要充分了解使用车辆的运量和额定载重能否满足货主的要求。在确定配送货物的车辆安排时，要分析运输订单上的信息，包括货物体积、重量、数量，对货物装卸的特别要求，以及配送的时间等个性化需求，综合考虑各方面因素的影响，选择最合适的车辆安排配送。

根据各条线路运输配载的情况，选择距离最短、耗时最少或成本最低的运输线路。要根据客户的具体配送位置、当地即时的交通情况等做出选择和判断。此外，还必须考虑该客户或拼装客户所在地当天的即时交通环境，对送货时间、车型、车牌号等方面的特殊要求。比如一些客户不能在中午或晚上收货或装卸货，有些城市道路在高峰期实行特别的交通管制等。

考虑到有些城市货物量少，如果和其他城市实行直达拼车就需要绕远路，延长距离与时间。因此，可以通过规划中转站分拨点来设计运输线路。结合公司现有的业务，可将张家界、浏阳、汨罗的运输订单经长沙进行中转；抚州经南昌进行中转。中转站应具备交通便利、作业条件良好等基本条件，同时要配备足够的人员、装卸设备、配送车辆等资源。为了确保所有客户货物的运输质量与时效，中转站分拨点的管理与运输执行情况要纳入承运商 KPI 考核体系与奖惩挂钩，确保薄弱环节不出差错。

3. 合理规划设置运输线路

根据订单大致的去向、订单数据特点、城市限行的规定，可在湖南长沙、江西南昌等省会城市设置市内或区域配送分拨点。根据具体运输货物的分析，最终计划如下。运往湖南的线路设计为 7 条，如下所示。

线路 F：武汉—澧县—常德—益阳；

线路 G：武汉—株洲—醴陵—攸县；

线路 H：武汉—湘潭—娄底—冷水江—新化；

线路 I：武汉—邵阳—永州；

线路 J：武汉—宁乡—吉首；

线路 K：武汉—衡阳—耒阳—郴州；

线路 L：武汉—怀化。

从长沙中转的目的地：张家界、浏阳、汨罗。

武汉到江西省的线路有 3 条，如下所示。

线路 M：武汉—萍乡—宜春—新余—丰城；

线路 N：武汉—景德镇—乐平—鹰潭—上饶；

线路 O：武汉—吉安—赣州。

这样的方案设计也是为了方便初步核算成本，方案在具体执行过程中会进行微调以满足客户需求，更好地提高效率，降低成本。

文件 13
武汉到湖南、
江西线路设计

4. 合理设计运作流程

为了及时配送货物，需要客户接到销售订单后，第一时间以书面方式通知武汉分公司，运作主管负责订单的受理工作。每个工作日上午 08：30—12：00 下达的，订数在 200 件以上（市内不包含在内）的订单，为当日计划，原则上应于当日发运；12：00—16：00 接收的订单，为次日发运计划。

运作主管收到订单后，按时间分段汇集，下达给运输主管。当日发运计划应立即通知承运人派发车辆接货，同时通知现场主管安排现场监装和搬运人员到位。次日计划应在每日 16：00—17：00 完成，下达并落实到承运人。

5. 分拨点管理

配送分拨点要求配备足够的人员、装卸设备、配送车辆，同时具备交通便利、作业条件良好等条件。为了确保客户所有货物的运输质量，应将分拨点执行管理情况纳入承运商 KPI 考核体系，与奖惩挂钩。

任务四　探索运输行车优化

【任务目标】

为了提升公路运输企业的运营效益,应了解如何在不增加设备的前提下,充分挖掘运输潜力,合理组织运输。

◆ 知识目标:了解公路运输行车优化的重要性。
◆ 技能目标:会根据人力、物流情况,合理制定行车优化方案。
◆ 素养目标:熟悉不同运输组织优化方法的表现形式。

为了提高企业的运营效益,运输企业需要不断加强各环节的组织和管理工作,在不增加或增加较少设备的前提下,充分挖掘运输潜力,以现有设备完成更多的运输任务。常见的挖掘运输潜力的方式是通过良好的运输组织优化方法来实现,主要有双班运输、拖挂运输。

一、双班运输

1. 定义

一天 24 小时内,如果一辆车出车工作 2 个班次或 3 个班次者,就称为双班运输或多班运输。组织双班运输的基本方法是根据双班运输的不同形式,每辆汽车配备一定数量的驾驶员,按计划分日、夜两班出车工作。这种组织方式比较简便易行,在货源、保修、驾驶员等条件满足的情况下,不再增添其他车辆或设备就可达到特定效果,因此易于应用和推广。双班运输已成为一种有效的车辆运行组织方式。

双班运输组织应该满足如下条件才可以使用:
(1) 双班运输应有充足的货源。
(2) 双班运输应安排好驾驶员的工作和休息时间,保证劳逸结合。
(3) 双班运输应加强车辆管理,合理安排车辆的保修时间,保证有较高的完成率。
(4) 双班运输要加强企业内部之间以及与客户之间的协作与配合。

双班运输必须贯彻安全第一的方针,注意行车安全,尽可能做到定车、定人,确保作业计划的执行。

2. 双班运输的组织

双班运输可以分为以下几种组织形式。

1) 一车两人，日夜双班

（1）组织方法：每车配备两名驾驶员，一个负责白班一个负责夜班，每间隔一段时间（一周或者半月）互换，如图 3-6 所示。

（2）优点：能做到定人、定车，保证车辆有充裕的保修时间；驾驶员的工作、学习和休息时间能得到正常的安排；行车时间安排也比较简单，伸缩性较大，物资单位及有关部门易于配合。

（3）缺点：车辆在时间上利用不够充分，驾驶员不能当面交接。

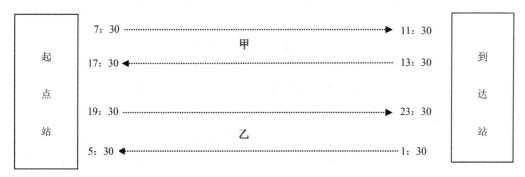

图 3-6　双班运输组织方式 1

2) 一车三人，两工一休

（1）组织方法：每车配备两名驾驶员，每名驾驶员工作两天、休息一天，轮流担任日班和夜班，排班表参考表 3-7，在规定的时间和地点交班。这种运输组织模式适合短途运输，以及一个车班内有多项运输任务的情况，适合在出租车运输业务中应用。

（2）优点：能做到定人、定车，车辆出车时间较长，运输效率较高。

（3）缺点：每班驾驶员一次工作时间较长，容易出现疲劳；安排车辆和保修时间比较紧张，需要配备的驾驶员数量也较多。驾驶员经常没有充足的休息时间。

表 3-7　一车三人，两工一休排班表

日期	一	二	三	四	五	六	七
甲	日	日	休	夜	夜	休	日
乙	夜	休	日	日	休	夜	夜
丙	休	夜	夜	休	日	日	休

3) 一车两人，日夜双班，分段交班

（1）组织方法：每车配备两名驾驶员，分段驾驶，定点（中间站）交接。每隔一定时期驾驶员对换行驶路段。该形式一般适用于运距比较长、车辆在一天内可以到达或往返的运输线路。这种模式的双班运输组织方式如图 3-7 所示。

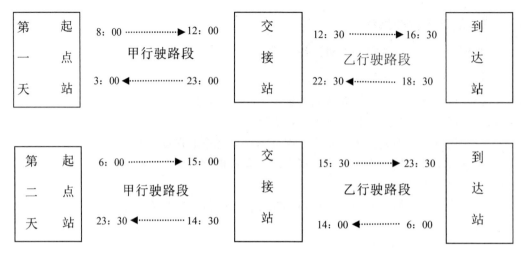

图 3-7　双班运输组织方式 2

（2）优点：与第一种形式基本相同，但能保证驾驶员当面交接。

（3）缺点：需要每名驾驶员搭配得当，如两人不配合易出现矛盾。

4）一车三人，日夜双班，分段交班

（1）组织方法：每车配备三名驾驶员，分日夜双班行驶，驾驶员在中途交接，中途交接站可设在离终点站较近并在一个班次内能往返一次的地点。起点站配备两名驾驶员，采用日班制，每隔一段时间三名驾驶员更换行驶路线和时间。该种模式的双班运输组织方式如图 3-8 所示。

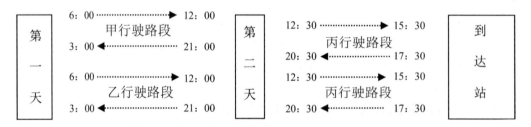

图 3-8　双班运输组织方式 3

适用条件：保养力量很强，驾驶员充足，可完成短期突击性运输任务。

（2）优点：车辆在时间上利用充分，运输效率较高，能做到定人、定车运行；驾驶员的工作时间比较均衡。

（3）缺点：车辆几乎全日行驶，如不能做到快速保养，保养时须另派车辆顶替。

5）两车三人，日夜双班，分段交班

（1）组织方法：每两辆车配备三名驾驶员，分段驾驶。其中两人各负责一辆车，固定在起点站与交接站之间行驶，另一人每天交换两辆车，驾驶员在固定站定时交接。交接站设在离起点站或到达站较近处。此形式适用于两天可以往返一次的行驶线路，仅适合在运输能力比较紧张时采用。该种模式的双班运输组织方式如图 3-9 所示。

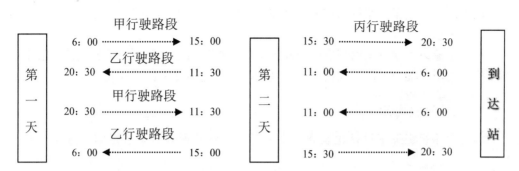

图 3-9 双班运输组织方式 4

（2）优点：能做到定人、定车运行，可减少驾驶员配备时间；车辆时间利用较好；车辆保养时间充分。

（3）缺点：驾驶员工作时间较长，休息不好；运行组织工作要求严格，行车时间要求正点。

6）一车两人，轮流驾驶，日夜双班

一辆车上同时配备两名驾驶员，在车辆全部周转时间内，由两人轮流驾驶，交替休息。这种组织形式适用于运距很长、货流不固定的运输线路或长途干线客运线路。

优点：能定人、定车，最大可能地提高车辆时间利用。

缺点：驾驶员在车上得不到正常的休息。随着道路条件的改善和车辆性能的提高，这种组织形式已被广泛采用。

 二、拖挂运输

1. 拖挂运输的定义

拖挂运输也称汽车运输列车化，它是以汽车列车形式参与运输活动的一种运输方式，由载货汽车和全挂车组成，或由牵引车和半挂车组成的汽车列车从事货物运输就称为拖挂运输。拖挂运输不需要增加额外的驾驶员，保修作业比较简单，在相同运输条件下，采用拖挂运输可大大增加载货汽车的拖载量，能使原有的运输能力成倍增加，是比较先进的组织运输方式，经济效益比较理想。

拖挂运输可以分为定挂运输和甩挂运输。定挂运输是指汽车列车在完成运行和装卸作业时，汽车和全挂车一般不分离，也就是将汽车和全挂车固定地连在一起，不分离的方式。这种方式其实和单车运行类似，只是由于后面加了挂车，运载能力增大。但需要注意的是，由于增加了货物的装载量，因此对装卸和驾驶都提出了更高的要求。需要想办法提高装卸效率，使挂车的停驶时间减少。

视频 19
常见甩挂模式

甩挂运输是汽车列车按预定的计划在各装卸作业点甩下并挂上指定的挂车后继续运行的一种组织方式。

甩挂运输可以使汽车的停歇时间降到最低，提高出车时间利用系数，最大限度地利用汽车的牵引能力，因此在同样的条件下，甩挂运输比定挂运输效率高。

2. 拖挂运输组织

拖挂运输组织采用机械化装卸，要求行车路线状况良好，有足够的停车、调车场地。

该运输组织形式的优点是单车生产能力增加、司机劳动生产率提高、单位运输成本降低；缺点是车速降低、安全性能下降、驾驶操作困难。

3. 甩挂运输的类型

甩挂运输组织线路要适合汽车列车的通行，路面平坦且没有过大的坡度，道路曲线最小半径应能保证汽车列车顺利、安全地通过，应尽量避开较为拥挤的路段。常见的甩挂运输有下面三个类型：一线两点甩挂运输、循环甩挂运输、驮背运输。

1）一线两点甩挂运输

在一线两点甩挂运输模式下，汽车列车往返于两个装卸作业点之间，采用一线两点、一端甩挂或两端甩挂的方式，适用于装卸点固定、运量较大的地区，以及集装箱甩挂作业。

2）循环甩挂运输

循环甩挂运输是指在闭合循环回路的各个装卸点上进行甩挂作业的一种形式。

3）驮背运输

驮背运输（或载驳运输）是甩挂运输应用于集装箱或挂车的多式联运的换载作业形式。比如在铁路枢纽内，首先由牵引车将载有货物的挂车直接拉到铁路平板车或船舶上，然后甩挂，平板车或船舶就直接驮着挂车货物运达换装点，到换装点以后，再由换装点的牵引车运行至铁路平板车或船舶上，挂上挂车，直接拉往目的地。

【项目综合测评】
文件 14　项目三测试题及答案

项目四 ［国际集装箱运输需求及运输方案］

Project

Four

任务一　明确国际集装箱运输需求

任务二　计算运输费用和设计运输方案

任务三　熟悉运输流程及单证

任务四　精通缮制提单

任务五　精通车站及码头业务

项目导航

　　传统的外贸企业需要通过国际集装箱运输来完成货物的进出口业务,在很长一段时间内,大规模的进出口业务都是靠海运完成,沿海城市海运基础好,加上国际分工越来越细,大型企业供应链越来越复杂,很多半成品在各国之间流动,保税区(自贸区)相应出现,保税区里集中了大批的以集装箱进出口为基础的全球货物分拨服务。近年来,随着"一带一路"倡议的持续推进,中国与欧洲往来途经"一带一路"沿线各国的集装箱国际铁路联运班列,即中欧班列成了我国国际集装箱运输的新选择,其运量增长迅猛。本项目就聚焦企业对国际集装箱运输的需求。通过这一部分的学习,学生可以掌握与集装箱相关的知识和技能,同时了解航线、订舱、码头及车站业务等知识和相关技能,并且能为客户科学地报价。

项目导学

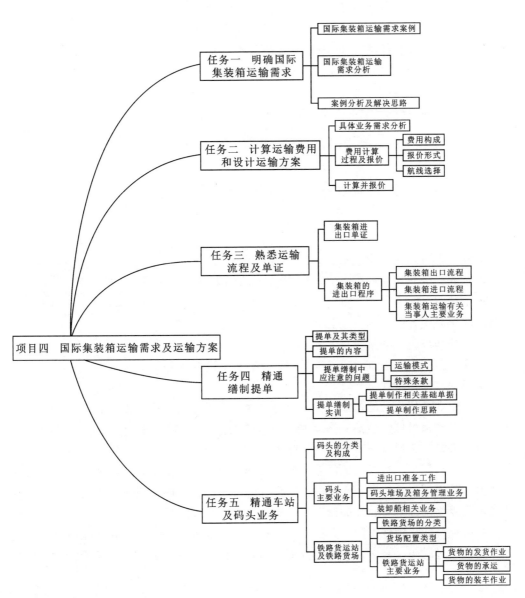

任务一 明确国际集装箱运输需求

【任务目标】

通过国际集装箱运输需求案例，了解国际贸易最主要的运输工具即集装箱的运输组织过程，以此为基础了解船公司、码头、车站和货代等相关工作，从而掌握了解需求和明确需求的商务过程，为成功合作做好准备。

◆ 知识目标：掌握集装箱的类型、标记、标准等基础知识，了解集装箱进出口业务中相关的责任方及工作任务。

◆ 技能目标：能通过客户的需求，选择合适的船公司。

◆ 素养目标：了解中欧班列通道对国际贸易的意义。

一、国际集装箱运输需求案例

大家经常听到福田保税区、沙头角保税区、前海蛇口自贸片区，企业充分利用这些区域在海关监管上的便利条件，可以在开展全球贸易时避免货物重复出口的问题。据有关机构统计，目前国际贸易中，35%的货物都是半成品，以适应国际分工日益专业化的趋势。这些货物要在国际上频繁流动，这些货物如果将来还要出口到其他地方，就可以暂时存放在这些保税区，实现免税中转库存管理。

视频20 国际集装箱运输需求

早期深圳各保税区的作业流程主要是：珠三角及东南亚地区生产的各类产品，通过报关进口到保税区，然后在各保税区内进行组装、仓储管理，该期间享受国家政策，免缴进口相关税费。直到货物实际进出口时，根据客户订单需要，在保税仓进行订舱、分拣、配送，选择合适的船公司，缴纳进出口相关税费，然后将货物发送到世界各地。随着深圳经济发展水平的不断提升，福田保税区的功能由最初的传统物流功能逐步升级为国际贸易、高端制造、供应链金融等功能。

福田保税区里曾经集中了大批以集装箱进出口业务为基础功能的全球货物分拨业务，随着保税区越来越多，深圳地价不断提升，传统物流分拨业务逐渐减少。原有生产、储运业务则转移到广大的内陆腹地，深圳以及部分保税区仅保留企业供应链管理、企业总部决策等功能。

在保税区里，货物运输以国际大宗货物运输为主，一般通过国际集装箱海运或者中欧班列来完成，我们要根据客户贸易合同的需要，设计合理的运输方式，寻找合适的航线，选择合适的箱型并计算箱量。

（一）国际集装箱运输需求案例

王叁在深圳超强进出口贸易有限公司操作部工作。公司在长沙收购了一家生产电子产品的工厂，该工厂大部分工序在国内进行，需要从国外进口部分部件，在长沙生产组装后，成品从长沙发往美国和欧洲。以前，货物都是从深圳出口，或者和深圳的部分货物一起集装后通过海运运输到美国或者欧洲，现在公司想从长沙直接发货，想了解有没有更好的、更方便的运输组织方式，运输时间、到达目的地的总成本是不是更优。

王叁昨天收到该客户的邮件，下个月需要一批产品（CHIP SHOOTER），需求数量为2880箱，收货地在意大利热那亚。要求王叁根据客户提供的信用证和贸易合同等详细信息，选择合适的运输线路，并确定集装箱数量、核算运输报价等。

视频21　国际集装箱运输需求分析

（二）运输任务分析

王叁昨天收到该客户的邮件，显示相关信息如下。

> Cargo：CHIP SHOOTER.
> Quantity：2880 cartons.
> Packing：One set in one carton，keep upright.
> Each carton：39 cm×58 cm×62 cm (LENGTH×WIDTH×HEIGHT).
> Net weight：50 kgs.
> Gross weight：55 kgs.
> Incoterms：DAP GENOA，ITALY.
> ETA：Not later than 07/11/2020，due to customer demand.
> Pick-up address：Changsha Warehouse.
> 　　　　　　　　NO.1，Guang Jiang Road，Changsha，Hunan，China

这些信息主要是货物名称、数量、尺寸、重量、目的地，预计到达时间和地点等。可以根据客户的出货特点，列出常见的运输线路，从而确定运输时间，提供基本报价表。

在工作中或者货运代理（货代）比赛场景中会增加货物种类等信息，并且会呈现一些真实的海运运费暴涨或者其他溢短装条款等信息，要求学员能根据具体的情景合理选择箱型、确定箱量，科学地装载货物。下面以2022年货运代理国赛（2022年全国职业院校技能大赛高职组"货运代理"赛项）相关题目为例，介绍整个运输的操作过程。

客户邮件中货物相关信息如下。

> Cargo & Quantity：As per attached S/C.
> Packing：
> 20 PCS GLASS INSULATOR IN ONE WOODEN CASE with 75 cm×75 cm×70 cm (L×W×H) and gross weight 230 kgs.
> 10 PCS PLASTIC INSULATOR IN ONE CARTON with 45 cm×37 cm×37 cm (L×W×H) and gross weight 14 kgs.
> Incoterms：Carriage paid to TACOMA USA.
> Pick up address：Red star Warehouse NO. 12，Wei'an Road，Anqiu City，Weifang，Shandong，China.
> Please advise the suitable shipping quantity and recommended container type/quantity，considering our customer's urgent need for the Plastic Insulator and the significantly increased freight rates during the pandemic.
> Please recommend the right voyage and offer your competitive all-in quotation with details including trailer fee and port charges at your earliest convenience.

具体的销售合同、集装箱、船公司航线运输报价、航线等基本信息如表 4-1、表 4-2、表 4-3、表 4-4 所示。其他航线信息及拖车报价情况可参见文件 15。

数字资源　文件 15
航线信息及拖车报价情况

表 4-1　销售合同样例

SHANDONG HUAXING TRADE CO. , LTD

NO. 1, Taihangshan Road, Westcoast New District, Qingdao, Shandong, China
TEL：86-532-55443388
FAX：86-532-55443399

销售合同
SALES CONTRACT

Date：Feb. 12th, 2022
No.：GFTGE22-01

The Buyer：TAKASHI GRID E-TRANSMISSION PLC LTD
NO. 2-19 Shumokucho, Higashi Ward, Yokohama, Kanagawa, Japan
The Seller：SHANDONG HUAXING TRADE CO. , LTD
NO. 1, Taihangshan Road, Westcoast New District, Qingdao, Shandong, China
This contract is made by and between the buyer and the seller, whereby the buyer agree to buy and the seller agree to sell the under-mentioned commodity according to the terms and conditions stipulated below：

续表

Name of Commodity & Specifications	Quantity	Unit Price (USD/PC)	Amount (USD)
GLASS INSULATOR 300KN, U300BP4/213HZ	1200PCS	25.8	30960.00
PLASTIC INSULATOR	7200PCS	3.2	23040.00

Total Value: USD54000.00 (SAY U.S. DOLLAR FIFTY-FOUR THOUSAND ONLY)
CPT TACOMA INCOTERMS 2020, AMOUNT & QUANTITY +/－5PCT ALLOWED.

1. Packing: GLASS INSULATOR in wooden cases & PLASTIC INSULATOR in cartons.

2. Time of Shipment: Before 18th OF MARCH, 2022.

3. Port of Loading: QINGDAO, CHINA.

4. Port of Destination: TACOMA, USA.

5. Partial shipment is Prohibited.

6. Insurance: To be covered by the buyer.

7. Payment: 100% of the total value will be paid by L/C at sight.

8. Shipping Advice: The seller shall advise by fax the buyers of the quantity, invoice value, gross weight, name of vessel and date of sailing within 2 days after the completion of the loading of the goods.

9. Inspection: The seller shall have the goods inspected by 15 days before the shipment and have the Inspection Certificate approved by buyer.

10. Arbitration: All disputes in connection with this contract or the execution thereof shall be settled in Hong Kong and local law applied.

11. Other Terms: This contract is made in two originals, one original to be held by each party. The original pieces have the same law effect to each party.

The signature of buyers
The signature of sellers

表 4-2 集装箱基本信息表

集装箱类型 CNTR TYPE	长宽高 LENGTH×WIDTH×HEIGHT (METER)	装载 PAYLOAD (M/TON)
20GP	IN-GAUGE: 5.867×2.330×2.350 OUT GAUGE: 6.058×2.438×2.591	21.00
40GP	IN-GAUGE: 11.998×2.330×2.350 OUT GAUGE: 12.192×2.438×2.591	26.82
40HQ	IN-GAUGE: 11.998×2.330×2.655 OUT GAUGE: 12.192×2.438×2.896	26.61

表 4-3 船公司航线运输报价表示例

CARRIER	SERVICE	POL	POD	O/F(USD/CONTAINER)			DOC FEE (CNY/BL)	EIR (CNY/CNTR)	AMS (USD/CNTR)	BAF (USD/CNTR)			GRI (USD/CNTR)				TELEX RELEASE (CNY/BL)
				20GP	40GP	40HQ			20GP/40GP/40HQ	20GP	40GP	40HQ	20GP	40GP	40HQ		
														40HQ	20GP	40GP	40HQ	
ONE	PN4	QINGDAO	TACOMA	2460	2850	2870	200	50	25	339	365	441	560	700	700	330
WAN HAI	NCS	QINGDAO	TACOMA	2410	2680	2900	300	50	25	320	375	500	550	710	710	350
EVERGREEN	TPN	QINGDAO	TACOMA	2450	2820	2830	200	50	25	320	385	500	600	720	730	420
OOCL	PNW3	QINGDAO	TACOMA	2300	2630	2650	400	50	25	300	350	430	480	620	620	380
OOCL	WM2+PNW2	QINGDAO	TACOMA	2430	2760	2790	300	50	25	380	420	520	550	650	650	360

1. ADD USD550/TEU ON YOUR QUOTE RATE TO CUSTOMER WHILE SHIPMENT UNDER 6TEU;
2. ADD USD450/TEU ON YOUR QUOTE RATE TO CUSTOMER WHILE SHIPMENT ABOVE OR EQUAL TO 6TEU;
3. VALID UNTIL END OF JUNE 2022. IF ANY

表 4-4 航线信息

Loading Port	Cut-off Date	Departure Date Departure Vessel Departure Voyage	Discharging Port	Arrival Date Arrival Vessel Arrival Voyage	Transit	Service	Transfer/Direct
QINGDAO	2022/03/13	2022/03/15 XINDE KEELUNG S122	TACOMA, WA	2022/04/29 NORTHERN VOLITION E015	45 days	NCS	Transfer
QINGDAO	2022/03/18	2022/03/20 WAN HAI 233 S486	TACOMA, WA	2022/04/29 NORTHERN VOLITION E015	40 days	NCS	Transfer

The estimated schedule is for reference only and may be updated or revised without prior notice.

XINDE KEELUNG S122/NORTHERN VOLITION E015						Services/ North China Service（NCS）			
Port	Arrival Voyage	ETA	Time	ETB	Time	Departure Voyage	ETD	Time	Status
QINGDAO	S122	2022/03/15	00：30	2022/03/15	09：30	S122	2022/03/15	17：30	ACTUAL
SHANGHAI	S122	2022/03/22	01：00	2022/03/22	03：00	S122	2022/03/23	01：00	ACTUAL
SHANGHAI	E015	2022/04/03	01：00	2022/04/03	—	E015	2022/04/03	01：00	ACTUAL
YOKOHAMA	E015	2022/04/06	13：30	2022/04/06	15：15	E015	2022/04/06	16：58	ACTUAL
PUSAN	E015	2022/04/08	13：30	2022/04/08	15：15	E015	2022/04/08	16：58	ACTUAL
OAKLAND, CA	E015	2022/04/24	11：42	2022/04/24	16：30	E015	2022/04/25	03：06	ACTUAL
TACOMA, WA	E015	2022/04/29	10：30	2022/04/29	15：36	E015	2022/04/29	17：06	ACTUAL

二、国际集装箱运输需求分析

（一）运输需求分析

集装箱海运或者中欧班列是国内批量货物主要的进出口运输方式。如上一节邮件中提到的货物，如果从深圳出发，运往欧洲既可以走海运也可以走中欧班列。欧洲包含两个航区，即地中海（Mediterranean）、西北欧（North-West Europe），国内很多城市都开通了中欧班列，有很多车站可以办理通往欧洲大部分腹地的业务。

如果从长沙运往欧洲，不仅可以办理从深圳等港口出发的海运业务，而且可以办理从长沙铁路货运站出发，经霍尔果斯、阿拉山口等铁路口岸到达中亚、欧洲的中欧班列业务。一般以国际标准集装箱运输为主，可以分为整箱和拼箱两种业务。

运往美国的批量货物，如果从国内内陆城市比如长沙出发，一般有两种运输方式可供选择：一种是在长沙办理铁海联运，通过一次办理、一次缴费就可以办理相关手续，承运人或者代理人会根据客户的需求去找铁路部门办理将货物运往深圳盐田或者蛇口的运输业务，同时申请海运舱位，及时对接，为客户提供最佳的运输服务；另一种是根据客户的需求，通过公路集装箱拖车或者铁路运输将货物运抵码头附近的车站，然后再将货物运到深圳港或者其他港口进行集港，通过申请合适的船公司的舱位来完成海上运输。

（二）相关基本概念

1. 国际多式联运

国际多式联运（international multimodal transport 或 international combined transport）是一种利用集装箱进行联运的运输组织方式。它通过采用海、陆、空等运输范围中两种以上的运输手段，完成国际连贯货物运输，打破了过去海、铁、公、空等单一运输方式互不连贯的传统做法，从而大大提高了运输速度，并且取得了较好的经济效益。

为适应并配合我国对外贸易运输的发展需要，我国对某些国家和地区采用国际多式联运方式。目前，我国开展的国际多式联运路线主要包括我国内地经海运往返日本内地、美国内地、非洲内地、西欧内地、澳大利亚内地等的联运线，经蒙古国或俄罗斯至伊朗的联运线，往返西欧、北欧各国的西伯利亚大陆桥联运线。西伯利亚大陆桥集装箱运输业务发展较快，我国开展西伯利亚大陆桥运输主要采用铁/铁、铁/海、铁/卡三种方式。除上述已开通的运输线路外，新的联运线路正不断发展。

20世纪60年代，国际海事委员会在起草有关国际多式联运公约草案的过程中，首次提出了"国际多式联运"这一概念，之后这一概念为《联合国国际货物多式联运公约》(以下简称《多式联运公约》)所采用并对其做出定义和解释，之后这一说法为运输业界所认同。

根据 1980 年 5 月联合国贸易和发展会议于日内瓦通过的《联合国国际货物多式联运公约》，国际多式联运是指按照多式联运合同，以至少两种不同的运输方式，由多式联运经营人（multimodal transport operator，MTO）将货物从一国境内承运货物的地点，运送至另一国境内指定交付货物的地点。这个定义有以下几层含义。

（1）必须具有一份多式联运合同。该运输合同旨在确定多式联运经营人与托运人之间权利、义务、责任与豁免的合同关系和运输性质，也是区别多式联运与一般货物运输方式的主要依据。

（2）必须使用一份全程多式联运单证。该单证应满足不同运输方式的需要，并按单一运费率计收全程运费。

（3）必须是至少两种不同运输方式的连续运输。

（4）必须是国际上的货物运输。这不仅用于区别国内货物运输，还涉及国际运输法规的适用性问题。

（5）必须由一个多式联运经营人对货物运输全程负责。该多式联运经营人不仅是订立多式联运合同的当事人，也是多式联运单证的签发人。当然，在多式联运经营人履行多式联运合同所规定的运输责任的同时，可将全部或部分运输业务委托他人（承运人）完成，并订立分运合同。但分运合同的承运人与托运人之间不存在任何合同关系。

由此可见，国际多式联运的主要特征是：由多式联运经营人与托运人签订一个运输合同，统一组织全程运输，实行一次托运、一单到底、一次收费、统一理赔和全程负责。它是一种以方便托运人和货主为目的的先进的货物运输组织形式。

2. 铁海联运

铁海联运（海铁联运）指进出口货物由铁路运到沿海海港后直接由船舶运出，或由船舶运输到沿海海港之后由铁路运出，只需"一次申报、一次查验、一次放行"就可完成整个运输过程的一种运输方式。

3. "五定"班列

货运"五定"班列，指在主要城市、港口、口岸间铁路干线上组织开行的"定点（固定装车地点）、定线（固定运行线）、定车次、定时（固定到发时间）、定价（固定运输价格）"的快速货物列车，包括集装箱"五定"班列和普通货物"五定"班列两种组织形式。

"五定"班列具有"运行高速、手续简便、运期保证、安全优质、价格优惠"五大特点和优势，实行优先配车、优先装车、优先挂运、优先放行、优先卸车、不准停车限车、不准分界口拒接、不准保留、不准中途解体、不准变更到站、严格按图行车、确保快速货物列车运输期限内直达。

4. 中欧班列

中欧班列是指按照固定车次、线路等条件开行，往来于中国与欧洲及"一带一路"沿线各国的集装箱国际铁路联运班列。目前，我国铺划了西、中、东3条中欧班列运行通道：西部通道由我国中西部经阿拉山口（霍尔果斯）出境；中部通道由我国华北地区经二连浩特出境；东部通道由我国东南部沿海地区经满洲里（绥芬河）出境。

视频22 中欧班列

2011年3月19日，首列渝新欧班列由重庆发往德国杜伊斯堡，由此揭开中欧班列发展序幕。截至2018年6月，国内中欧班列已开行城市达48个，运输网络覆盖了亚欧大陆的主要区域。截至2019年4月，运行线路达到65条，通达欧洲15个国家的44个城市，累计运送货物92万标箱。

2020年中欧班列安全、顺畅、稳定运行，开行数量逆势增长，促进了我国新发展格局的形成和国际防疫合作的推进，全年开行中欧班列1.24万列，发送113.5万标箱，分别同比增长50%、56%，综合重箱率达98.4%。年度开行数量首次突破1万列，单月开行数量均稳定在1000列以上。国内累计开行超过百列的城市增至29个，通达欧洲城市90多个，涉及20余个国家。目前，中欧班列开行范围持续扩大。

截至2021年2月27日，经满洲里和绥芬河口岸进出境的中欧班列累计达到10556列，发送货物量达到952601标箱。

2023年，中欧班列全年开行1.7万列，发送货物量190万标箱，分别同比增长6%、18%；西部陆海新通道班列全年发送货物量86万标箱，同比增长14%。

亚欧之间的物流通道主要包括海运通道、空运通道和陆运通道，中欧班列以其运距短、速度快、安全性高的特征，以及安全快捷、绿色环保、受自然环境影响小的优势，成为国际物流中陆路运输的骨干方式。中欧班列物流组织日趋成熟，班列沿途国家经贸交往日趋活跃，国家间铁路、口岸、海关等部门的合作日趋密切，这些有利条件有助于铁路进一步发挥国际物流骨干作用，对在"一带一路"倡议中将丝绸之路从原先的"商贸路"变成产业和人口集聚的"经济带"起到重要作用。

为适应中欧班列沿线各国日益增长的国际联运货物运输需要，进一步提高运输质量和效益，打造"快捷准时、安全稳定、绿色环保"的铁路国际联运货物运输品牌，铁路部门按照"六统一"，即"统一品牌标志、统一运输组织、统一全程价格、统一服务标准、统一经营团队、统一协调平台"，基于强化机制、装备保障的原则，拟定了《中欧班列组织管理暂行办法》和中欧班列品牌标志设计方案，不断优化班列组织方案。在最新的中欧班列列车运行图中，铁路部门以市场和客户为导向，从与口岸、海关作业无缝衔接入手，按班列早晨到达口岸时间倒排运行图，平均压缩国内段运行时间1天左右。同时，铁路部门进一步优化班列服务团队，提升班列服务质量，由集装箱公司全面推进中欧班列服务平台建设，设立单证中心和客户服务中心，统一向中欧班列客户提供单证服务，定点、定时向客户推送班列追踪信息，加强境内外营销组织，为客户提供优质的全程物流服务。铁路部门按照全程运行情况统一编制运行图，基本满足每天 1 列、日行 1000 千米、全程运输时间在 12 天左右的运输需求，在做好整列直达组织的基础上，逐步推进按组集结、零散中转等的运输组织方式，不断深化中欧班列建设。

为全面释放"丝绸之路"经济带物流通道的潜能，铁路部门本着贴近市场的原则，加强中欧班列的运行组织，确保列车正点运行，努力提升中欧班列运行品质；优化完善中欧班列客户服务中心工作流程和制度办法，为客户提供良好的信息查询、信息定制及推送、投诉建议受理等服务；优化完善中欧班列单证中心工作流程和质量标准，努力为客户提供优质的国际联运单证预审、制单和打单等相关服务；全面敞开为各地政府和企业提供服务，逐步扩大中欧班列市场。在既有的各地开行的中欧班列的基础上，对有运输需求的地方，只要有货源支撑，铁路部门就积极组织，不断拓展中欧班列的服务范围。

5. 集装箱的定义

集装箱由英文"container"一词翻译而来，是指采用海、陆、空不同运输方式进行联运时用以装运货物的一种容器。我国香港地区称之为"货箱"。我国台湾地区称之为"货柜"。关于集装箱的定义，国际上不同国家、地区和组织的表述有所不同。图 4-1 展示的是集装箱及装载设备。

图 4-1　集装箱及装载设备

6. 集装箱的标准

为了有效开展国际集装箱多式联运，必须加强集装箱的标准化建设，做好各行业的标准化工作。按使用范围划分，集装箱标准有国际集装箱标准、国家集装箱标准、地区集装箱标准和公司集装箱标准四种。

1）国际集装箱标准

集装箱标准化历经了一个发展过程。国际标准化组织集装箱技术委员会自 1961 年成立以来，对国际集装箱标准做了多次补充、增减和修改。现行的国际集装箱标准为第 1 系列，宽度均为 2438 mm（约 8 ft）；长度有 4 种，包括 12192 mm（约 40 ft）、

9125 mm（约 30 ft）、6058 mm（约 20 ft）、2991 mm（约 10 ft）；高度有 4 种，包括 2896 mm（约 9.5 ft）、2591 mm（约 8.5 ft）、2438 mm（约 8 ft）和小于 2438mm。

文件 16　国际第 1 系列集装箱及我国集装箱基本情况

集装箱运输最常用的是 20 ft（1C 型）和 40 ft（1A 型）的集装箱，为便于统计，国际上将 20 ft 的标准集装箱作为国际标准集装箱的数量标准换算单位，称为换算箱或标准箱，简称 TEU（twenty-foot equivalent unit）。一个 20 ft 的国际标准集装箱换算为一个 TEU。40 ft 的集装箱简称 FEU（forty-foot equivalent unit），1 FEU＝2 TEU。

不仅如此，国际标准集装箱不同型号的长度的匹配关系如图 4-2 所示。

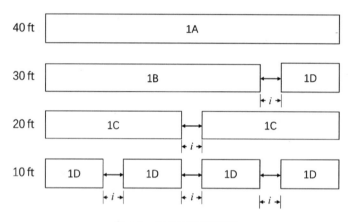

图 4-2　集装箱匹配关系

集装箱型号及尺寸包括：1A 型 40 ft（12192 mm）；1B 型 30 ft（9125 mm）；1C 型 20 ft（6058 mm）；1D 型 10 ft（2991 mm）。间距 i 为 3 in（76 mm）。

$1A=1B+i+1D=$（9125＋76＋2991）mm＝12192 mm；$1B=1D+i+1D+i+1D=$（3×2991＋2×76）mm＝9125 mm；$1C=1D+i+1D=6058$ mm。

所以任何一个国际标准集装箱都可以换算为换算箱或标准箱，即 1B（30 ft）＝1.5 TEU，1D（10 ft）＝0.5 TEU。

2）国家集装箱标准

各国政府参照国际集装箱标准并考虑本国的具体情况，制定了本国的集装箱标准。我国现行国家标准《系列 1 集装箱　分类、尺寸和额定质量》（GB/T 1413—2023）中确定了系列 1 集装箱的分类、外部尺寸和部分内部尺寸及额定质量。

3）地区集装箱标准

地区集装箱标准是由地区组织根据该地区的特殊情况制定的，此类集装箱标准仅适用于该地区。如国际铁路联盟（International Union of Railways，UIC）制定的集装箱标准。

4）公司集装箱标准

某些大型集装箱船公司根据本公司的具体情况和条件制定了公司集装箱标准，这类集装箱主要在该公司运输范围内使用，如美国海陆公司的 35 ft 集装箱。

此外，目前世界上还有不少非标准集装箱。如：美国总统轮船公司的 45 ft 及 48 ft 集装箱；非标准高度集装箱，主要有 9 ft 和 9.5 ft 两种高度的集装箱；非标准宽度集装箱，有 8.2 ft 宽的集装箱。并且，受经济效益的驱动，目前世界上长度为 20 ft、总重达 24 t 的集装箱越来越多，而且普遍受欢迎。图 4-3 展示的是 45 ft 非标准集装箱。

图 4-3　45 ft 非标准集装箱

7. 集装箱的种类

随着集装箱运输的发展，集装箱的货物品种不断增多。为了适应各种货物的特殊要求，世界各国设计制造了各种各样的集装箱，为了制造和使用上的方便，需要对集装箱进行分类。根据集装箱设计中考虑的装运货物品类的不同，可以将集装箱分为通用集装箱、冷藏集装箱、专用集装箱。

1）通用集装箱（general purpose container，GP）

通用集装箱又称杂货集装箱、干货集装箱，适用于装载对运输条件无特殊要求的各种不同规格的干、杂货，可以装载成件的集装货物，比如日用百货、食品、机械、仪器、家用电器、医药及各种贵重物品等。这类集装箱箱体一般有密封防水装置，开门形式有多种，比如一端开门、两端开门、一端或两端开门再加一侧或两侧开门、活顶等。这种集装箱使用范围极广，其数量占集装箱总数的 70%～80%。这种集装箱样式较多，使用时应注意箱子内部容积和最大负荷，常用的长度有 20 ft 和 40 ft 两种。国际标准化组织建议的标准集装箱系列，指的都是这种集装箱。

2）冷藏集装箱（refrigerated container，RF）

冷藏集装箱又可细分为通风集装箱（ventilated container）、保温集装箱

(insulated container)等。通风集装箱是一种在箱壁上开有通风口的集装箱,适用于装运不需要冷冻但有呼吸作用的水果等。保温集装箱是一种箱壁有导热率低的隔热材料,用于需要冷藏和保温的货物运输的集装箱。

冷藏集装箱是一种以干冰制冷,防止箱内温度上升,保持货物新鲜的集装箱,适用于载运水果、蔬菜等,如图4-4所示。冷藏集装箱也适用于运输冷冻货物,温度可调整到-28 ℃~26 ℃。内置式冷藏集装箱在运输过程中可随意启动冷冻机,使集装箱保持指定温度;外置式冷藏集装箱则必须依靠集装箱专用车、船和专用堆场、车站上配备的冷冻机来制冷。这种集装箱适用于在夏天运输黄油、巧克力、冷冻鱼肉、炼乳、人造奶油等物品。但是由于冷藏集装箱投资大(制造费用高于普通集装箱好几倍)、积载难、营运费用较高等,冷藏集装箱的经济效益并不一定好。此外,在实际营运过程中,冷藏集装箱的货运事故较多。导致冷藏集装箱货运事故的原因主要有两点:一是集装箱本身可能存在问题或集装箱在码头堆场存放或装卸时易出事故;二是发货人在进行装箱工作时,对箱内货物所需要的温度的把握及冷冻装置的操作缺乏足够的谨慎。尽管如此,在世界冷藏货运量中,使用冷藏集装箱方式的比重仍在不断上升,图4-5展示的是码头堆场的冷藏集装箱。

图4-4 冷藏集装箱

图4-5 码头堆场的冷藏集装箱

3)专用集装箱(special purpose container)

(1)框架集装箱(flat rack container,FR):适用于装运长大件、超重件、轻泡货、重型机械、钢材、钢管、裸装设备等重、大和形状不一的货物,如图4-6所示。

图4-6 框架集装箱

(2) 开顶集装箱 (open top container, OT): 适用于装运超高件、大件、超重件、裸装设备等重、大和形状不一的货物, 如图 4-7 所示。

图 4-7 开顶集装箱

(3) 汽车集装箱 (car container): 专门用于载运汽车的集装箱, 如图 4-8 所示。

图 4-8 汽车集装箱

(4) 散货集装箱 (bulk container): 适用于装运大豆、大米、小麦、面粉、饲料, 以及水泥、化学制品等散装粉粒状货物, 如图 4-9 所示。

图 4-9 散货集装箱

（5）动物集装箱（live stock container）：用于运输活牲畜的集装箱，如图 4-10 所示。

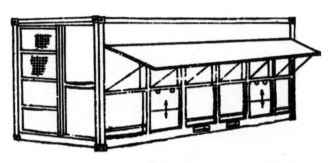

图 4-10　动物集装箱

（6）平台集装箱（plate container）：一种特殊类型的集装箱，其特点在于具有高承载能力的底板而无上部结构，如图 4-11 所示。

图 4-11　装载拖车的平台集装箱

（7）航空集装箱（air freight container）：与空运有关的集装箱，包括空运集装箱（图 4-12）和水陆空联运集装箱。

除了按照功能划分之外，集装箱也可以按照材质进行分类，现代的大型集装箱不是用一种材料制成的，而是用钢（包括不锈钢）、木材（包括胶合板）、铝合金和玻璃钢这四种基本材料中的两种及以上组合而成的。箱体的主要部件（侧壁、端壁、箱底和箱顶等）采用什么材料，就称为什么材料制成的集装箱。按材质不同，集装箱分为钢制集装箱、铝制集装箱、玻璃钢集装箱等，其中最常见的是钢制集装箱和铝制集装箱。

图 4-12　空运集装箱

此外，集装箱按总重可分为大型集装箱、中型集装箱和小型集装箱。大型集装箱是指总重在 20 t 及以上的集装箱，不过一般大型集装箱利用的都不是集装箱的装载重量，而是利用集装箱的容积，所以大型集装箱都按照其长度命名，比如 20 尺柜、40 尺柜、45 尺柜等；中型集装箱是指总重在 5 t 及以上，但小于 20 t 的集装箱；小型集装箱是指总重小于 5 t 的集装箱。中小型集装箱都是根据集装箱的装载重量来命名集装箱的，如 1 t 箱、5 t 箱、10 t 箱等。

另外，集装箱还可按装卸方式、箱主、集装箱的长度等进行分类。

8. 集装箱的标记

集装箱的标记包含箱门标记和侧壁标记。箱门标记包含集装箱箱主代号、集装箱箱号等信息，同时包含了集装箱额定质量和空箱质量等关键装箱信息；侧壁标记包含超高标记等通行标记。

1) 箱门标记

（1）集装箱箱主代号。

集装箱箱主代号由四个大写的拉丁字母组成。为了使集装箱与其他设备相区别，第四个字母表示设备识别码，其中集装箱用 U 表示，集装箱所配置的挂装设备用 J 表示，集装箱拖挂车和底盘挂车用 Z 表示。为了避免箱主代号出现重名，所有箱主在使用代号之前应向国际集装箱局（BIC）登记注册。世界主要船公司的箱主代号见表 4-5。

表 4-5 世界主要船公司的箱主代号前三位拉丁字母

中文名称	箱主代号	中文名称	箱主代号	中文名称	箱主代号
地中海航运公司	MSC	达飞轮船	CMA	日本邮船	NYK
马士基集团	MSK	赫伯罗特船务	HLC	万海航运	WHL
中远海运集团	COS	长荣海运	EMC	以星航运	ZIM
东方海外集团	OOL	阳明海运	YML	太平船务	PIL
韩国现代海运	HMM	美国总统轮船	APL	北欧亚航运	NOR

（2）集装箱箱号（顺序号）。

集装箱箱号由 6 位阿拉伯数字组成。有效数字不足 6 位时，用"0"在有效数字前补足 6 位。

（3）核对数字。

核对数字，又称校验码，用于确定集装箱箱主代号和顺序号在传输和记录时的准确性，它与集装箱箱主代号和箱号的每个字符都有直接关系。

（4）国家（地区）代号。

集装箱的国家（地区）代号用两个或三个大写的拉丁字母表示。

（5）尺寸和类型代号。

国际标准化组织规定，尺寸和类型代号由 4 个阿拉伯数字组成，前两个数字表示尺寸的特征，其中第一个数字表示集装

文件 17 主要国家和地区集装箱代号表

箱的长度,第二个数字表示集装箱的高度和有无鹅颈槽(单数为有,双数为无),具体可从尺寸代号表中查得。后两位数字表示集装箱的类型,可从类型代号表中查得。

文件 18　集装箱尺寸和类型代号表

(6) 额定质量和空箱质量。

集装箱的额定质量和空箱质量应标于箱门上,国际标准化组织要求分别用英文"MAX GROSS"(或 M. G. W.)和"TARE"表示,并且以 KG(千克)和 LB(磅)同时标记,如图 4-13 所示。

图 4-13　集装箱箱门标记

各种类型集装箱的最大总重可以参见表 4-6。对于各种型号的集装箱的最大总重,国际集装箱标准都有具体的数字规定。

表 4-6　集装箱重量表

箱型	40 ft 1AA、1A、1AX	30 ft 1BB、1B、1BX	20 ft 1CC、1C、1CX	10 ft 1D、1DX
最大总重(kg)	30480	25400	24000	10160

(7) 批准牌照。

为了简化集装箱在国际上流通的报关手续,联合国经济及社会理事会制定了《TIR 公约》(国际运输公约,transport international router),要求集装箱经检验符合规定后才允许安装批准牌照,同时在集装箱面板上以刻印或其他永久和清晰的方式标识出来。2016 年 7 月,中国道路运输协会代表中国正式加入《TIR 公约》。2019 年 6 月,中国海关总署全面实施《TIR 公约》。有 TIR 运输资质的企业可以仅凭一张单据在同样实施《TIR 公约》的国家"畅通无阻"。

相较传统的公路运输,《TIR 公约》规定的运输模式全程不倒装、不卸货,通关过程中一般不需开箱查验,免缴税金和担保金;运输过程机动灵活,还可以实现"门到门""点对点"。据测算,这种运输模式最高可节省58%的运输时间和38%的运输成本。

从事这种运输业务的承运人必须使用符合海关监管要求的车辆或集装箱装运货物,《TIR公约》对集装箱或道路车辆的标准进行了规定,每台车需具备由国家主管部门签发的有效批准证明书。

中国道路运输协会对相关的国际道路运输便利化公约做了详细介绍,帮助有需要的国际道路运输企业及上、下游企业了解并遵守相关规定。总的来讲,对货物装载室的基本要求包括如下几条:① 不留下明显的开拆痕迹,或破坏海关封志便无法从车辆已加封部分取出货物或向其中装入货物;② 海关封志可简便而有效地附加在装载室上;③ 没有可藏匿货物的隐蔽部位;④ 所有货物装载部位都要便于海关检查。

图4-14展示的是海关加封运输批准牌照。

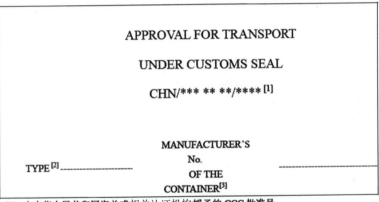

图4-14 海关加封运输批准牌照

2) 侧壁标记

为了保证集装箱能通行全国各地且顺利通过国境,必须获得各种通行证明并将其标识在集装箱上,主要标记有国际铁路联盟标记、超高标记、水陆空联运集装箱标记、安全合格牌照、检验合格标徽和农林徽等。

(1) 国际铁路联盟标记。

由于最初欧洲各国铁路车辆来往频繁,各国都有各自的规章制度,手续烦琐,为了统一各国对集装箱的技术要求、简化手续,国际铁路联盟制定了国际铁路联盟条例。后来随着各种联运以及大陆桥运输的快速发展,国际铁路联盟标记越来越重要。具体国际铁路联盟标记如图4-15所示,其中"i""C"为国际铁路联盟的法语简称,下面的数字表示国家及铁路公司代号。

(2) 超高标记。

凡高度超过2.6 m(8.6 ft)的集装箱应标出此标记。该标记为黄色底上标出黑色数字，标记的四周以黑色边框包围。此标记须贴在集装箱每侧的左下角，距箱底约 0.6 m 处，并位于集装箱主要标记的下方。图 4-16 所示是超高标记的一个示例。

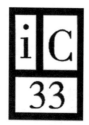 

图 4-15　国际铁路联盟标记　　　　　图 4-16　超高标记

（3）水陆空联运集装箱标记。

水陆空联运集装箱在海上运输时仅能堆码两层，因此国际标准化组织对该集装箱规定了特殊的标记。该标记为黑色，位于侧壁和端壁的左上角，并规定标记的最小尺寸为高 127 mm、长 355 mm，字母标记的字体高度至少为 76 mm。图 4-17 所示是水陆空联运集装箱标记，其含义是：在陆地上堆放时只能在其上方堆两层；在海上运输时，不能在甲板上堆放，应在舱内堆放且只能向上堆放一层。

（4）安全合格牌照。

为了保护集装箱在装卸、搬运以及运输过程中的安全，《国际集装箱安全公约》对集装箱制造和集装箱流通应具备的条件做了许多规定，只有经过检验并符合制造要求的集装箱才有权安装安全合格牌照，并且还必须在规定时间内进行维修和报废。

（5）检验合格标徽。

检验合格标徽是在对集装箱进行各项试验和检验合格后，在箱门上所贴的代表该试验和检验机关的标记。只有贴有检验合格标徽的集装箱才可以认为是 ISO 认定的标准集装箱。图 4-18 展示的是中国船级社标志。

图 4-17　水陆空联运集装箱标记　　　　图 4-18　中国船级社标志

（6）农林徽。

在澳大利亚和新西兰，为了防止虫害、病菌进入国内，所使用的集装箱必须经过消毒处理才能允许进出口。

9. 集装箱装箱方式

1) 整箱（full container load，FCL）

整箱是指货方自行将货物装满整箱以后，以箱为单位托运的装箱方式。这种装箱方式通常在货主有足够货源装载一个或数个整箱时采用，除有些货主自己置备集装箱外，一般都是向承运人或集装箱租赁公司租用一定的集装箱。空箱运到工厂或仓库后，在海关人员的监管下，货主把货装入箱内，加锁、铅封后交给承运人并取得场站收据，最后凭收据换取提单或运单。

2) 拼箱（less than container load，LCL）

拼箱是指承运人（或代理人）接收货主托运的数量不足整箱的小票托运货物后，根据货类性质和目的地进行分类整理，把去同一目的地的货集中到一定数量后再拼装入箱。由于在一个箱内不同货主的货拼装在一起，因此叫拼箱。这种装箱方式在货主托运数量不足整箱时采用。拼箱货的分类、整理、集中、装箱（拆箱）、交货等工作均在承运人所在码头的集装箱货运站或内陆转运站进行。

10. 集装箱交接方式

综观当前国际上的做法，集装箱交接方式大致有以下四类。

1) 整箱交，整箱接（FCL/FCL）

货主在工厂或仓库把装满货后的整箱交给承运人，收货人在目的地整箱接货，换言之，承运人以整箱为单位负责交接。货物的装箱和拆箱均由货方负责。

2) 拼箱交，拆箱接（LCL/LCL）

货主将不足整箱的小票托运货物在集装箱货运站或内陆转运站交给承运人，由承运人负责拼箱（stuffing）和装箱（vanning），运到目的地的集装箱货运站或内陆转运站，由承运人负责拆箱（unstuffing 或 devanning），拆箱后，收货人凭单接货。货物的装箱和拆箱均由承运人负责。

3) 整箱交，拆箱接（FCL/LCL）

货主在工厂或仓库把装满货后的整箱交给承运人，在目的地的集装箱货运站或内陆转运站由承运人负责拆箱后，各收货人凭单接货。

4) 拼箱交，整箱接（LCL/FCL）

货主将不足整箱的小票托运货物在集装箱货运站或内陆转运站交给承运人，由承运人分类调整，把同一收货人的货集中拼装成整箱，运到目的地后，承运人以整箱交货，收货人以整箱接货。

上述各种交接方式中，以整箱交，整箱接效果最好，最能发挥集装箱的优势。

11. 集装箱货物的交接

集装箱货物的交接，一般在发货人工厂或仓库（简称门，即 DOOR）、集装箱堆场（或集装箱码头堆场）（container yard，CY）或集装箱货运站（container freight station, CFS) 三个地点进行。根据贸易条件规定的交接地点的不同，集装箱货物的交接方式一般可归纳为九种，如表 4-7 所示。

表 4-7　集装箱货物交接方式

交接方式	含义
门到门（DOOR to DOOR）	从发货人工厂或仓库至收货人工厂或仓库
门到场（DOOR to CY）	从发货人工厂或仓库至目的地或卸箱港的集装箱堆场
门到站（DOOR to CFS）	从发货人工厂或仓库至目的地或卸箱港的集装箱货运站
场到门（CY to DOOR）	从起运地或装箱港的集装箱堆场至收货人工厂或仓库
场到场（CY to CY）	从起运地或装箱港的集装箱堆场至目的地或卸箱港的集装箱堆场
场到站（CY to CFS）	从起运地或装箱港的集装箱堆场至目的地或卸箱港的集装箱货运站
站到门（CFS to DOOR）	从起运地或装箱港的集装箱货运站至收货人工厂或仓库
站到场（CFS to CY）	从起运地或装箱港的集装箱货运站至目的地或卸箱港的集装箱堆场
站到站（CFS to CFS）	从起运地或装箱港的集装箱货运站至目的地或卸箱港的集装箱货运站

三、案例分析及解决思路

为了完成客户交付的任务，业务员首先要列举出所有可行的方案，如果需求明确，则可以明确出发的口岸、港口信息。目前从长沙出发的大批量国际运输方式有三种，如表 4-8 所示。考虑到集港运输的方式有公路、铁路以及水路，所以运输方案种类很多，要分别独立计算各种方式的运输时间和运价，才能确定最终方案。

表 4-8　运输方式及运输方案

序号	运输方式	运输方案
1	海运	拖车＋海运
2	海铁联运	铁路＋海运
3	中欧班列	铁路＋铁路

针对具体的业务需求，要根据运输工具的尺寸、货物的特点确定集装箱的种类和数量，一般情况下确定的方法是先判断货物属于轻泡货还是重货，考虑到 40 ft 集装箱的容积是 20 ft 集装箱的两倍，而载重量比较接近，所以轻泡货通常用大的集装箱，

重货用小的集装箱。轻泡货和重货的判断有很多种方法，比较简单的一种方法就是试算法，用 40 ft 集装箱大致计算货物的装货量，如果在基本装满的情况下，载重量还远远没有达到装载工具的载重量，那么这批货肯定是轻泡货；如果 20 ft 集装箱装载货物达到了额定质量但还没有装满，那么这批货肯定是重货；如果是其他情况，则要综合考虑。真正计算每个集装箱能装多少货物是比较复杂的事情，要采用横装、竖装、交叉装等方式去计算。

在确定具体的航线时，可以根据各个船公司的航班表，综合考虑开舱时间、截重时间、截关时间、截件时间、起始地和目的地情况、是否中转、运输时间等因素，筛选出所有可行的航线，并从中选择最优的方案（可能是报价最低，也可能是利润最高）。除了海运费之外，还有集港内陆运输费以及码头处理费、单证费等其他费用，这些都需要一起确认好后再向客户报价。

任务二　计算运输费用和设计运输方案

【任务目标】

能够根据客户需求计算和确定集装箱的类型和数量，并合理选择航线。

◆ **知识目标**：熟悉船公司的航线信息和各项报价。
◆ **技能目标**：科学选择集装箱及航线，科学地进行报价。
◆ **素养目标**：学会设计运输方案。

一、具体业务需求分析

假设某客户有一批货物从长沙发往意大利，请根据贸易术语、客户要求的收货时间、货物特点等，选择合适的航运线路，并确定集装箱的类型、数量。

具体信息如下（同前文的邮件）。

> Cargo：CHIP SHOOTER.
> Quantity：2880 cartons.
> Packing：One set in one carton，keep upright.
> Each carton：39 cm×58 cm×62 cm (LENGTH×WIDTH×HEIGHT).
> Net weight：50 kgs.
> Gross weight：55 kgs.
> Incoterms：DAP GENOA，ITALY.
> ETA：Not later than 07/11/2020，due to customer demand.
> Pick-up address：Changsha Warehouse.
> NO.1，Guang Jiang Road，Changsha，Hunan，China

二、费用计算过程及报价

（一）费用构成

国际集装箱运输费用分为海运费、内陆运输费和其他杂费。

视频23 海运费和杂费

1. 海运费（ocean freight）

海运费由船公司制定价格并收取，根据箱型不同而不同，一般分为20GP、40GP、40HQ三个报价。目前海运费一般以美元计价，海运费除了基本费用外，还有各类附加费。常见的附加费有如下几类：

（1）燃油附加费（bunker adjusted factor/fuel adjusted factor/fuel surcharge，BAF/FAF/FSC）；

（2）货币贬值附加费（currency adjustment factor，CAF）；

（3）安全附加费（security surcharge，SSC）；

（4）旺季附加费（peak season surcharge，PSS）。

2. 内陆运输费（inland charge）

内陆运输费也叫集港费，指经陆路（公路或铁路）将集装箱货物在港口与交货地之间进行运输的运费。根据集港运输方式不同，内陆运输费可以是公路拖车费、铁路集装运费、内河航运费等。

3. 其他杂费

其他杂费指的是支持运输工作顺利开展的各项工作产生的费用，包括文件费、码头作业费、订舱费、报关费、冲港费、冲关费、商检费、动植物检疫费、提货费、快递费、电放费、提单更改费等。这些费用根据具体业务不同而不同。

常见的杂费及有关规则介绍如下：

(1) 目的港提货费（destination delivery charge，DDC）；
(2) 码头装卸作业费（terminal handling charge，THC）；
(3) 始发接单费（origin receiving charge，ORC）；
(4) 拖车运费（chassis usage charge，CUC）；
(5) 空舱费（dead freight，DF）；
(6) 巴拿马运河费（Panama chanel charge，PCC）；
(7) 美国舱单系统规则（America manifest system，AMS）；
(8) 欧盟海关提前舱单规则（entry notification of summary，ENS）；
(9) 电子舱单海运系统规则（advance filing rules，AFR）；
(10) 正常费率增加（general rate increase，GRI）。

（二）报价形式

世界上大多数班轮公司的集装箱海运运价采用报价形式，其整箱货一般都采用包箱费率（box rates），这种包箱费率一般包括集装箱的海上运费与在装、卸船码头的装卸费用。

报价前要根据客户信用证及贸易合同中对时间的要求，在公司现有的合作线路里为客户找到所有合适的线路，在此基础上查询各线路的报价信息，做出初步的计划，一般是选择利润最高的航线。然后根据货物的重量和体积确定合适的箱型和箱量，考虑大小箱的性价比，一般对于轻泡型货物，优先选择大箱型。

实际业务中，国际集装箱货物运输常常委托给货代公司办理，所以给客户的价格也由货代公司完成。货代公司在计算服务过程中的全部费用后，会补充一定的利润，最后给客户报价。

（三）航线选择

海运航线的选择，需要对多个船公司进行航线分析，同时考虑开舱时间、截重时间、截关时间、截件时间，以及起始地和目的地情况、是否中转、运输时间等因素。以 2022 年货运代理国赛相关考题为例，对各合作船公司进行航线分析后，筛选出所有从青岛港到塔科马的航线，其中四条可以满足要求，通过对四家船公司的报价分析就可以找到各种集装箱海运费最低的报价。此外，还有内陆运输费用以及其他杂费，这些信息需要一起整理好后再向客户报价。所以报价的时候要考虑总价格最低还是海运费最低的问题，一般情况下以海运费最低为重要的选择条件。

航线中常见标识含义介绍如下。
① port of loading：装货港。
② port of discharge：卸货港。
③ place of delivery：交货地。
④ place of receipt：收货地。
⑤ fortnight sailing：双周班。
⑥ bi-weekly sailing：周双班。

⑦ monthly sailing：每月班。

⑧ on-schedule arrival/departure：准班抵离。

⑨ estimated (expected) time of arrival，ETA：预计到达时间。

⑩ estimated (expected) time of berthing，ETB：预计靠泊时间。

⑪ estimated (expected) time of departure，ETD：预计离泊时间。

⑫ closing date：截止申报时间。

⑬ cut-off time：截关日。

⑭ the sailing schedule/vessels are subject to change without prior notice：船期/船舶如有变更将不做事先通知。

表4-9展示的是符合客户需求的航线清单。

表4-9 符合客户需求的航线清单示例

ITEM	VESSEL NAME / VOY NO.	ETD POL	ETA POD	CARRIER/ SERVICE
1	XINDE KEELUNG S122/ NORTHERN VOLITIONE015	2022/3/15	2022/4/29	WANHAI /NCS
2	HYUNDAI TOKYO/0133E	2022/3/12	2022/3/31	ONE/PN4
3	APL SUMMIT 0351-103E	2022/3/14	2022/4/7	APL/TPN
4	EVER ETHIC 0347E	2022/3/14	2022/4/7	PNW3

表4-10是选择的最优航线及原因。根据销售合同和邮件中运输时间、装货港、交货地以及其他运输需求方面的信息，共有四条线路能满足这些基本条件，通过计算和分析这四条线路的所有费用，我们认为东方海外船公司的线路价格是最低的。

表4-10 最优航线及原因

CARRIER/ VESSEL NAME/ VOYAGE	OOCL/ EVER ETHIC 0347E
SERVICE	PNW3
CALL AT	Tianjin, Busan, Yokohama, Oakland
TRANSIT TIME (DAYS)	23
REASON FOR CHOICE	According to the sales contract and E-mail requirement, I know the below information： 1. Time of Shipment：Before 20th of March, 2022. 2. Port of Loading：QINGDAO, CHINA. 3. Port of Destination：TACOMA, USA. 4. Partial shipment is prohibited. 5. Cargo ready day：12th, March. Considering the CY cut-off time (from schedule), there are 4 routes including. Considering the costs of the four routes, including ocean freight, DOC fee, EIR fee, JPCIC surcharge, BAF, GRI, AMS, the price of the OOCL shipping company is the lowest.

项目四 国际集装箱运输需求及运输方案

三、计算并报价

（一）计算思路

集装箱箱型、箱量确定是集装箱运输最为重要的决策，需要根据货物的实际情况，经过核算合理选择集装箱。箱量计算需要的基础数据是集装箱的尺寸、配载信息、货物的尺寸和重量。注意，核算装载货物使用的集装箱尺寸是内部尺寸，一般 20 ft 集装箱的内部尺寸是 5.867 m×2.33 m×2.35 m，配载是 21 t；40 ft 集装箱的内部尺寸为 11.998 m×2.33 m×2.35 m，配载 26.82 t。从以上数据我们可以看出，20 ft 集装箱和 40 ft 集装箱在容积上相差一倍，但是它们的载重量差异较小，相差仅约 6 t，载重增量只有 27.7%。同时，运费差异也不是特别大，因此，一般 40 ft 以及更大的集装箱更适合装载轻泡货，20 ft 集装箱更适合装重货。

集装箱的数量核算比较复杂：如果箱内只装一种货物，该货物运输规定其方向不能翻转，那么就可以采用横装、竖装、交叉装等方式去计算集装箱内每一排能装的货物箱数，然后用总长度除以货物的长或者宽，核算利用箱内剩余空间能装的箱数，最后从高度上计算能装的层数。

货物通常可用托盘装进集装箱。一般 20 ft 集装箱单层可以装载 10 个 1000 mm×1200 mm 的托盘，11 个 800 mm×1200 mm 的托盘；一般 40 ft 集装箱单层可以装载 20 个 1000 mm×1200 mm 的托盘，23 个 800 mm×1200 mm 的托盘。

如果在集装箱内混装两种货物，就需要仔细分析是分开装合适还是拼装合适。可以按照单装和拼装的方案分别计算并确定哪个方案效率高；或者在一种货物数量限制的情况下，分析哪种方式才能装更多的其他货物；我们还可以利用装箱软件等工具计算配装。

以 2022 年货运代理国赛相关考题为例，经过我们初步估算，发现一个 40HQ 的集装箱不能完全装下货物，通常情况下就要选择 20GP 和 40GP 的集装箱各一个，但是考虑到昂贵的海运费，以及合同上可以微调数量的条件（溢短装条款），仍然可以选择 40HQ 的集装箱并减少部分货物来实现装载。通过比较货物的优先性可以看出，PLASTIC INSULATOR 货物急需优先发货；GLASS INSULATOR 货物可以减少 10% 的交货，所以按照 GLASS INSULATOR 货物的最小数量 54 箱（60 箱×90%）进行预装设计，其他空间全部留给 PLASTIC INSULATOR 货物，PLASTIC INSULATOR 的需求数量为 720 箱，如果最后计算的运输数量在总需求的 90%～110%，则都是合理的，不过前提条件是不能超过集装箱的载重量。

（二）计算过程

根据集装箱内部尺寸（长为 11998 mm，宽为 2330 mm，高为 2655 mm）和货物尺寸的关系，可计算每排装

视频 24　集装箱箱量计算

GLASS INSULATOR（长为 750 mm，宽为 750 mm，高为 700 mm）的数量。按集装箱内的宽计算，2330 除以 750，取整为 3；按集装箱内的长计算，11998 除以 750，取整为 15，共计可以装 15 排，还剩 748 mm，如图 4-19 所示。所以第一层可以装载 45 箱 GLASS INSULATOR，剩余 9 箱未装载。此时按 2 层 3 排装的区域，高度剩余：（2655－700×2）mm＝1255 mm；按 1 层 12 排装的区域，高度剩余：（2655－700）mm＝1955 mm；靠近箱门区域高度剩余 2655 mm（宽度剩余 748 mm）。

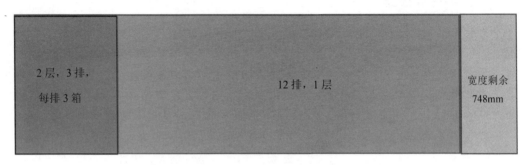

图 4-19　两种货物装载示意图

第二种货物（长 450 mm，宽 370 mm，高 370 mm）可以按照（5×370＋450）mm＝2300（mm）的形式并排装，一直装到箱门。

因此，按上图从左往右三个区域可以分别装载的箱数如下（以下计算都取整）。

1 区：2330 mm×2250 mm×1255 mm，（2250/450）排＝5 排，（2250/370）排＝6 排，（1255/370）层＝3 层，码放［（5×5+6）×3］箱＝93 箱。

2 区：2330 mm×9000 mm×1955 mm，（9000/450）排＝20 排，（9000/370）排＝24 排，（1955/370）层＝5 层，码放［（5×20+24）×5］箱＝620 箱。

3 区：2330 mm×748 mm×2655 mm，（748/370）排＝2 排，（2330/450）排＝5 排，（2655/370）层＝7 层，码放（2×5×7）箱＝70 箱。

总计：（93＋620＋70）箱＝783 箱，其总重量（230 kg×54＋14 kg×783＝23382 kg）不超过额定载重，方案可行。

（三）原因分析

根据上面的分析和计算过程，选用一个 40HQ 的集装箱最为合适，参考理由如下。

As the email mentioned "rocket higher freight under pandemic", for reducing the freight, the number of containers used shall be minimized as much as possible on the premise of meeting the basic requirements of customers. According to the packing list and sales contract, there are 60 GLASS INSULATOR（230 kgs per carton）and 720 cartons PLASTIC INSULATOR（14 kgs per carton）. The total gross weight is 230 kgs×60＋14 kgs×720＝23880 kgs（23.88 t）. The 40'HQ（Payload is 26.61 t）can load these cargos, but the volume is too small to load these cargos.

As the sale contract mentioned "AMOUNT & QUANTITY +/－5PCT ALLOWED", also considering customers urgent need of PLASTIC INSULATOR, GLASS INSULATOR can load 54 cases (60－60×10%) at least, then the 40'HQ remaining space can load 783 cartons PLASTIC INSULATOR. The amount of cargos met the requirement of the contract.

Considering the 40'HQ limit weight. 54 wooden cases and 783 cartons less than the limit weight. So choose one 40'HQ.

译文：

邮件中提到"疫情期间运费高涨"，为了降低运费，在满足客户基本要求的前提下，应尽量减少使用的集装箱数量。根据装箱单和销售合同，有60箱 GLASS INSULATOR（230 kg/箱）和720箱 PLASTIC INSULATOR（14 kg/箱）。总毛重为230 kg×60＋14 kg×720＝23880 kg（23.88t）。40HQ的集装箱（载重为26.61t）可以装载这些货物，但体积太小无法装载这些货物。

销售合同提到"数量和金额允许有10%的增减"，同时考虑到客户对 PLASTIC INSULATOR 的急需，GLASS INSULATOR 至少可以装载54箱（60－60×10%），因此，40HQ的集装箱的剩余空间可以装载783箱 PLASTIC INSULATOR。货物的数量满足了合同的要求。

考虑到40HQ的集装箱的限重，54个木箱和783个纸箱的总重量没有超过限重，因此选择使用一个40HQ的集装箱。

（四）报价

该客户的费用包含1个40HQ的集装箱的海运费、燃油附加费、文件费、EIR费，等等，详见表4-11。要注意的是，有些费用是按箱型、箱量收费的，比如海运费；有些是按单收费的，比如文件费等，要注意分清，同时要考虑按照船公司、内陆、其他情况等三个方面列举费用，尽量分列有无利润两种方案。至此，案例中的任务圆满完成。

表4-11　最终报价格式

ITEMS	UNITS	UNIT PRICE	TOTAL (CNY)	REMARK
1. OCEAN TRANSPORT				
OCEAN FREIGHT	40HQ	USD 2650＋1100	24000	
DOC FEE	BILL	CNY 400	400	
EIR	CNTR	CNY 50	50	
AMS	40HQ	USD 25	160	

续表

ITEMS	UNITS	UNIT PRICE	TOTAL (CNY)	REMARK
BAF	40HQ	USD 430	2752	
GRI	40HQ	USD 620	3968	
SUB TOTAL		CNY 31330		
2. INLAND CHARGE				
TRAILER FEE	40HQ	CNY 1420	1420	
SUB TOTAL		CNY 1420		
3. PORT CHARGES & CUSTOMS SERVICE				
CUSTOM CLEARANCE FEE	BILL	CNY 200	200	
THC	40HQ	CNY 1200	1200	
VGM	CNTR	CNY 150	150	
SEAL FEE	CNTR	CNY 100	100	
SUB TOTAL		CNY 1650		
TOTAL		CNY 34400		

任务三　熟悉运输流程及单证

【任务目标】

掌握国际集装箱运输业务流程和主要的单证。

◆ 知识目标：熟悉集装箱进出口业务流程及各个参与方的工作任务和工作过程。

◆ 技能目标：学会认识各类集装箱进出口单证。

◆ 素养目标：了解我国海运企业的发展。

一、集装箱进出口单证

（一）集装箱出口货运主要单证

1. 集装箱货物托运单（shipper's letter of instruction）

集装箱货物托运单（简称托运单）是指由托运人（发货人或货运代理人）根据买卖合同和信用证的有关条款规定，向承运人或其代理人办理货物运输的书面凭证。托运单的主要内容应包括：卖方信息，包括发货人的姓名、地址和电话；买方信息，包括收货人的姓名、地址和电话。收货人信息要按信用证和提单上的条款的具体规定填写。若提单为记名抬头，应直接填写进口商的名称；若提单为指示抬头，如 TO ORDER、TO ORDER OF SHIPPER、TO ORDER OF THE COLLECTING BANK 等，应严格按照提单条款填写。此外，还需明确装运港、目的港、装船期限、能否分运或转运、船名等信息，详细列出货物名称、重量、尺码、件数、包装式样、标志及号码等。

托运单一般由托运人填写，也可以由货代公司或者船公司代填，但是需要客户签字，承担委托方责任。货代公司或者船公司收到托运单后进行上述信息的审核，确保不缺少信息，避免信息错误。图 4-20 展示的是集装箱货物托运单样例。除了托运单外，很多船公司也会使用订舱委托书（图 4-21）来进行订舱。

2. 订舱单（booking note）

货代公司接受委托后，根据货主提供的销售合同或者信用证条款规定，向船公司或者其代理人进行订舱，确认订舱单（发放订舱确认单）。该单证一经承运人确认，便作为承、托双方订舱的凭证。订舱单样例如图 4-22 所示。通常，对于批量较小的集装箱货物可填写托运单，直接向船公司或其代理人或其他运输方式的经营人办理托运手续。而对于批量较大的集装箱货物，一般都通过船公司或其代理人订舱，取得订舱单办理托运手续。

通常订舱单的主要内容有：托运人名称，收货人名称；货名、件数、包装式样、标志、重量、尺码；目的港或目的地；装运期限；结汇期限；能否分批运输、转船运输；对签发提单的要求；等等。

3. 配舱回单（booking receipt）

配舱回单也叫放舱单，是承运人或代理人接收托运货物、配妥舱位并在托运单上签章后退回给托运单位的单据，是场站收据之一。样例如图 4-23 所示。

货物托运单

航名/航次：_____ 截关日期：_____ 订舱号：_____
运输条款： □ CY/CY   □ CY/DOOR   □ DOOR/CY   □ DOOR/DOOR
装箱地点：_____
装箱时间：_____ 联系人/电话：_____
装货港：_____ 中转港：_____ 卸货港：_____
托运人：_____

收货人：_____

通知方：_____

唛头	货名	件数	重量（千克）		体积（立方米）
			净重	毛重	
合计箱数/箱型					

托运人同意支付运输费用	海运费	□预付 □到付	托运人签名（盖章）
	陆运费	□预付 □到付	
	报关费	□预付 □到付	
	码头费	□预付 □到付	
	其他	□预付 □到付	
	包干总计	□预付 □到付	日期
特约事项			

图 4-20 集装箱货物托运单样例

订舱委托书			
班列号		订舱客户	
起运站		目的站	箱型/箱量
发货人（中英文）			
收货人（中英文）			
委托人			
货物中文品名		货物件数/包装方式	
货物英文品名		货物毛重/体积	
COC/SOC		提箱地	
预计提空箱时间		还箱地	
是否委托DSF代理境内拖车		是否委托DSF代理境外送货	
境内提货地址			
订舱费用及特殊要求			
委托联系人/电话		受托联系人/电话	
委托人签字盖章			
委托条款：			

图 4-21 订舱委托书样例

FAX BOOKING TO: (0755)6694138

Shipper Address Tel.	深圳赤灣國際貨運代理有限公司 CHIWAN INTERNATIONAL FREIGHT AGENCY CO., LTD. 深圳赤灣港務辦公樓 501# 5/F, CHIWAN HARBOUR BUILDING, CHIWAN, SHENZHEN. TEL: 6851798, 6694967　FAX: 6694138
Consignee	訂艙單 SHIPPING ORDER
Notify party	Export License No. Consol Code No.　Booking No. S/O No.　B/L No.

		Prepaid ☐	Collect ☐
Intended Vessel	Voy.No.	Port of Loading	Port of Discharge
Place of Delivery			Number of Bs/L Signed

Marks & Nos.	No. of Packages	Description of Goods	Gross Weight	Measurement	F.O.B. Value HK$

(ABOVE PARTICULARS DECLARED BY SHIPPER)

This shipping order, unless explicitly agreed, is only applicable for non-dangerous cargo. Neither the carriers nor its Agents will accept any liability for the consequences of cargo being shut out. Carriage of cargo is subject to the terms and conditions of the carrier's Bill of Lading, details can be obtained by written request. The using of this shipping order to deliver cargo/container to the carrier's Custody implies shipper agreed to the terms and conditions of the Carrier's Bills of Lading.

Acknowledgment of Booking only

FOR CHIWAN INTERNA TIONAL FREIGHT AGENCY CO., TD.

....

Agents

DATE AT SHENZHEN..

图 4-22　订舱单样例

海运集装箱货物出口配舱回单

D/R No. (编号): JH-FLSBL01

Shipper (发货人):
GOLDEN SEA TRADING CORP.
8TH FLOOR, JIN DU BUILDING
277 WU XING ROAD,
NANJING, CHINA

Consignee (收货人):
TO ORDER

Notify Party (通知人):
F.L.SMIDTH & CO. A/S
77, Vigerslev Alle, DK-2500 Valby
Copenhagen Denmark

配舱回单

Pre-carriage by (前程运输)	Place of Receipt (收货地点)		
Vessel (船名) YI XIANG	Voy. No. (航次) V307	Port of Loading (装货港) SHANGHAI	
Port of Discharge (卸货港) COPENHAGEN	Place of Delivery (交货地点)	Final Destination for the Merchants (目的地)	

Container No. (集装箱号)	Seal No. (封号) / Marks & Nos. (标志与号码)	No. of containers or p'kgs (箱数或件数)	Kind of Packages; Description of Goods (包装种类与货名)	Gross Weight 毛重(公斤)	Measurement 尺码(立方米)
32345100					
32345101					
32345102	FLS				
32345103	603	1200 CTNS	FOREVER BRAND BICYCLE	39600	547.200
32345104	COPENHAGEN				
32345105	1-1200				
32345106					
32345107					
32345108					
32345109					

TOTAL NUMBER OF CONTAINERS OR PACKAGES (IN WORDS) 集装箱数或件数合计(大写): SAY TEN CONTAINERS ONLY

Freight & Charges (运费与附加费)	Revenue Tons (运费吨)	Rate (运费率)	Per (每)	Prepaid (运费预付)	Collect (到付)
TOTAL USD 39350.00		3935	10		

Ex.Rate (兑换率)	Prepaid at (预付地点)	Payable at (到付地点)	Place of Issue (签发地点) SHANGHAI
	Total Prepaid (预付总额) TOTAL USD 39350.00	No. of Original B(s)/L (正本提单份数) THREE	

Service Type on Receiving	Service Type on Delivery	
CY	CY	
可否转船: YES	可否分拨: YES	
装期: 2006-05-15	卸期: 2006-06-05	
金额: US$82,200.00		COCSCO SHANGHAI SHIPPING CO.,LTD.
制单日期: 2006-5-7		

图 4-23 放舱单（配舱回单）样例

放舱单的流转过程为：承运人或其代理人在接收托运货物后，将确定装载的船舶名称、目的港和顺次编号填入配舱回单，然后发给托运人填写，完成后交回承运人或其代理人并由承运人或其代理人签章。

4. 装货清单（loading list）

装货清单是由承运人或其代理人根据所有装货单留底，将全船待装货物按目的港和货物的性质归类，依航次、靠港顺序排列编制的货物总明细表。装货清单可以包括装货单编号、货名、件数、包装形式、估计尺码、特殊货物的装运要求等。

5. 装箱单（container load plan，CLP）

装箱单是详细记载每一个集装箱内所装货物的名称、数量及箱内货物积载顺序的单证，样例如图 4-24 所示。由于装箱单是详细记载箱内所载货物情况的唯一单证，因此在国际集装箱运输中，装箱单是一张极为重要的单证。其功能主要体现在以下几个方面：

图 4-24 装箱单样例

（1）在装货地点，作为向海关申报货物出口的代用单据；
（2）作为发货人、集装箱货运站与集装箱码头堆场之间的货物交接单；
（3）作为承运人通知集装箱内所装货物的明细表；
（4）在卸货地点作为办理集装箱保税运输手续的单据之一，并据此安排拆箱作业；
（5）装箱单上所记载的货物信息与集装箱的总重量是计算船舶吃水差和稳定性的基本依据。

由此可见，装箱单记载内容的准确性，对保证集装箱货物运输的安全有着非常重要的意义。在整箱货的情况下，装箱单由货主缮制；在拼箱货的情况下，装箱单则由集装箱货运站缮制。装箱单上所记载的货运资料必须与订舱单及场站收据上所记载的内容一致。

6. 集装箱发放通知单（container release order）

集装箱发放通知单又称空箱提交单，是船公司指示集装箱堆场将空集装箱及其他设备提交给本单持有人的书面凭证。在集装箱运输中，通常由船公司提供空集装箱，借给发货人或集装箱货运站，发货人或集装箱货运站将货物装箱。考虑到集装箱的造价和安全，船公司根据订舱单向发货人或集装箱货运站签发集装箱发放通知单，并通知集装箱堆场。在发货人或集装箱货运站向集装箱堆场提出使用空箱申请时，须出示这一单证。集装箱堆场只向持有本单证的人发放空箱。

7. 设备交接单（equipment interchange receipt，EIR）

设备交接单是集装箱进出港区、场站时，用箱人、运箱人与管箱人或其代理人之间交接集装箱及机械设备的凭证。当集装箱或机械设备在集装箱的码头堆场或货运站借出或回收时，由码头堆场或货运站制作设备交接单，经双方签字后，作为两者之间设备交接的凭证。

通常，不论空、重集装箱，在进出集装箱场站时，由集装箱场站业务人员同用箱人或运箱人对照设备交接单的内容对集装箱及机械设备进行检查，代表集装箱的所有人和使用人在设备交接单上签字。如果发现集装箱或机械设备有异常状况，则应将异常状况记入设备交接单。设备交接单有三联，除船舶代理人留底外，集装箱场站与用箱人或运箱人各执一份。

设备交接单分进场（IN）和出场（OUT）两种，交接手续均在集装箱装卸作业区的入口办理。当集装箱出场时，集装箱场站业务人员与用箱人或运箱人共同审核设备交接单上的如下内容：

（1）用箱人名称；
（2）出场时间、地点、出场目的；
（3）所卸船舶的船名、航次；
（4）集装箱箱号、铅封号、箱型、类型，空箱还是重箱；
（5）集装箱箱体及有关机械设备的状况，正常还是异常。

设备交接单的背面条款主要包括以下内容。

文件 19　集装箱设备交接单出场和进场

1）出租人（集装箱所有人）的义务

集装箱或机械设备的所有人应提供完好的，并具有合格、有效证书的集装箱和机械设备。当交接集装箱、机械设备时，如用箱人、运箱人无异议，则表示该集装箱或机械设备处于良好状态。

2）用箱人的责任与义务

用箱人在接收集装箱或机械设备后，在其他使用期应保持集装箱、机械设备的状态良好，并负责对该集装箱和机械设备进行必要的维修保养。在用箱期间，不论是何种原因引起的有关集装箱或机械设备的丢失、损坏，用箱人承担赔偿责任，自然磨损除外。此外，对于在用箱期间，因使用集装箱或机械设备不当所引起的对第三者的损害责任，用箱人承担赔偿责任。

用箱人应在规定的时间、地点，将集装箱或机械设备按租赁时的状况交还给出租人，无论是何种原因引起的延期交还，用箱人应支付附加费用。此外，用箱人在事先得到出租人允许的情况下，可以将集装箱或机械设备转租给第三方，但原出租人与用箱人之间的责任、义务等各项规定并无任何改变。

8. 场站收据（dock receipt，D/R）

场站收据又称港站收据或码头收据，是指船公司委托集装箱堆场、集装箱货运站或内陆站在收到整箱货或拼箱货后，签发给托运人证明已收到货物，托运人可凭此换取提单或其他单证的收据。图4-25展示的是场站收据样例。

场站收据一般都由发货人或其代理人填制，并跟随集装箱货物一起送至集装箱的码头堆场，由接收货物的业务人员签字后交还发货人或其代理人，接收货物的码头堆场业务人员在签署场站收据时，应仔细核对收据上所记载的内容，确认其与该集装箱货物的实际情况一致，如不一致，则必须修正；如发现箱子货物有损伤情况，则一定要在收据的备注栏内加以批注。需要注意的是，码头接收的货物应是已报关的货物。

场站收据是集装箱运输专用出口单证，其格式和内容无论是在国际口岸还是在国内口岸都基本相同，有些不同的是使用的联数差异，较多的口岸使用十联作为标准。

进码头堆场时，码头堆场的工作人员与用箱人、运箱人共同审核的场站收据上的信息主要有：

（1）集装箱、机械设备归还日期、时间；
（2）集装箱、机械设备归还时外表状况；
（3）集装箱、机械设备归还人名称、地址；
（4）整箱货交箱货主名称、地址；
（5）进码头堆场的目的；
（6）拟装船舶的船名、航次、航线、卸箱港。

出码头堆场时，码头堆场的工作人员与用箱人、运箱人共同审核的场站收据上的信息主要有：

（1）用箱人名称、地址；
（2）出场时间、日期、地点、目的；
（3）集装箱的箱号、规格、铅封号、空箱还是重箱；
（4）机械设备是否正常。

9. 提单（bill of loading，B/L）

提单（图4-26）是由集装箱运输经营人或其代理人在收到或接管货物后签发给发货人或托运人的一种凭证，是证明运输物品已被接收或装船，进行海上运输后，在指定港口把货物交给准确的提单持有人的一种有价证券。集装箱提单体现了所记载货物的权益归属，通常通过背书的方式流通，是押汇票据的主要附属单据，分为装货提单和收货待运提单。提单具有以下几个方面的作用及法律效力。

港 站 收 据

Shipper（发货人）		D/R No.（编号）
Consignee（收货人）		
Notify party（通知人）		

港站收据
DOCK RECEIPT
ISSUED BY CY/CFS TO SHIPPERS OR THEIR AGENTS

Pre-carriage by（前程承运人）	Place of Receipt（收货地点）
Ocean Vessel（船名） Voy. No.（航次）	Port of Loading（装货港）
Port of Discharge（卸货港）	Place of Delivery（交货地点）	Final Destination for the Merchant's Reference（目的地）

Particulars Furnished by merchnats（托运人提供详细概况）	Container No.（集装箱号）Marks & Nos.（标记与号码）	Seal No（铅封号）	No. of containers or p'kgs.（箱数或件数）	Kind of Packages; Description of Goods（包装种类与货名）	Gross Weight（毛重千克）	Measurement 尺码（立方米）
	TOTAL NUMBER OF CONTAINERS OR PACK-AGES (IN WORDS) 集装箱数或件数合计（大写）					

FREIGHT & CHARGES（运费与附加费）	Revenue Tons（运费吨）	Rate（运费率）	Per（每）	Prepaid（运费预付）	Collect（到付）
Ex. Rate：（兑换率）	Prepaid at（预付地点）	Payable at（到付地点）	Place of Issue（签发地点）		
	Total Prepaid（预付总额）	No. of Original B(s)/L（正本提单份数）			

Service Type on Receiving ①-CY ②-CFS, ③-DOOR	Service Type on Delivery ①-CY ②-CFS, ③-Door	Inland Carrier's Name at port of Discharge
TYPE OF GOODS（种类）	☐Ordinary（普通），☐Reefer（冷藏），☐Dangerous（危险品），☐Auto（裸装车辆）	Reefer - Temperature Required（冷藏温度） ：℉：℃
	☐Liquid（液体），☐Live Animal（活动物），☐Bulk（散货）	Dangerous - Lable（标记）Classification（分类）

AUSTRALIAN DEPARTMENT OF HEALTH, QUARANTINE DECLARATION 1. Wooden crates, cases: 　☐not used（未用过）☐treated（已处理） 　☐not treated（未处理） 2. Timber pallets, dunnage: 　☐not used（未用过）☐treated（已处理） 　☐not treated（未处理） 3. Straw packing and/or rice hulls and/or similar packing material: 　☐not used（未用过）☐used（用过） Certificates and/or declaration for treatment will be forwarded by the shipper to consignee with invoice or shipping documents. 　　　Signed _____ 　　　　　by or on behalf of shipper	Received by the Carrier the Total number of containers or other packages or units stated above to be transported subject to the terms and conditions of the Carrier's regular form of (Combined Transport) Bill of Lading, which shall be deemed to be incorporated herein. Date：　　／　　／

图 4-25　场站收据样例

图 4-26 提单样例

1）集装箱提单一经签发就意味着风险转移到承运人

集装箱提单一经签发就意味着风险转移，表明集装箱运输经营人确认提单中所列货物已处于其掌管之下。因此，集装箱提单是证明集装箱运输经营人收到所确认货物的收据。其签发人将凭此提单向发货人或托运人收取运费，并按照提单中有关条款规定，承担责任并完成集装箱货物的运输。所以，集装箱提单还是集装箱运输经营人与发货人或托运人之间运输契约的证明。

2) 集装箱提单是代表货物所有权的凭证

收货人或该提单的合法持有人有权凭提单向集装箱运输经营人提取货物。因此，可以在集装箱货物运达目的地交货之前办理转让，或凭此向银行办理抵押贷款。

10. 载货清单

载货清单又称集装箱舱单，是一份按卸货港顺序逐序逐票列明全船实际载运集装箱及其货物的汇总清单。它是在集装箱及其货物装船完毕后，由船公司或其代理公司根据场站收据、核对理货报告单编制而成的，编制完成后还需送交船长签字确认。载货清单应逐票标明货物的具体情况，如提单号、标志、货名、件数、重量、收货人、发货人，以及集装箱箱号、铅封号等信息，除此以外还应填写船名、航次、国籍、装货港、卸货港、开航日期等内容。

载货清单是国际航线集装箱船舶使用的一份十分重要的单证，它是船舶向出境地海关和进境地海关办理报关手续的单证，也是海关对出口船舶所载货物出国境进行监督管理的单证。如果集装箱船舶货舱内所装载的集装箱及其货物在载货清单上没有列明，海关可按走私论处，有权依据《海关法》进行处理。另外，载货清单也是船舶载运所列集装箱及其货物的证明，是随船单证之一。

文件 20　集装箱载货清单、危险品清单等

11. 出口载货运费清单（export freight manifest，F/M）

出口载货运费清单简称运费清单，它是由船公司在装货港的代理人按卸货港及提单顺号所列的船舶装载货物应收运费的明细表。该单证是说明船公司营运业务的主要资料，其内容除载货清单上的信息外，还增加了计费吨、运费率、预付或到付运费等信息。

12. 危险品清单（dangerous cargo list）及危险货物集装箱装箱证明书（container packing certificate for dangerous cargo）

在承运危险货物时，承运人往往要求所运危险货物除了在列入装货清单时于备注栏内注明货物有关的特殊性外，还要求货物托运人或发货人填制危险品清单。装船时应根据港口规定，有关部门对其进行监督。危险品清单一般须记载以下主要内容：托运人的姓名、地址；收货人的姓名和地址；危险品货物的分类、项目、品名；件数、总量和容积；集装箱积载的箱位等。集装箱装运危险货物时，根据《国际海运危险货物规则》的规定，还应填写危险货物集装箱装箱证明书，并向有关监管部门申报。

（二）集装箱进口货运主要单证

集装箱进口货运单证主要有提货通知书、到货通知书、提货单、交货记录等。

1. 提货通知书（delivery notice）

提货通知书是船公司卸货港的代理人向收货人或通知人发出的船舶预计到港时间的通知。提货通知书的目的在于要求收货人事先做好提货准备，以便集装箱货物到港后能尽快运出港，避免货物在港口、堆场积压，使集装箱堆场能更充分地发挥中转、换装作用，集装箱能更快地周转，实现充分利用。

2. 到货通知书（arrival notice）

到货通知书是卸货港的船公司的代理人在集装箱卸入集装箱堆场，或移至集装箱货运站，并办好交接准备后，以书面形式向收货人发出的要求收货人及时提取货物的通知，样例见图4-27。

3. 提货单（delivery notice）

提货单是收货人凭正本提单向承运人或其代理人换取的可向港区、场站提取集装箱或货物的凭证，也是承运人或其代理人对港区、场站放箱交货的通知，样例见图4-28。提货单仅仅是作为交货的凭证，并不具备像提单那样的流通性。

在集装箱进口货运业务中，提货单的主要流转程序如下。

（1）船舶代理人在收到进口货物单证资料后，在规定时间内向收货人或通知人发出第一联"到货通知书"。

（2）收货人收到"到货通知书"后，凭正本提单和到货通知书向船公司代理人换取其余几联。其中，"提货单"只有经船公司代理盖章确认后才有效。

（3）收货人或其代理人持"提货单"在海关规定的期限内备妥报关资料，向海关申报。海关验放后在提货单规定的栏目内加盖放行章。如货物进口还要办理其他手续的，收货人或其代理人还应办理其他有关手续并取得有关部门盖章放行许可。

（4）收货人或其代理人凭海关等有关部门盖章放行的"提货单""费用账单""交货记录"联，向场站或港区的业务部门申请提货作业计划。场站或港区业务部门核对收货人或其代理人所出示的"提货单"是否有效及有关放行章后，将"提货单""费用账单"留下，作为放货、结算费用及收费依据。

（5）收货人或其代理人凭港区或场站已盖章的"交货记录"到港区堆场或仓库提取货物，提货完毕后，提货人应在规定的栏目内签名，以示确认提取的货物无误。"交货记录"上所列货物全部提取完毕后，场站或港区应收回"交货记录"。

此外，如收货人要求更改提单上原指定的交货地点，船公司或其代理人应收回全部的正本提单后，才能签发提货单。

4. 交货记录（delivery record）

交货记录是集装箱码头堆场和集装箱货运站向收货人或其代理人交货的凭证，是证明船公司责任终止的重要单证，样例见图4-29。交货记录通常在签发提货单的同时交给收货人或其代理人，而后通过提货、交货，由收货人和承运人所委托的集装箱堆场或集装箱货运站的经营人共同签署。交接货时，应检查货物件数和外表状况，若发现任何损坏、丢失，都应在交货记录上列明。

```
SHIPPER:                                              HBL: DSCCSHK24010149

                                                         到货通知

CNEE:                                      NOTY:
AT INDUS CO.,LTD
广东省东莞市厚街镇山面路2号701室
TEL:86 135-4484-0156

船名航次: SKY SUNSHINE 2401?        起运港: BUSAN, KOREA        目的港: SHEKOU, CHINA

AT INDUS                  2 PALLETS    SAID TO CONTAIN :                3.697 (CBM)
CONTAINER NO / SEAL NO                 TAPE                            984.500 (KGS)
BMOU6927656/KSB646766                  INV NO.:ATIV02-40126-1
```

预计到港时间ETA: 2024/2/1

有任何问题，请联系我司 陈莉平 TEL:0755-82312388

敬请贵公司备妥一切进口报关资料，并尽早填写之资料，于 2024/1/29 下午17:00前回传至我司。

中文公司名称（向海关申报的收货人）：	████电子科技有限公司
中文地址／联系人：	
中文货名：双面胶/PET、单面胶A/PET、反射片/半成品、单面胶/PET	
毛重：984.5	件数：2
包装种类：塑胶托盘	体积（如不申报可以不填）：
目的港码头：	货值： 15000.04USD
统一社会信用代码: USCI ：9144█████████	品名编码 3919909090/3919109900、9001909040/
收货人盖章／签名：	联络电话 13544840156
	邮箱地址：tgpark@atindus.com

需知实申报托运的货物，不得将危险品匿报、谎报或者误报为普通货物，不得以普通货物名义托运危险品货物，也不得在托运的普通货物中夹带危险品货物。一经发现，将按每箱/每票不低于USD15000的金额要求贵司承担违约责任。此外，由于瞒报或申报不实而带来的一切责任、费用、风险、损失等等，均由贵司承担。感谢

图 4-27 到货通知书样例

提 货 单

DELIVERY ORDER　　　　　NO.

致：_____港区、场站

收货人：_____

下列货物已办妥手续，运费结清，准予交付收货人。

船名		航次		起运港		目的地	
提单号		交付条款				到付海运费	
卸货地点		到达日期		进库场日期		第一程运输	
标记与集装箱号		货名	集装箱数	件数	重量（kg）		体积（m³）
请核对放货：							
					提货专用章		
凡属法定检验，检疫的进口商品，必须向有关监督机构申报。							
收货人章		海关章					

a. 正本提单一到，收货人应即交船公司或其代理人：

b. 在没有正本提单情况下发生提货而使船公司所受的任何损失，收货人应负一切责任。

图 4-28　提货单样例

交 货 记 录						NO.	
港区、场、站				船档号			
收货人	名称：			收货人开户			
	地址：			银行与账号			
船名		航次		起运港		目的地	
提单号		交付条款		到付海运费			
提货地点		到达日期		进库场日期		第一程运输	
标记与集装箱号		货名		集装箱数或件数	重量（kg）		体积（m³）

			交 货 记 录				
日期	货名或集装箱号	出库数量			操作过程	尚存数	经手人签名	
		件数	包装	重量			发货员	提货人
							收货人章	港区场站章
备注								

图 4-29 交货记录

二、集装箱的进出口程序

（一）集装箱出口流程

集装箱出口货运流程根据出口的方式不同可能会有部分差别，但大致流程如下。

1. 托运

发货人向货代公司提出申请，并填写集装箱货物托运单。

2. 订舱

发货人或其货运代理人根据贸易合同或信用证条款的规定，在货物托运前的一定时间内，填写订舱单，向船公司或其代理公司或其他运输经营人申请订舱。

发货人在集装箱运输条件下的订舱大致可分为直接订舱和间接订舱两种方式。发货人直接将货物交给承运人或其代理人申请订舱，称为直接订舱。发货人委托货运代理人向承运人订舱，称为间接订舱。在集装箱运输模式下，间接订舱方式的应用较为普遍。在间接订舱方式下，我们必须了解谁是托运人。如果说，货运代理人订舱时由托运人代表发货人，并公开发货人（即真正的货主），此时托运人就是发货人；但如果货运代理人订舱时并不公开发货人，而是以货运代理人自己的名义向船公司订舱，此时的托运人就是货运代理人。

通常，对于批量较小的集装箱货物可填写托运单，直接向船公司或其代理人或其他运输方式的经营人办理托运手续。而对于批量较大的集装箱货物，一般都通过船公司或其代理人订舱，取得订舱确认后，再办理托运手续。

3. 接受托运申请

船公司或其代理公司在接到托运申请时，首先应考虑其航线、船舶、港口、运输条件等状况能否满足发货人的要求。在接受托运申请后，签发订舱确认单（或放舱单）。审核托运单与订舱确认单是否一致，确认无误后，在装箱单上签章，然后将装箱单退还给货主或货运代理人。货主或货运代理人即可持装箱单向海关办理货物出口报关手续。而船公司或船公司的代理人在承运货物后，根据订舱单或托运单缮制空箱提交单等重要单证分送集装箱装卸作业区的集装箱码头、堆场和货运站，据以准备空箱的发放和重箱的交接等事宜。

4. 提取空箱

在海运中，集装箱通常是由船公司无偿借给货主或集装箱货运站使用的。在整箱货的情况下，船公司或其代理公司在接受托运申请后，即签发集装箱发放通知单，连同设备交接单一并交给托运人或货运代理人，最后到集装箱堆场或货运站提取空箱。而在拼箱货的情况下，则由集装箱货运站提取空箱。提取空箱时，在集装箱装卸作业区的门卫处，由装卸作业区的门卫同提取空箱的卡车司机，代表集装箱堆场及集装箱使用人，对集装箱及其附属设备的外表状况进行检查，然后分别在设备交接单上签字，设备交接单各执一份。

在整箱货运输情况下，空箱由发货人到集装箱码头堆场提取；在拼箱货运输情况下，空箱由集装箱货运站负责提取。在发货人到集装箱码头堆场提取空箱时，发货人与集装箱码头应对空箱办理交接，并填制设备交接单。

不管是由货主还是货运站负责提取集装箱，在码头堆场提取集装箱时应注意对集装箱进行选择和检查，确保运输的安全。通常对集装箱的检查应做到如下几点。

（1）外部检查：对集装箱进行六面查看，检查外部是否有损坏、变形、破口等异常情况，如有，即做出修理部位标志。

（2）内部检查：对集装箱的内部进行六面查看，检查是否漏水、漏光，有无污点、水迹等。

（3）箱门检查：主要检查箱门是否完好，箱门四周是否严密，门锁是否完整，箱门能否 270 度开启。

（4）清洁检查：对箱内有无残留物、污染、锈蚀异味、水湿等情况进行检查。如不符合要求，应予以清除，甚至更换。

（5）附属件检查：主要对货物的加固部分的状态进行检查，如板架式集装箱的支柱状态、集装箱上部延伸加强结构的状态等。

通过检查，要求所有从事于国际海运的集装箱具备以下条件：

（1）符合 ISO 标准；
（2）四柱、六面、八角完好无损；
（3）门的各焊接部位牢固；
（4）集装箱内部清洁、干燥、无异味、无尘；
（5）不漏光、不漏水；
（6）具有合格的检验证书。

5. 装箱

货主或货运代理人托运的货物可能是整箱货，也可能是拼箱货。在整箱货的情况下，由货主自行办理出口报关手续，装箱时需有发货人或货运代理人申请的理货人员到场计数验残。装箱完毕，由发货人或货运代理人负责施加船公司铅封，并缮制集装箱装箱单和场站收据，注明卸货港口、提单号码、箱号、封志号、货名、件数、重量和尺码等。其中内陆（通过水路、公路、铁路）运输至集装箱码头堆场的整箱货，还应有内陆海关关封，由有关代理人向出境地海关办理转关手续。拼箱货装箱时，由发货人或货运代理人将不足一整箱的货物连同事先缮制的场站收据送交集装箱货运站。集装箱货运站核对场站收据和货物，并在场站收据上签收。如发现货物外表状况有异状，需在场站收据上按货物的实际情况批注。集装箱货运站根据各货主的货物性质、类别进行组拼装箱。装箱时，需有货运站所申请的理货人员到场计数验残。装箱完毕，由货运站负责施加船公司铅封，并缮制装箱单等，图 4-30 展示的就是中远集装箱铅封。

图 4-30 中远集装箱铅封

6. 报检

发货人或货运代理人应按照国家有关法规规定并根据商品特性，在规定期限内填写好申报单，分别向进出口商品检疫、卫生检验、野生动植物资源检验等口岸监管部门申报检验。经监管部门审核或查验，依据不同情况分别予以免检放行或经查验处理后出具有关证书放行。

7. 报关

发货人或货运代理人应依据国家有关法规，在规定期限内持报关单、场站收据、商业发票等有关单证向海关办理申报手续。经海关审核后，根据不同情况分别予以直接放行或查验后出具证书放行，并在场站收据上加盖放行章。

8. 集装箱交接

不论是整箱货还是拼箱货，最终都须送交集装箱装卸作业区的集装箱堆场等待装船。发货人或其代理人将重箱连同按装箱顺序缮制的装箱单和设备交接单（进场），以及场站收据，通过内陆运输送交集装箱装卸作业区集装箱堆场。先由集装箱装卸作业区的门卫同内陆运输的卡车司机对进场的重箱进行检验，检验无误后双方签署设备交接单，并将设备交接单中的用箱人联退还给运箱人；然后，集装箱堆场在核对有关单证后在场站收据上签字并退交发货人或其代理人。

9. 换取提单

发货人或货运代理人凭集装箱堆场签署的场站收据向船公司或其代理公司换取提单，并据此向银行结汇。

10. 装船

集装箱进入集装箱装卸作业区的集装箱堆场后，装卸作业区根据待装货箱的流向和装船顺序编制集装箱装船计划或积载计划，在船舶到港前将待装船的集装箱移至集装箱前方堆场，按顺序堆码于指定的箱位，船舶到港后，即可按顺次装船。装船后缮制出口载货清单，并向海关办理船舶出口报关手续。

11. 单证资料传送

船公司或其代理公司应于船舶开航前 24 小时向船方提供提单副本、装箱单、特种集装箱清单、危险品清单、危险货物说明书、冷藏集装箱清单等全部随船资料，并应于起航后（近洋开船后 24 小时内，远洋起航后 48 小时内）采用传真、电子邮件、邮寄的方式向卸货港或中转港发出卸船的必要资料。目前，随着集装箱船舶航行速度的加快、船公司内部信息系统（单证交换系统）的建立，上述单证已经基本实现通过电子化的方式在船公司内部交换。

（二）集装箱进口流程

1. 寄送货运单证

发货方及出口港在船舶开航后，在规定的时间内将集装箱货物的有关单证邮寄给卸货港的船公司或其代理公司以及收货人。

2. 卸船准备

卸货港船公司或其代理公司在收到从国外寄来的有关货运单证后，经整理即递送给有关集装箱码头堆场和集装箱货运站，让其做好卸船准备。

3. 发出到货通知书

船公司或其代理公司向收货人或其代理人发出到货通知书，通知收货人或其代理人做好报关提货准备。

4. 换取提货单

收货人或其代理人凭船公司或其代理公司所发的到货通知书和正本提单到有关船公司或其代理公司换取提货单。如果是到付运费，则必须先付清运费再换单。

5. 报关

收货人或其代理人在规定期限内，持报关单、提货单和提单副本，以及装箱单等其他商务、运输单证，到海关办理申报、纳税手续。经海关审核同意后，在提货单上盖章放行；如需查验，则在提货单上盖查验章，另约时间进行查验，经查验后若无问题，再在提货单上加盖放行章。

6. 报验

收货人或其代理人需在规定期限内，持提货单和其他有关单证，到进出口商品检疫、卫生检验、野生动植物资源检验等口岸监管部门办理有关申报手续，审核同意即在提货单上盖章放行；如需查验，则开查验通知，另约时间查验，经查验并消毒处理后，再在提货单上盖章放行。

7. 卸船

船舶靠泊后，集装箱码头堆场作业人员即上船与船方洽谈卸船事宜，进行卸船作业。船方委托理货人员计箱验残，与集装箱码头堆场人员交接，码头堆场按照拟定的卸船堆场计划堆放集装箱。卸船完毕后，由理货人编制理货报告单，送交船公司或其代理公司。如果是烈性危险品集装箱卸船，那么在船舶靠泊前，船公司或其代理公司必须凭有关危险品单据向口岸监管部门签署船舶载运危险货物申报单，经准许后才能准备卸箱。根据事先约定，收货人或其代理人必须按计划及时派车提箱。

8. 提货

收货人收到到货通知后，凭正本提单（通常是全套正本提单）到船公司或其代理公司换取提货单。船公司或其代理公司在签发提货单时，首先要审核正本提单是否符合要求，收货人有无支付运费及在运输中发生的其他费用。如无异常，船公司或其代理公司即向收货人签发提货单。

收货人凭船公司或其代理公司签发的提货单连同其他报关单证到海关办理集装箱货物进口报关手续。海关经审核若允许放行，则应在提货单上加盖放行章，收货人凭加盖有放行章的提货单到集装箱码头堆场或货运站办理提货手续。如果提取整箱货，那么收货人或其代理人还必须向有关船公司或其代理公司办理放箱手续，办妥放箱手续并在提货单上盖船公司的放箱章后，才予以办理提箱手续。提箱时，收货人或其代理人另需凭设备交接单，与集装箱码头堆场人员进行交接。收货人提箱后，应尽可能在免费用箱的时间内拆箱、卸货，并把空箱送回指定的地点。如果提取的是拼箱货，则先由集装箱货运站提取重箱到货运站，再由货主到货运站提取货物。

9. 货物索赔

收货人在提货时发现货物与提单（或装箱单）不符时，应同集装箱码头有关工作人员或船公司代理人一起在货物残损单上根据货物的残损情况如实做好记录。收货人凭货物残损单和其他有关单证向提单签发人提出索赔，集装箱运输经营人根据收货人提供的有关单证，经调查核实后，在自己的责任范围内向收货人办理理赔。

（三）集装箱运输有关当事人主要业务

1. 船公司在出口货运中的业务

在国际集装箱运输业务中，船公司往往占据主要地位。船公司作为国际集装箱运输的中枢，做好集装箱的配备，掌握待运货源，在各港之间合理调配集装箱，接受订舱，并以集装箱码头堆场、货运站为自己的代表向发货人提供各种服务是极为重要的。从某种意义上说，集装箱运输能否顺利进行，与船公司的经营管理方法有着密切关系。在集装箱出口货运业务中，船公司的主要工作如下所示。

1）配备集装箱

要开展集装箱运输，特别是采用集装箱专用船运输时，就要配备集装箱。该种船舶鉴于结构特殊，只能装载集装箱进行运输。因此，经营集装箱运输的船公司，就需配备适合海上运输的专用集装箱。

但是，并不是所有的集装箱都由船公司配置，有的货主自己也配备集装箱。还有专门出租集装箱的集装箱租赁公司。集装箱及其有关设备的成本都比较高，特别是一些特种集装箱，如冷藏集装箱、罐式集装箱等，这些集装箱造价较高。为了有效利用集装箱以及集装箱船舶的载箱能力，船公司必须合理组织，配备最低数量的集装箱，既要保证满足运输的需要，也要降低集装箱运输成本。

2）掌握待运货源

船公司一般采用两种方法掌握待运货源情况，并据以部署空箱计划。

（1）暂定订舱：暂定订舱通常是在船舶到港前 30 天左右提出。由于掌握货源的时间较早，这些货物能否装在预定的船上，以及这些货物最终托运的数量是否准确都比较难确定。

（2）确定订舱：确定订舱通常是在船舶到港前 7～10 天提出。一般情况下都能确定具体的船名、装船日期。

3）接受托运

发货人根据贸易合同及信用证条款的有关规定，在货物装运期限前向船公司或其代理公司，以口头或书面形式提出订舱。船公司根据托运的货物运输要求和集装箱配备情况，决定是否接受这些货物的托运申请。船公司或其代理公司签署订舱单后，表明已同意接受该货物的运输任务。船公司在接受货物托运时，一般应了解下列情况：

（1）订舱货物的货名、运输要求。

（2）货物的交接地点、装货港、卸货港。

（3）有关货物的详细情况，包括货物名称、数量、包装、特殊货物的详细情况等。

（4）由谁安排内陆运输等。

在集装箱货物运输中，船公司接收货物的地点主要有如下几类。

（1）集装箱码头堆场（或集装箱堆场）（container yard，CY）：集装箱码头堆场接收的货物一般都是由发货人或集装箱货运站负责装箱并运至集装箱码头堆场的整箱货。

（2）集装箱货运站（container freight station；CFS）：集装箱货运站作为船公司的代理方接收拼箱货。

（3）发货人工厂或仓库（DOOR）：船公司负责安排内陆运输时，在发货人工厂或仓库接收整箱货。

不论是在什么地点接收货物，船公司都应了解以下信息：

（1）是否需要借用空集装箱。

（2）所需集装箱的规格、种类、数量。

（3）提取空箱的时间、地点及有何特殊要求。

（4）内陆运输由谁负责安排。

（5）货物的具体装箱地点。

（6）运输的有关特殊事项等。

4）装船

通过各种方式接收的货物，按编制的堆场计划堆放后，在船靠泊后即可进行装船作业。集装箱装船的一切工作由集装箱码头堆场负责。

5）制送主要的装船单证

为了及时向发货人发出通知，使目的港集装箱码头堆场有充裕的时间编制卸船计划并安排内陆运输等工作，在集装箱货物装船离港后，船公司或其在装船港的代理人缮制有关装船单证，从速送至卸船港的代理人或有关部门。通常，由船公司或其在装船港的代理人缮制和寄送的单证有：

(1) 提单副本或码头收据副本。
(2) 集装箱号码单。
(3) 货物舱单。
(4) 集装箱装箱单。
(5) 装船货物残损单。
(6) 危险货物、冷藏货等特殊货物的清单等。

2. 集装箱码头堆场在集装箱出口货运中的业务

集装箱码头堆场的主要业务工作是办理集装箱货物的装卸、转运、装箱，集装箱的收发、交接、保管、堆存、捆扎、捣载、搬运等。此外，还办理集装箱的修理、冲洗、熏蒸等工作。

3. 集装箱货运站在集装箱出口货运中的业务

集装箱运输的主要特点是船舶在港时间短，这就要求有足够的货源，一旦卸船完毕，即可装满船开航。这就需要有专门的货源组织机构对零散货物进行组织并装箱，而集装箱货运站就承担了这一角色，集装箱货运站的主要任务就是集、散货物，办理装、拆箱作业。

1) 办理货物的交接

在货物不足以装满一整箱，而贸易合同或信用证条款又规定要用集装箱运输时，货主一般都将货物送至集装箱货运站，由集装箱货运站根据托运的货物种类、性质、包装、目的港，将其与其他货物一起拼装在集装箱内，并负责将已装货的集装箱运至集装箱码头堆场。

集装箱货运站在根据订舱单接收托运的货物时，应查明这些货物是否已订舱，如货物已订舱，集装箱货运站则要求货物托运人提供场站收据、出口许可证，然后检查货物的件数与场站收据记载是否相符，货物包装是否正常，能否适应集装箱运输，如无异常情况，集装箱货运站即可在场站收据上签字确认。如不正常，集装箱货运站应同有关方联系决定是否接收这些货物。

2) 装箱、制单

货运站在进行货物装箱时，必须制作集装箱装箱单，制单时必须清楚、准确地记录有关信息。装箱单的作用在货运单证的具体介绍中有提及。

3) 将拼装的货箱运至集装箱码头堆场

集装箱货运站在装箱完毕后，集装箱货运站代表承运人在海关监管之下，对集装箱加海关封志，并签发场站收据。同时，集装箱货运站应尽快与集装箱码头堆场取得联系，将已装货的集装箱运至集装箱码头堆场。

4. 发货人在集装箱出口货运中的业务

在集装箱运输中，发货人的出口货运业务与普通货物运输中发货人应办理的业务没有特别大的区别。当然,针对集装箱运输,也会出现集装箱运输所要求的一些特殊事项:如货物的包装应适合集装箱运输;确保有货物运输所需要的空箱;在整箱货运输下负责货物装箱等。发货人在集装箱出口货运中的主要业务包括如下内容。

1)订立贸易合同

作为出口货物的一方,发货人首先必须同国外的收货人订立贸易合同。货物运输是建立在货物贸易的基础上的,这一点与普通货物运输的做法是一致的。

2)备货

出口贸易合同订立后,发货人应在合同规定的装运期限前,备妥全部出口货物,货物的数量、品质、包装等内容必须符合贸易合同的规定条件。

3)租船订舱

在以 CIF(cost insurance and freight)或 CFR(cost and freight)价格条件成交时,发货人负有租船订舱的责任。特别是在出口特殊货物需要特殊集装箱时,如冷藏集装箱、开顶集装箱等,由于一般集装箱船接收特殊集装箱的数量有限,应提前订舱。

4)报关

拼箱货的报关可按普通货物运输的报关方法,整箱货通常统一报关。因此,海关人员到现场查验很方便,既可更好地发挥集装箱运输的优越性,又可省略部分手续。在集装箱运输下,要对集装箱及货物同时报关。

5)货物装箱与托运

货物报关后,在整箱货运输情况下,发货人即可着手装箱,并在装箱完毕后将货箱运至集装箱码头堆场,取得集装箱码头堆场签署的场站收据。拼箱货运输情况下,经报关后即可将货物运至集装箱货运站,由集装箱货运站负责装箱并签署场站收据。

在由发货人组织装箱时,应根据货物运至的目的港装箱,合理积载,既要避免造成货物的损坏,又要尽量避免出现亏箱。

6)支付运费和提单签发

如果是预付运费,发货人只需出示经集装箱码头堆场签署的场站收据,支付全部运输费用,船公司或其代理人即可签发提单。

如果是到付运费,发货人只需出示场站收据即可由船公司或其代理人签发提单。

7)向收货人发出装船通知

在以 FOB(free on board)或 CFR 价格条件订立出口贸易合同时,发货人在货物装船完毕后应向收货人发出装船通知,这一通知作为合同的一项要件,主要便于收货人在货物装船完毕后能及时为货物购买保险。

5. 集装箱租赁公司在集装箱出口货运中的业务

集装箱租赁公司在集装箱出口货运中主要通过与租箱人签订租箱合同的方式,向租箱人提供集装箱,并收取相应的租金。租箱合同一般包括交箱、还箱、损坏修理责任、租箱人的权利与义务、租金的支付等内容。

在集装箱租箱合同中，租箱人的义务主要体现在以下几个方面：

(1) 按时支付租金。

(2) 在租箱期内，与集装箱租赁公司共同承担国际集装箱安全公约规定的检验和修理责任。

(3) 在租箱期内，承担集装箱的保养、维修等工作。

(4) 在租箱期内，对第三者所造成的有关损害负责任。

(5) 在租箱期内，对集装箱的完全丢失或损害负责任。

租箱合同主要包括交箱和还箱两方面的内容。

1）交箱

交箱是指集装箱租赁公司根据租箱合同和协议规定的时间、地点，将符合合同规定的集装箱交给租箱人的一种行为，确定交箱期、交箱量及交箱时的箱子状况。

在租箱合同中，交箱量一般有最低交箱量和实际交箱量两种方式；在实际业务中，集装箱租赁公司都愿意租箱人超量用箱。至于交箱时的箱子状况，则是以设备交接单作为主要依据，在办理集装箱交接时，租箱人与集装箱租赁公司就每一个集装箱共同签署设备交接单，以明确双方的责任。

2）还箱

还箱是指租箱人在用箱期结束后，根据租箱合同，在规定的时间、地点，在箱子外表状况良好的条件下将集装箱还给集装箱租赁公司。

在租箱合同中，对于还箱通常订有提前终止条款，也就是说租箱人可在约定的还箱期前提前终止租箱，而不需支付违约金；还箱地点，一般应在租箱合同中规定，或经集装箱租赁公司确认；此外，租箱合同中还规定，超过规定还箱期 30 天，租箱人仍未还箱，集装箱租赁公司可视集装箱已全部损坏。

任务四　精通缮制提单

【任务目标】

掌握提单的类型、提单的构成和制作。

◆ 知识目标：掌握提单的基本内容及其种类；掌握提单缮制的方法和要求；了解提单的签发、更改、补发和背书等要求。

◆ 能力目标：能正确缮制提单。

◆ 素质目标：培养学生精益求精的职业精神和诚实守信的工作作风。

一、提单及其类型

（一）提单的概念及其功能

1. 提单的概念

《中华人民共和国海商法》（简称《海商法》）第七十一条规定："提单，是指用以证明海上货物运输合同和货物已经由承运人接收或者装船，以及承运人保证据以交付货物的单证。提单中载明的向记名人交付，或者按照指示人的指示交付货物，或者向提单持有人交付货物的条款，构成承运人据以交付货物的保证。"

视频 25　提单相关法律法规

2. 提单的主要功能

提单的主要功能如下：
（1）提单是承运人接收货物或货物装船的收据。
（2）提单是海上货物运输合同成立的证明。
（3）提单是承运人接收、交付货物的凭证和可以转让的物权凭证。

（二）提单的分类

1. 按提单收货人的抬头分

1）记名提单（straight B/L）

记名提单是指提单正面收货人栏内载明特定的人名或公司名及其地址等信息的提单。承运人只能将货物交给提单上载明的收货人。银行对此类提单的货物没有控制权，所以一般不予押汇。记名提单主要用于贵重物品、展览品，或托、收双方有特殊关系或经约定，货款交付不必经银行议付或押汇的进出口货运业务。

2）不记名提单（bearer B/L）

不记名提单又称空白提单（blank B/L 或 open B/L），提单正面收货人栏不载明具体收货人或某人指示，通常只注明"持有人"（bearer 或 holder）或"交与持有人"（to bearer）字样。这种提单不需要任何背书手续即可转让或提取货物，承运人应将货物交给提单持有人，谁持有提单，谁就可以提货，承运人交付货物时只凭提单交付，不凭人，极为方便。但这种提单极易丢失或被窃，风险极大，若转入恶意的第三人手中，极易引起纠纷，故国际上较少使用此类提单。

3）指示提单（order B/L）

指示提单是指在提单正面收货人栏内填上"凭指示"（to order）或"凭某人指

示"（to order of...）字样的提单。指示提单有记名指示提单和不记名指示提单。记名指示提单的收货人栏中常见的指示有凭托运人指示（to order of shipper）、凭开证人指示（to order of applicant）、凭开证银行指示（to order of issuing bank）、凭被通知人指示（to order of notify party）等；不记名指示提单的收货人栏里显示的是待指示字样，它需要托运人背书才可转让。背书方式具体分为记名背书和空白背书。前者是指示人（背书人）在提单背面写明背书人，要求承运人或其代理人将货物交给被背书人或按进一步指示交货，要求连贯背书，最终指定收货人凭提单向承运人或其代理人提取货物；后者是指示人在提单背面不写明被背书人，而只签署自己姓名的背书。两种背书方式都要求承运人将货物交给出示提单的人。

记名指示提单的持有人可以通过背书的方式把它转给第三者，无须经过承运人认可，所以这种提单为买方所欢迎。指示提单在国际海运业务中使用较广泛。

2. 按货物是否已装船分

1）已装船提单（on board B/L）

已装船提单是指货物装船后由承运人或其授权的代理人根据大副收据（收货单）签发给托运人的提单。如果承运人签发了已装船提单，即确认其已将货物装在船上。这种提单除载明一般事项外，通常还必须注明装载货物的船舶名称和装船日期。

由于已装船提单对于收货人及时收到货物有保障，因此在国际货物买卖合同中一般要求卖方提供已装船提单。

2）收货待运提单（received for shipment B/L）

收货待运提单又称备运提单，是承运人在收到托运人交来的货物但还没有装船时，应托运人的要求所签发的提单。签发这种提单时，说明承运人确认货物已交由承运人保管并存放在其所控制的仓库或场所，但还未装船。这种提单未载明承运船舶的船名和装船日期，在跟单信用证支付方式下，银行一般不接受这种提单。但当货物装船，承运人在这种提单上加注承运船舶的船名和装船日期并签字盖章后，收货待运提单即成为已装船提单。同样，托运人也可以用收货待运提单向承运人换取已装船提单。我国《海商法》第七十四条规定："货物装船前，承运人已经应托运人的要求签发收货待运提单或者其他单证的，货物装船完毕，托运人可以将收货待运提单或其他单证退还承运人，以换取已装船提单；承运人也可以在收货待运提单上加注承运船舶的船名和装船日期，加注后的收货待运提单视为已装船提单。"

随着集装箱运输的发展，承运人在内陆所收取的货物越来越多，而货运站不能签发已装船提单。货物在装入集装箱后如没有特殊情况，一般货物质量不会受影响。港口收到集装箱货物后，向托运人签发场站收据，托运人可凭场站收据向承运人换取待运提单，这里的待运提单实质上是收货待运提单。由于在集装箱运输中，承运人的责任已向两端延伸，因此根据《联合国国际货物多式联运公约》和《跟单信用证统一惯例》的规定，在集装箱运输中如无特殊规定，银行还是接受这种提单办理货款的结汇。但目前，国际贸易中的信用证仍规定海运提单必须是已装船提单，以使开证者放心。

3. 按提单有无不良批注分

1) 清洁提单（clean B/L）

在装船时，货物外表状况良好，承运人在签发提单时，未在提单上加注任何有关货物残损，包装不良，件数、重量和体积不符，或其他妨碍结汇的批注的提单称为清洁提单。

使用清洁提单在实际操作中非常重要，买方要想收到完好的货物，首先必须要求卖方在装船时保持货物外表状态良好，并要求卖方提供清洁提单。并且在以跟单信用证为付款方式的贸易中，卖方只有向银行提交清洁提单才能取得货款。同时，承运人一旦签发了清洁提单，货物在卸货港卸下后，如发现有不良情况，除非是承运人免责的原因所致，否则承运人必须承担责任。

2) 不清洁提单（foul B/L 或 unclean B/L）

在货物装船时，承运人在发现货物包装不牢、破裂、玷污、标志不清等现象时，大副将在收货单（即大副收据）上对此加以批注，并将此批注转移到提单上，这种提单称为不清洁提单。

在实际业务操作中，承运人接收货物时，如果货物外表状况不良，一般先在大副收据上记载，在正式签发提单时，再把这种记载转移到提单上。在国际贸易的实践中，银行通常拒绝出口商以不清洁提单办理结汇。为此，托运人应把损坏或外表状况有缺陷的货物进行修补或更换。习惯上的变通办法是由托运人出具保函，要求承运人不要将大副收据上所做的有关货物外表状况不良等批注转移到提单上，而根据保函签发清洁提单，以使出口商能顺利完成结汇。但是，如果承运人未将大副收据上的批注转移到提单上，承运人可能要承担对收货人的赔偿责任，承运人因此可能遭受损失，此时承运人可能向托运人要求赔偿。实际业务中，在向托运人追偿时，承运人往往难以得到法律的保护，因而承担很大的风险。因为承运人与收货人之间的权利和义务是由提单条款规定的，而不是保函的保证，所以承运人不能凭保函拒赔，保函对收货人是无效的。

凭保函换取清洁提单的做法，在实际业务中确实能起到变通作用，故在实践中往往难以完全拒绝。我国最高人民法院在《关于保函是否具有法律效力问题的批复》中指出："海上货物运输的托运人为换取清洁提单而向承运人出具的保函，对收货人不具有约束力。不论保函如何约定，都不影响收货人向承运人或托运人索赔；对托运人和承运人出于善意而由一方出具另一方接受的保函，双方均有履行之义务。"所以承运人或其代理人在处理保函义务时，应当清楚自己在接受保函后所处的地位，在操作中应加以注意。

4. 根据运输方式的不同划分

1) 直达提单（direct B/L）

直达提单，又称为直运提单，是指货物从装货港装船后，中途不经转船，直接运到目的港卸船交予收货人的提单。直达提单上不得有"转船"或"在某港转船"的批注。凡信用证规定不准转船者，必须使用直达提单。

2）转船提单（transhipment B/L）

转船提单是指在起运港装载货物的船舶不直接驶往目的港，需要在中途港口将货物换装其他船舶转运至目的港卸货时，承运人所签发的提单为转船提单。需在转船提单上注明"转船"或"在某港转船"的字样。转船提单往往由第一程船的承运人签发。

船舶承运转船货物，主要是为了扩大营运业务、获取运费，转运的货物一般属于零星小批量货物。

3）联运提单（through B/L）

联运提单是指货物运输需采用两种或两种以上的运输方式来完成，如海陆、海空或海海等联合运输所使用的提单。

4）多式联运提单（multimodal transport B/L）

多式联运提单主要用于集装箱运输，是指一批货物需要采用两种以上不同运输方式，其中一种是海上运输方式，由一个承运人负责全程运输，负责将货物从接收地运至目的地交付收货人，并收取全程运费所签发的提单。多式联运提单上不仅包括起运港和目的港，而且列明一程、二程等运输路线，以及收货地和目的地。

5. 按签发提单的时间分

1）倒签提单（anti-dated B/L）

倒签提单是指承运人或其代理人应托运人的要求，在货物装船完毕后，以早于货物实际装船日期为签发日期的提单。当货物实际装船日期晚于信用证规定的装船日期时，若仍按实际装船日期签发提单，单证不一致，托运人无法结汇。为了使签发提单的日期与信用证规定的装运日期相符，利于结汇，承运人应托运人的要求，在提单上仍以信用证的装运日期填写签发日期，以免违约。

签发这种提单，特别是当倒签时间过长时，有可能导致承运人没有尽快安排船舶，因而承担货物运输延误的责任风险。但出于国际贸易的需要，在一定条件下，比如倒签的时间不是很长或者货物的数量不是很大，在取得了托运人保证承担一切责任的保函后，可以考虑签发。

2）预借提单（advanced B/L）

预借提单是指货物尚未装船或尚未装船完毕的情况下，信用证规定的结汇期（即信用证的有效期）即将届满，托运人为了及时结汇，而要求承运人或其代理人提前签发的已装船清洁提单，也就是托运人为了及时结汇而从承运人那里借用的已装船清洁提单。

这种提单往往是当托运人未能及时备妥货物或船期延误，船舶不能按时到港接收货载，估计货物装船完毕的时间可能超出信用证规定的结汇期时，托运人采用凭保函从承运人那里借出的提单，用以结汇。签发这种提单对于承运人而言要承担更大的风险，可能构成承、托双方合谋对善意的第三方收货人的欺诈。

在实际业务中，承运人倒签或预借提单要承担很大的风险，尽管托运人在此过程中出具了保函，但这种保函同样不能约束收货人。两种提单相比，签发预借提单比签发倒签提单对承运人的风险更大，所以我们在平时的业务工作中特别要注意这方面的问题。

3）过期提单（stale B/L）

过期提单有两种含义：一是出口商在装船后延滞过久才到银行议付的提单；二是提单晚于货物到达目的港。在近洋国家的贸易合同中一般都规定有"过期提单也可接受"的条款。如信用证没有规定交单的特定期限，一般要求托运人在货物装船日起21天内进行银行交单议付，更不得迟于信用证的有效日期。

6. 按收费方式分

1）运费预付提单（freight prepaid B/L）

运费预付提单指承运人在卖方支付运费的情况下签发的提单，运费预付提单多见于由卖方支付运费的合同。

2）运费到付提单（freight to collect B/L）

运费到付提单指承运人在装运港签发的，待货到目的港后，由收货人与承运人结算运费的提单。在没有付清运费前，承运人有权留置货物。运费到付清单多见于由买方支付运费的合同。

3）最低运费提单（minimum B/L）

最低运费提单指对每一提单上的货物按最低收费标准收取运费所签发的提单。如果托运人托运的货物数量过少，按其数量计算的运费额低于运价表规定的最低收费标准，承运人均按最低收费标准收取运费。

7. 根据提单使用效力分

1）正本提单（original B/L）

正本提单指提单上有承运人、船长或其代理人签名盖章并注明签发日期的提单。这种提单在法律上和商业上都是公认有效的单证。正本提单上必须标明"正本"字样，一般一式两份或三份，凭其中任何一份提货后，其余各份即作废，因此一般买方或银行要求卖方提供正本提单，即全套提单。

2）副本提单（copy B/L）

副本提单指提单上没有承运人、船长或其代理人签字盖章，仅供工作上参考之用的提单。副本提单上一般注明"副本"或"不可转让"字样，不得标明"正本"字样。

8. 按提单签发人不同分

1）船公司提单（master bill of loading，MB/L）

船公司提单通常是指由船公司或其代理人为整箱货签发的提单。船公司提单上的发货人可以是货主，也可以是货运代理人（货代）。

2）货代提单（house bill of loading，HB/L）

货代提单通常是作为无船承运人的货代签发给拼箱业务各个实际发货人的提单，也有为整箱货签发货代提单的。

实践中，船公司一般只接受整箱货托运，拼箱业务一般由货代来完成。所以，在拼箱业务中，货代以发货人身份向船公司托运货物，取得船公司提单（也称主单），又以无船承运人身份给实际发货人签发货代提单（也称分单）。

二、提单的内容

1. 提单编号（B/L）

提单编号位于提单右上角，此编号的结构由签发人制定。

2. 托运人（shipper）

此栏填写托运人的名称和地址。

3. 收货人（consignee）

此栏填写收货人的全称和地址，如果可能的话请准确填写电话号码。

收货人可以是"to order"或"to order of..."。如果是"to order"，通常作为"凭托运人指示"理解。

4. 通知方（notify party）

此栏填写通知方的全称和地址，如果可能的话请填写电话号码；当提单上收货人已有详细地址和名称时，通知方一栏可以是在任何一国的名称和地址。

在签发收货人为"to order"提单时，此栏必须填写通知方的全称和电话号码。如果托运人信用证有要求，此栏可再填写位于任何国家的第二通知方的名称、地址。

注意：关于托运人对通知方一栏的申报应符合卸货港或交货地点的习惯和要求，否则一切后果由托运人负责。有些国家、地区要求通知方必须为当地通知方，否则不允许货物进口，如巴基斯坦、沙特阿拉伯、印度等。

5. 前程运输方（pre-carriage by）

此栏仅在货物被转运时填写，通常填写第一程的承运船的船名。

6. 接货地（place of receipt）

此栏仅在货物被转运时填写，代表承运人开始对货物承担责任的地点，例如：

×××CY，BANGKOK 代表曼谷某堆场。请注意地点须有相应的代码以符合电脑制单的要求。

7. 海运船（ocean vessel）

此栏填写海运船的船名和航次号，但在货物被转运时填写此栏需注意：当第二程承运船的船名不能确定而仅能推算时请填写"to be named"或者"×××（第二程承运船名）or her substitute"。第一程承运船和第二程承运船均非本公司船或本公司租船时，请避免签发本公司提单，如需签发须经本公司特别同意。

8. 装港（port of loading）

此栏填写货物实际装船港口，当货物被转运时填写货物装上承运船时所在的港口；同时此栏的港口名称应与"ocean vessel"一栏的船名和航次号对应。

9. 卸港（port of discharge）

此栏填写货物卸船时的港口名称。

10. 交货地（place of delivery）

此栏仅在货物被转运时填写，表示承运人最终交货的地点。

（1）如果托运人提供了拼写错误的卸港名称或交货地点，请勿未经托运人核实自行更正，因为提单必须符合信用证的要求，必须与各单证一致；如需更正，需要托运人书面声明。

（2）目前，提单上最后目的地"final destination"已改为"final destination of the goods not the ship"。

（3）签发多式联运提单需注意避免在对非本公司运输工具承运段责任划分不清的情况下随意签发。

11. 货物栏

1）标志和序号、箱号和铅封号（marks & Nos. container/seal No.）

通常情况下，托运人会根据货物的识别标志和序号填写此栏，同时此栏需填写装载货物的集装箱箱号和铅封号；如果托运人未能提供铅封号，建议加注"seal number not noted by shipper"；如果有海关铅封号，还需要在此栏加注。

2）集装箱数量和件数（No. of containers or packages）

在整箱货运输中，此栏通常填写集装箱数量和型号，如果信用证有要求可在"destination of goods"项下加注托运人提供的件数；在拼箱货运输中，此栏填写货物件数。

集装箱箱号分 20 英尺和 40 英尺两种长度和五种类型，如表 4-12 所示。

表 4-12　集装箱类型及代号

代号	英文全称	中文简称
DC	dry container	干货箱
RF	reefer container	冷藏箱
FR	flat rack	框架箱
OT	open top	开顶箱
HC 或 HQ	high cube	高箱

一个内装 6 箱机械的 20 英尺干货箱可被表示为 1X20FT DC，如果托运人坚持要求标明件数，可在"destination of goods"一栏中加注"STC 6 CASES MACHINERY"，其中 STC 表示"said to contain"，即"据称内装"，为保护承运人利益，此术语必须被采用。

3）货物情况（description of goods）

此栏填写货物的具体情况，如内容过多，空间不够，可以添加附件，在这种情况下请注明"quantity and description of goods as per attached schedule"。

4）总重（gross weight kgs）

此栏填写装入集装箱内货物的毛重（kg）。

5）体积（measurement）

此栏填写装入集装箱内货物的总体积（m^3）。

6）集装箱总数或件数总数（total No. of packages）

在整箱货运输的情况下，此栏填写收到货物的总数，例如"twenty-five containers only"。在拼箱货运输的情况下，此栏填写收到货物的件数，例如"six packages only"。

12. 运费（freight）

1）运费和其他费用（freight & charge）

此栏标明各种收费的类别，例如海运费、内陆拖运费、燃油附加费等，其中申报货价附加费（declared value charge）专指托运人要求在提单此栏中标明货物价值后，应支付的附加运费。

2）计费吨（revenue tons）

此栏标明运费计收的计算依据，计费单位通常有重量单位：MT，重量吨；体积单位：CBM，立方米；件数单位：PC，件；整箱单位：TEU/FEU，20 英尺/40 英尺标箱，其中 TEU/FEU 也可以以 20FT/40FT 表示。例如"25X20FT DC"代表应收取 25 个 20 英尺干货箱的运费。

3）费率（rate）

此栏表明各种费用的费率，包括海运费（ocean freight）、燃油费（BAF）、货币附加费（CAF）、码头操作费（THC）、内陆拖运费（inland haulage）等。

4）每（per）

此栏表明各种费用的计算单位，例如箱（UNIT）、重量吨（MT）、立方米（CBM）。

5）预付和到付（prepaid/collect）

此栏表明运费支付的地点是起点还是终点，分别用"prepaid"表示预付，"collect"表示到付。

6）预付地点（prepaid AT）

此栏填入提单缮制和运费支付地点（仅在运费预付情况下填写）。

7）付费地点（payable AT）

此栏填入到付运费付费地点。

8）签发地点和日期（place and date of issue）

此栏填入提单缮制和签发的地点和日期。

9）总计预付（total prepaid）

此栏填入以美元为单位的所有预付运费和所有按当地货币支付的其他预付费用。

10）正本提单的数量（No. of original Bs/L）

此栏填入根据托运人要求签发的正本提单的数量，通常为三份。

11）代表承运人签发（signed for the carrier）

此栏按本公司的要求加盖签单章，详见有关签章管理规定。

12）装船日期（laden on board the vessel）

此栏通常填写承运船舶离开装货港的日期并在日期上签章，在特殊情况下也可填写货物实际装船日期。

三、提单缮制中应注意的问题

（一）运输模式

运输模式规定了货物运输的方式和区间，并与相应的运价条款对应，必须被并入本公司所有的集装箱提单中。在集装箱运输中，一般有以下几种模式。

1. 整箱货（FCL-FCL）

整箱货模式为最常用的运输方式，采用其他模式须经本公司确认。

2. 场到场（CY-CY）

场到场模式表明承运人接收整箱货，责任区间由接货地堆场开始至交货地堆场结束，托运人负责装箱，收货人负责拆箱；此时还必须加注"shipper's load, count and seal contents unknown"，以保护承运人的利益。

此模式的特殊情况是门到门（DOOR-DOOR）、场到门（CY-DOOR）、门到场（DOOR-CY）交货，即承运人的责任区间从堆场扩大到工厂或仓库。

3. 拼箱货（LCL-LCL/CFS-CFS）

拼箱货模式表示该提单下承运人运输的是集装箱中的部分货物，这种模式表明货物在装箱港的集装箱货运站装箱，在卸箱港的集装箱货运站拆箱，装箱和拆箱均由承运人负责安排，但费用由托运人承担。

4. 合并运输（LCL-FCL/CFS-CY）

在合并运输这种模式下，货物由承运人安排装箱，由收货人自行拆箱；一般多票拼箱货，同一个收货人装同一个集装箱，由托运人支付装箱费。

5. 分立运输（FCL-LCL/CY-CFS）

在分立运输这种模式下，货物由发货人自行装箱，由承运人安排在目的地拆箱；一般多票拼箱货有同一个发货人装同一个集装箱，由收货人支付拆箱费。

在这种模式下，同样必须加注"shipper's load, count and seal contents unknown"，以保护承运人的利益。请注意FCL、LCL表示的运输方式应该在提单上显示。

（二）特殊条款

由于贸易、信用证的特殊要求，托运人出于结汇需要，往往要求在此栏中插入一些特殊条款和托运人指示。常见的特殊条款有以下几种。

1. 超龄船条款

有些托运人会要求承运人在提单上保证承运人船舶符合伦敦保险人协会规定的条款以避免产生超龄附加保费，只要承运船的船龄不超过25年且保持船级社最高船级，可以在收到托运人保函后在提单上注明"The shipment effected on board an ocean vessel being accepted by ILU Institution Classification Clause."。

2. 最终目的地

有时托运人会要求在提单上写明货物的最终目的地（final destination），可在货物情况一栏中注明"Final destination of the goods, ×××（for merchant's reference only).》"

3. 装卸条款

鉴于有些港口关于装卸费用划分或货物检疫的特殊规定，提单上需要加注特殊的条款，如"CY/FO""CY/LINER OUT"等，这些条款必须根据该航线的航运惯例，由本公司决定是否接受。

4. 托运人指示

本栏可以加注托运人对通知方或收货人的指示。

5. 冷藏箱温度

在运输冷藏箱（冷藏集装箱）时，应尽量避免在提单正面标明冷藏箱设定温度。然而托运人往往坚持这种要求，在不得已的情况下，我们要求在提单正面标明温度时应表述为"set at '××℃±2℃'"。

6. 有关装船日期的特殊情况

显示有装船日期的提单被称为已装船提单（on board B/L），与此相对应的是收货待运提单（received for shipment B/L）。收货待运提单通常出现在联运过程中，显示的是在装货场站接收货物的日期。当然，不管是已装船提单还是收货待运提单，都需要在提单上标明并盖章。例如："Shipped on Board 23 May 1997"或"Received for Shipment 20 May 1997"。我们强烈反对仅收到货物就签发已装船提单或者倒签提单、预借提单，对于货物已处于承运人控制之下而尚未装船的可签发收货待运提单，若提单不显示已装船字样和日期，应在货物实际装船后再加注装船日期。

四、提单缮制实训

本小节以2022年货代国赛提单缮制题为例进行简要介绍。

（一）提单制作相关基础单据

提单制作所需的基础单据包括销售合同（图4-31）、装箱单（图4-32）、信用证及条款（图4-33）、由船公司发给货代的订舱确认单（图4-34）、由货代发给船公司的订舱确认单（图4-35）。相关单据仅供参考，在实际业务操作过程中可能会有较大差异。

山东亚米进出口有限公司
SHANDONG YAMI IMPORT AND EXPORT CO., LTD

18th Floor, No.69, Hongkong West Road, Shinan District, Qingdao, Shandong, P.R.China

Tel: 0532-58671111, Fax: 0532-58672222

SALES CONTRACT

Date: Feb. 2nd, 2022

No.: GSHD2022-SC08

The Buyer: THOMAS ORGANIC PRODUCTS TRADING CO., LTD
12115 PARK AVE S, TACOMA, WA 98444 USA

The Seller: SHANDONG YAMI IMPORT AND EXPORT CO., LTD
18TH FLOOR, NO.69, HONGKONG WEST ROAD, SHINAN DISTRICT, QINGDAO, SHANDONG, CHINA

This contract is made by and between the buyer and the seller, whereby the buyer agree to buy and the seller agree to sell the under-mentioned commodity according to the terms and conditions stipulated below:

Name Of Commodity & Specifications	Quantity	Unit Price (USD)	Amount (USD)
FABRIC FLOWER BED SHEET (280CMS × 200CMS × 20PCS/CTN)	180CTNS	300/CTN	54 000.00

Total Value: USD 54 000.00 (SAY U.S. DOLLAR FIFTY-FOUR THOUSAND ONLY)

CPT TACOMA INCOTERMS 2020, AMOUNT & QUANTITY +/-5PCT ALLOWED

1. Packing: IN CARTONS (LENGTH35cm × WIDTH23cm × HEIGHT23cm).
2. Time of Shipment: MIDDLE OF MARCH, 2022.
3. Port of Loading: QINGDAO, CHINA.
4. Port of Destination: TACOMA, USA.
5. Partial shipment and Transhipment are Prohibited.
6. Insurance: To be covered by the buyer.
7. Payment: 100% of the total value will be paid by L/C at sight.
8. Shipping Advice: The seller shall advise by fax the buyers of the quantity, invoice value, gross weight, name of vessel and date of sailing within 2 days after the completion of the loading of the goods.
9. Inspection: The seller shall have the goods inspected by 15 days before the shipment and have the Inspection Certificate approved by buyer.
10. Arbitration: All disputes in connection with this contract or the execution thereof shall be settled in Hong Kong and local law applied.
11. Other Terms: This contract is made in two originals, one original to be held by each party. The original pieces have the same law effect to each party.

The signature of buyers　　　　　　　　The signature of sellers
THOMAS ORGANIC PRODUCTS TRADING CO., LTD　　SHANDONG YAMI IMPORT AND EXPORT CO., LTD

图 4-31　销售合同样例

Issuer SHANDONG YAMI IMPORT AND EXPORT CO.,LTD 18TH FLOOR, NO.69, HONGKONG WEST ROAD, SHINAN DISTRICT, QINGDAO, SHANDONG, CHINA		**PACKING LIST**				
To THOMAS ORGANIC PRODUCTS TRADING CO.,LTD 12115 PARK AVE S, TACOMA, WA 98444 USA						
		Invoice No. FH-T08-B01	Date MAY.12.2021			
Marks and Numbers	Number and kind of package Description of goods	Quantity	Package	G.W. (KG)	N.W. (KG)	Meas. (CBM)
N/M	FABRIC FLOWER BED SHEET （280CMS×200CMS※20PCS/CTN） H.S CODE： 2003.1011 MADE IN CHINA S/C NO.： GSHD2022-SC08 L/C NO.： 422010445736-L	180	CARTONS	3700.00	3600.00	3.5
Total:		180	CARTONS	1850.00	1800.00	3.5
Say Total:	SAY ONE HUNDRED AND EIGHTY CARTONS ONLY					

图 4-32 装箱单样例

```
700    02  PCBCCNBJSDQ
```

:27:	SEQUENCE OF TOTAL	DATE: 26, FEB, 2022
1/1		
:40A:	FORM OF DOCUMENTARY CREDIT	
	IRREVOCABLE	
:20:	DOCUMENTARY CREDIT NUMBER	
	422010445736-L	
:31C:	DATE OF ISSUE	
220226		
:40E:	APPLICABLE RULES	
	UCP LATEST VERSION	
:31D:	DATE AND PLACE OF EXPIRY	
	210410CHINA	
:51A:	ISSUING BANK	
	STANDARD CHARTERED BANK INTERNATIONAL (AMERICA) LTD	
:50:	APPLICANT	
	THOMAS ORGANIC PRODUCTS TRADING CO., LTD	
	12115 Park Ave S,	
	Tacoma, WA 98444 USA	
:59:	BENEFICIARY	
	SHANDONG YAMI IMPORT AND EXPORT CO., LTD	
18TH FLOOR, NO.69, HONGKONG WEST ROAD,		
SHINAN DISTRICT, QINGDAO,		
	SHANDONG, CHINA	
:32B:	CURRENCY CODE, AMOUNT	
	USD54,000.00	
:39A:	PERCENTAGE CREDIT AMOUNT TOLERANCE	
05/05		
:41A:	AVAILABLE WITH...BY...	

```
ANY BANK IN CHINA
BY NEGOTIATION
:43P: PARTIAL SHIPMENTS
```

图 4-33 信用证及条款样例

```
                NOT ALLOWED
         :43T: TRANSSHIPMENT
                NOT ALLOWED
         :44E: PORT OF LOADING: QINDAO PORT OF CHINA
         :44F: PORT OF DISCHARGE: TACOMA,USA
         :44C: LATEST DATE OF SHIPMENT
         220320
         :45A: DESCRIPTION OF GOODS AND/OR SERVICES:
         180CTNS OF FABRIC FLOWER BED SHEET
```
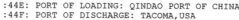

```
         (280CMS×200CMS×20PCS/CTN)

         :46A: DOCUMENTS REQUIRED
            + BENEFICIARY'S SIGNED INVOICES (1 ORIGINAL AND 5 COPIES) SHOWING THE
         CPT VALUE OF THE GOODS, PORT OF LOADING AND AND INVOICE MUST MENTION THE BELOW:
                A) PROFORMA INVOICE NUMBER AND DATE: GSHD-202202F DATED 10.02.2022
                B) COUNTRY OF ORIGIN: CHINA
            + PACKING LIST: ONE ORIGINAL AND TWO COPIES EVIDENCING SHIPMENT HAS
         BEEN EFFECTED IN EXPORT STANDARD SEAWORTHY PACKING. AND THAT THE ORIGIN
         OF THE GOODS HAS BEEN MENTIONED ON THE OUTSIDE OF THE PACKAGES AND MUST
         MENTION H.S. CODE NUMBER.
            + CERTIFICATE OF ORIGIN (1 ORIGINAL AND 2 COPIES) ISSUED BY THE CHAMBER
         OF COMMERCE/CONCERNED GOVERNMENT AGENCY/APPROVED AUTHORITY/
         ORGANISATION OF THE EXPORTING COUNTRY CERTIFYING
              THE COUNTRY OF ORIGIN OF THE GOODS (AS MENTIONED IN CLAUSE NO. 1 OF
         FIELD 46A.)
            + 2/3 SET OF CLEAN ON BOARD PORT TO PORT BILL OF LADING
                MADE OUT TO THE ORDER OF SHIPPER MARKED ''FREIGHT PREPAID''
                NOTIFY PARTY L/C APPLICANT.
            + SHIPMENT TO BE EFFECTED PER LINER VESSEL WHICH MUST BE SEAWORTHY,
         A CERTIFICATE TO THIS EFFECT FROM THE CARRIER OR THEIR AGENT MUST ACCOMPANY
         THE ORIGINAL SHIPPING DOCUMENTS.
            + THE BENEFICIARY IS REQUIRED TO SEND ONE SET OF NON-NEGOTIABLE
         SHIPPING DOCUMENTS DIRECT TO THE APPLICANT AFTER SHIPMENT BY
         EMAIL:MEHEDI@SEATTLE-SC.COM AND THE RELEVANT EMAIL COPY MUST THEREOF
         ATTACHED WITH THE ORIGINAL DOCUMENTS AT THE TIME OF NEGOTIATION.
         :47A: ADDITIONAL CONDITIONS

            + BILL OF EXCHANGES/ DRAFTS NOT REQUIRED.
            + A DISCREPANCY FEE OF USD70.00 WILL BE DEDUCTED FROM THE THE PROCEEDS
         IF DOCUMENTS ARE PRESENTED WITH DISCREPANCY(IES) AND ACCEPTANCE OF SUCH
         DOCUMENTS PRESENTED WITH DISCREPANCY(IES)
              DOES NOT IN ANY WAY ALTER THE TERMS AND CONDITIONS OF THIS CREDIT.
            + SHIPPING DOCUMENTS EVIDENCING SHIPMENT DATE PRIOR TO L/C ISSUANCE
         DATE IS NOT ACCEPTABLE.
            + ALL DOCUMENTS MUST SHOW H.S. CODE NUMBER AND IDENTIFY THE PRODUCTS
         MADE IN CHINA.
            + ALL DOCUMENTS MUST BE ISSUED IN ENGLISH LANGUAGE.
            + ALL SHIPPING DOCUMENTS MUST MENTION SALES CONTRACT & LC NO.
            + REIMBUSEMENT INSTRUCTIONS:
              ALL DOCUMENTS MUST BE PRESENTED TO STANDARD CHARTERED BANK,SEATTLE,
         USA IN ORDER FOR US TO HONOUR THE SAME AND EFFECT REMITTANCE OF THE
         PAYMENT AT SIGHT BASIS AS PER REMITTING BANK'S INSTRUCTION THROUGH OUR
         OFFSHORE BANKING UNIT,DEPZ,SAVAR. WE WILL DEDUCT USD125.00 BEING OUR
         REIMBURSEMENT CHARGES FROM THE PROCEEDS.
              AT MATURITY,ISSUING BANK (STANDARD CHARTERED BANK,SEATTLE, USA),WILL
         EFFECT PAYMENT TO STANDARD CHARTERED BANK, OFFSHORE BANKING UNIT,DEPZ, SAVAR,
         ALONGWITH INTEREST (WHICH IS ON APPLICANT'S ACCOUNT)
              701    INTEREST FOR USANCE PERIOD IS ON APPLICANT'S ACCOUNT.IN CASE
         OF RE MATURE PAYMENT,INTEREST WILL BE PAID PROPORTIONATELY.
              702    SHIPMENT/TRANSHIPMENT SHOULD BE CARRIED OUT BY COMPANIES
         OPERATING IN ACCORDANCE WITH THE MARITIME LAWS AND PORT REGULATIONS OF
         USA, REGARDING VESSEL FLAG, AIRPORT, SEAPORT SHIPMENT AND TRANSHIPMENT.
            +ALL PARTIES TO THIS TRANSACTION ARE ADVISED THAT BANKS MAY BE UNABLE
         TO PROCESS A TRANSACTION THAT INVOLVES COUNTRIES, REGIONS, ENTITIES,
         VESSELS OR INDIVIDUALS SANCTIONED BY THE UNITED NATIONS, THE UNITED STATES,
         THE EUROPEAN UNION, THE UNITED KINGDOM OR ANY OTHER RELEVANT GOVERNMENT
         AND/OR REGULATORY AUTHORITY AND THAT SUCH AUTHORITIES MAY REQUIRE
         DISCLOSURE OF INFORMATION.
         :71D: CHARGES
              ALL CHARGES OUTSIDE US ARE FOR ACCOUNT OF BENEFICIARY
              INCLUDING REIMBURSEMENT CHARGES.
         :48: PERIOD FOR PRESENTATION IN DAYS 015/AFTER THE DATE OF SHIPMENT
         :49: CONFIRMATION INSTRUCTIONS
              WITHOUT
         :78: INSTRUCTIONS TO THE PAYING BANK
              DOCUMENTS TO BE DESPATCHED TO STANDARD CHARTERED BANK, TACOMA, 4100,
         WASHINGTONG,USA. IN ONE LOT BY DHL COURIER OR REPUTABLE COURIER COMPANY
         IF DHL IS NOT AVAILABLE.
```

续图 4-33

ONE
OCEAN NETWORK EXPRESS

Booking Confirmation \ Export FCL Order

05 MAR 22 14:58 **Page :** 1 /

To	: Sophia Yin / CHINA SEAWEALTH FREIGHT FORWARDING CO., LTD			
Cust Tel	: 0532-23308888	Fax	:	0532-23309999
From	: Ocean Network Express (East Asia) Ltd. - QINGDAO /USWEST (TEL: 58086583)			

We received a booking request by you as follows. Now confirm and please review following items and advise us of any discrepancy. 兹收到贵公司的“订舱要求”，现确认并传真以下资料请核对，如有错漏，请通知我司更正为要。

Booking No : QDTCUS9648301

BKG Ref. No : QDTC29648301　　BKG Date : 05Mar22

Sales Rep : JENNY ZHAN
Pre Carrier :
Vessel Voyage : YM UPWARD V.0073E
Post Carrier :
Shipper : CHINA SEAWEALTH FREIGHT FORWARDING CO., LTD
Place of Receipt : QINGDAO, CHINA
Port of Loading : QINGDAO, CHINA
Port of Discharge : TACOMA, USA
Place of Delivery : TACOMA, USA
EQ Type/Q'ty : 20'DRY .-1
T/S Port :
Ocean Route Type : Direct
Commodity : FAK, SEE BELOWING
VGM Cut-off : 17Mar22 16:00
Doc Cut-off : 18Mar22 14:00
Port Cargo Cut-off : 18Mar22 12:00
Full Return CY Address : QQCTU(QINGDAO QIANWAN UNITED CONTAINER TERMINAL) ,567 Tongjian Road

Bill of Lading #: ONEQDTCUS29648301
Latest ETA/ETD :
Latest ETA / ETD : 18 Mar 22/ 19 Mar 22
E T A / E T D :
Proforma 1st vessel ETD : 07Apr22
Terminal : QQCTU(QINGDAO QIANWAN UNITED CONTAINER TERMINAL)
Terminal : TAHUT (Tacoma's HUSKY TERMINAL)
Container NO. QOCU0350415
POD / DEL ETA :
Receive/Delivery Term : CY/CY
Full Return CY Cut-off :
CY Acceptance Date (For Dry Box Only) :
Service Contract No : QD0035N20

Special cargo information (Please see attached, if exists)　Shipper's own container : ☐　RAD : ☐
Dangerous : ☐　Reefer : ☐ (Temp. Set :)　Awkward : ☐　Break bulk : ☐

Remarks : COMMODITY: CANNED PEACH SLICES, FABRIC FLOWER BED SHEET.
TOTAL 2500 CTNS WITH GW 18.6MT AND 31M³
BKG REF. NO.:QDTCUS29648301

24 小時取吉櫃熱線 (只限出口重櫃) Tel: 532-3894 5511
24 小時網上取吉櫃查詢 **www.one-line.com**

Customer Service Department 客户服務部 Tel: 532-5808-6583
Equipment Control Section 管箱部 Tel:

VGM Declaration

1. VGM (KGS): ________________
2. Authorized Signature (Full name in Capital Letter):____________
3. Method (Please " √ " the box): ☐ M1 ☐ M2

Shipper Declaration for HKG export:
M1 - The verified gross mass of the packed container(s) declared in this shipping document was obtained in accordance with Method 1 stipulated in SOLAS chapter Ⅵ Regulation 2. **M2** - The verified gross mass of the packed container(s) declared in this shipping document was obtained in accordance with Method 2 stipulated in SOLAS Chapter Ⅵ Regulation 2. The procedure of this method has been approved or recognized by Hong Kong Marine Department with registration number "GMV________________".

Empty Pickup 取吉櫃

Trucker ~~提取吉櫃運輸公司~~

尺碼　種類　日期

Laden Return 交重柜

櫃號　封條

毛重　車牌

注意：本訂載單可作為換取吉櫃及交重櫃之用.
Remark:

图 4-34　由船公司发给货代的订舱确认单（样例）

CHINA SEAWEALTH FREIGHT FORWARDING CO., LTD

中国海通国际货运代理有限公司

BOOKING CONFIMATION 订舱确认单

TO: SHANDONG YAMI IMPORT AND EXPORT CO., LTD

FROM: CHINA SEAWEALTH FREIGHT FORWARDING CO., LTD QINGDAO BRANCH

DATE: Mar 05, 2022

B/L NO.: SWQD220300016

FORWARDER REFERENCE:

预配头程船名航次: YM UPWARD V.0073E　　　　　　航线:

预配二程船名航次:　　　　　　　　　　　　　　　航线:

SHIPPER: SHANDONG YAMI IMPORT AND EXPORT CO.LTD

18TH FLOOR, NO.69, HONGKONG WEST ROAD, SHINAN DISTRICT, QINGDAO, SHANDONG, CHINA

POL: QINGDAO, CHINA

POD: TACOMA, USA　　　　　　PLACE OF DELIVERY: TACOMA, USA

QUANTITY: 180CTNS　3700KGS　3.5CBM

CNTR NO.: QOCU0350415

CARGO: FABRIC FLOWER BED SHEET（280CMS×200CMS×20PCS/CTN）

SHIPPING TERMS: CFS-CFS

备注:

敬请留意:

AMS 截止时间: 2022/03/16 10:00

预计开舱时间: 2022/03/16 14:00

预计截重时间: 2022/03/17 16:00

预计截关时间: 2022/03/18 12:00

预计截单时间: 2021/03/18 14:00

预计开航时间: 2021/03/19 12:00

预计到目的港时间: 2021/04/07

*以上时间如有变动，以另行通知为准。

Tel: 0532-23308888　　Fax: 0532-23309999

E-mail Address: Sophia@qcswqd.com

图 4-35　由货代发给船公司的订舱确认单（样例）

（二）提单制作思路

1. 制作任务

请根据上面的相关单据及材料，制作船公司提单和货代提单，相关任务要求可参见文件 21 的内容。

文件 21
船公司提单和
货代提单任务要求

2. 制作思路

集装箱到达港口后，船公司的制单部门会安排这批货物的提单制作事宜。一般来说，实践中常常会出现实际出运的货物和托运单所载货物信息不一致的情况，所以船公司制单部门会等托运人或其代理人提供了提单补料（SI）后，再制作提单样本。提单补料，就是对提单制作材料的补充。船公司在订舱确认单上会公布截补料时间（SI CUT OFF），一般和截重时间相同。提单补料除了包括变更的货物信息、集装箱箱号和封条号等内容外，还可能涉及运输条件的调整。运输条件的调整一定要事先与船公司协商，征得同意后，方能修改。通过提单补料，可以确保提单信息的准确性和完整性，既可为货物的顺利运输和交付提供保障，又可避免后期产生改单费。船公司根据订舱单和提单补料制作好提单样本后，会回传给托运人或其代理人，对提单样本进行审核。托运人或其代理人审核提单样本，如有不符，可联系船公司修改，直至无误后，向船公司书面确认提单内容。船公司根据托运人或其代理人确认的提单样本，出具正本提单。

本节参考的货代国赛相关考题要求根据相关单据制作船公司提单和货代提单。在制作提单前，应先阅读文件，梳理清楚几方当事人的关系。

通过销售合同和装箱单，可知山东亚米进出口有限公司（以下简称山东亚米）向美国某公司出口了一批货物，出口量不大，不够装满一个 20 英尺的集装箱，为节省运费，可用拼箱出运。根据订舱确认单，ONE（船公司名称）公司发出的一票"Export FCL Order"（整箱出口）的订舱确认单，发货人是中国海通国际货运代理有限公司（以下简称海通货代），托运货物包括"CANNED PEACH SLICES"和"FABRIC FLOWER BED SHEET"（山东亚米的货物）。海通货代（无船承运人）发出的一票"CFS — CFS"（拼箱）的订舱确认单，发货人是山东亚米。托运货物为"FABRIC FLOWER BED SHEET"（山东亚米的货物）。

由此可知，海通货代以无船承运人身份接受了山东亚米托运的一票海运拼箱出口业务，又以托运人身份，向 ONE 公司托运了一个 20 英尺集装箱，箱内装有包括山东亚米在内的两家公司的货物。

先制作船公司提单。根据前述分析，船公司提单是船公司 ONE 签发给海通货代的，集装箱内装的是拼箱货。发货人是海通货代，收货人应是海通货代在目的港的分支机构或其代理公司。因为不涉及国际贸易结算，所以制作起来相对简单。制作的依据主要是订舱确认单。如此，船公司提单上需要填制的栏目可一一在订舱确认单上查找并填写。

海通货代签发给山东亚米的货代提单，是信用证结算的重要单据，所以制作的时候，必须遵循"单单相符，单证相符"的原则。因此，制作该提单的依据，除了订舱确认单，还有信用证和装箱单。制作步骤为：首先看信用证对提单的要求。一般来说，信用证中的46A，是信用证对各种结算文件的要求。提单的制作，一定要满足信用证的要求，否则将影响顺利结汇。本例题中，信用证对提单的要求是"2/3 SET OF CLEAN ON BOARD PORT TO PORT BILL OF LADING, MADE OUT TO THE ORDER OF SHIPPER MARKED 'FREIGHT PREPAID', NOTIFY PARTY L/C APPLICANT"，即结算时，提交3份清洁的到港已装船提单中的2份，提单上抬头（收货人）为凭托人运指示，标记"运费预付"字样，通知方为信用证开证申请人。据此，在数字资源文件21中，可填提单的（2）、（3）、（6）空。再来看订舱确认单。根据上面的信息，可以填制提单的（1）、（4）、（5）、（7）、（9）、（10）空。如此，还只剩下第（8）空没填。再看装箱单，发现货物描述这里有关于货物海关编码以及集装箱号和封志号等信息，根据"单单相符，单证相符"原则，在此处加上相关信息。至此，提单制作完成。

3. 制作结果

数字资源文件21中的提单，应填写的内容如下。

1）货代公司提单 HOUSE B/L（BY CHINA SEAWEALTH FREIGHT FORWARDING CO., LTD）

(1) SHANDONG YAMI IMPORT AND EXPORT CO., LTD
18TH FLOOR, NO.69, HONGKONG WEST ROAD, SHINAN DISTRICT, QINGDAO, SHANDONG, CHINA
(2) TO THE ORDER OF SHIPPER
(3) THOMAS ORGANIC PRODUCTS TRADING CO., LTD
12115 PARK AVE S, TACOMA, WA 98444 USA
(4) SWQD220300016
(5) YM UPWARD V.0073E
(6) THREE
(7) FABRIC FLOWER BED SHEET（280CMS×200CMS×20PCS/CTN）
(8) H.S. Code：2003.1011
MADE IN CHINA.
S/C No.：GSHD2022-SC08
L/C No.：422010445736-L
(9) 3700KGS
(10) 3.5CBM

2）船公司提单 OCEAN B/L（BY ONE）

(1) CHINA SEAWEALTH FREIGHT FORWARDING CO., LTD
(2) ONEQDTCUS29648301
(3) 2500CTNS

(4) CANNED PEACH SLICES, FABRIC FLOWER BED SHEET
(5) 18.6MT
(6) 31M^3

任务五 精通车站及码头业务

【任务目标】

了解码头协调装船、卸船、货物组织等调度业务的工作内容，通过对码头的分类及构成的了解，更好地安排提箱、还箱，以及装货等日常物流作业。

◆ **知识目标**：了解码头的分类及构成、铁路货运站及铁路货场的相关知识。

◆ **技能目标**：通过了解码头和铁路货场的构成，能根据位置编码在码头堆场找到集装箱的位置。

◆ **素养目标**：培养相关业务能力及责任意识。

一、码头的分类及构成

（一）码头相关概念

1. 码头

码头是供船舶停靠、装卸货物和方便游客上、下的水工建筑物，是港口的主要组成部分。

2. 泊位

泊位表示一艘设计标准船型停靠码头所占用的岸线长度或囤船数目。泊位长度一般包括船舶的长度和船与船之间的必要安全间隔。泊位的数量与大小是衡量一个港口或码头规模的重要标志，一座码头可能由一个或几个泊位组成，视其布置形式和位置而定。

3. 码头岸线

码头岸线是指码头建筑物靠船一侧的竖向平面与水平面的交线，即停靠船舶的沿岸长度。它是决定码头平面位置和高程的重要基线。构成码头岸线的水工建筑物叫码头建筑物。根据船舶吃水深度和使用性质等的不同，码头岸线一般分为深水岸线、浅水岸线和辅助作业岸线等。港口各类码头岸线的总长度是港口规模的重要标志，也说明了它能同时停靠码头作业的船舶数量。

4. 码头前沿作业地带

码头前沿作业地带是指从码头岸线至第一排仓库（或堆场）的前缘线之间的场地。它是货物装卸、转运和临时堆存的场所，一般设有装卸、运输设备；有供运输机械、运输车辆操作运行的地带；有的还有供直取作业的铁路轨道。码头前沿作业地带的宽度没有统一的标准，主要根据码头作业性质、码头前的设备装卸工艺流程等因素确定。我国沿海港口普通件杂货码头前沿作业地带的宽度在 25～40 米。码头前沿作业地带的面层，一般用混凝土、钢筋混凝土块体和块石铺砌，以满足运输机械行走和场地操作等要求。

（二）码头的分类

1. 按平面布置分类

按平面布置分类，码头可分为顺岸式、突堤式、墩式、岛式。顺岸式码头应用较为普遍，根据码头与岸的连接方式又可分为满堂式和引桥式两种。满堂式码头与岸上场地沿码头连成一片，其前沿与后方的联系方便，装卸能力较大；引桥式码头用引桥将透空式码头与岸连接起来。突堤式码头主要应用于海港，又分为窄突堤码头和宽突堤码头两种。前者沿宽度方向构成一个整体结构；后者沿宽度方向的两侧构成码头结构，通过填筑工程构成码头地面。墩式码头为非连续结构，由靠船墩、系船墩、工作平台墩、引桥、人行桥组成。工作平台墩与岸用引桥连接，工作平台墩之间用人行桥连接，船舶的系靠由系船墩和靠船墩承担，装卸作业在另设的工作平台墩上进行。不设引桥的墩式码头，一般又称岛式码头。墩式码头在开敞式码头的建设中应用较多，主要用来装卸石油散货。图 4-36 展示的是突堤式码头。

2. 按断面形式分类

按断面形式，码头可分为直立式、斜坡式、半斜坡式、半直立式等。直立式码头适用于水位变化不大的港口，如海岸港和河口港，对于水位差较小的河港及运河港也很适用，由于直立式码头装卸效率高，其应用范围正逐步扩大；斜坡式码头适用于水位变化大的上、中游河港或水库港；半斜坡式码头用于枯水期较长而洪水期较短的山区河流；半直立式码头用于高水位时间较长而低水位时间较短的水库港等。后三种形式的码头应用较少。

图 4-36 突堤式码头

3. 按结构形式分类

按结构形式,码头可分为重力式码头、板桩码头、高桩码头和混合式码头等。重力式码头是码头建筑物中分布较广、使用较多的一种结构形式,其工作特点是依靠结构本身及其面上的填料的重量来保持结构的滑移稳定和倾覆稳定。由于自重大,地基承受的压力大,故重力式码头适用于较好的地基。

4. 按用途分类

按照用途,码头可分为普通件杂货码头、专用码头(渔码头、煤码头、矿石码头、集装箱码头等)、客运码头、供港内工作船使用的工作船码头,以及为修船和造船工作而专门设置的修船码头、舾装码头。这里仅以集装箱码头和石油码头为例加以说明。

1)集装箱码头

集装箱码头是指专供集装箱装卸的码头。它既是海上运输和陆上运输的连接点,又是各种运输方式衔接的换装点及集装箱的集散地。集装箱的海转陆、陆转海、海转海,以及拆、拼箱等业务都要在这里进行。集装箱码头一般要有专门的装卸、运输设备,要有集运、贮存集装箱的宽阔堆场,还要有供货物分类和拆装集装箱用的集装箱货运站。由于集装箱可以把各种繁杂的件货和包装杂货组成规格化的统一体,因此可以采用大型专门设备进行装卸、运输,保证货物装卸、运输质量,提高码头装卸效率。目前世界各国对件杂货的成组化、集装箱化的运输都很重视。集装箱码头见图 4-37。

2)石油码头

石油码头是指装卸原油及成品油的专业性码头。它与普通货(客)码头和其他固定建筑物之间要有一定的防火安全距离。这类码头的一般特点是货物载荷小,装卸设备比较简单,在油船不大时,一般轻便型码头都可适应。由于近代海上油轮逐渐巨型化,根据油轮抗御风浪能力大、吃水深的特点,其对码头泊稳条件要求不高。石油码头参见图 4-38。

图 4-37　集装箱码头　　　　　　　　　图 4-38　石油码头

（三）码头的构成

1. 靠泊设施

靠泊设施主要由码头岸线和码头岸壁组成。码头岸线是供来港装卸的船舶停靠使用的，其长度应根据其所停靠船舶的主要技术参数及有关安全规定而定。码头岸壁一般是指船舶停靠时所需要的系船设施。码头岸壁上设置有系缆桩，用于船舶靠泊时拴住船舶；为保护码头岸壁不受损坏，码头岸壁上设有防碰撞装置，通常用橡胶材料制作。

2. 码头前沿（wharf apron）

码头前沿是指码头岸壁到货物编排场（或称编组场）之间的码头区域。码头前沿设有岸边装卸桥及门式起重机等设备进行装货。码头前沿的宽度可根据岸边装卸桥的跨距和使用的其他装卸机械种类而定，一般取 40 米左右。

3. 泊位（berth）

集装箱码头的泊位是集装箱船舶停靠和作业的主要场所。泊位水深应能满足挂靠的最大集装箱船的吃水要求，集装箱船进出港的水域包括航道、调头区、锚地等，水域不仅要求有足够的水深，同时要求有足够的宽度或面积，供集装箱船安全进出港。

4. 集装箱编排场（前方堆场）（container marshalling yard）

集装箱编排场是供待装船的集装箱和即将卸船的集装箱堆放的场所，也叫前方堆场。前方堆场主要堆放上一趟航次进港的集装箱和本航次即将出港的集装箱。前方堆场常布置在码头前沿与集装箱堆场之间。其主要作用是保证船舶装卸作业快速而不间断地进行。前方堆场的面积，主要与集装箱码头的吞吐量、设计船型的载箱量、到港船舶密度及装卸工艺系统有关。如将集装箱直接堆放还是放在底盘车上，堆放一层还是数层，情况不同，则所需的面积也不同。同时，应慎重考虑前方堆场的配置方法及离码头前沿的距离等对装卸作业的直接影响。通常在前方堆场上按集装箱的尺寸预先用白线或黄线画好方格,即箱位,编上"箱位号",当集装箱装船时,可按照船舶配载图找到这些待装箱的箱位号,然后有次序地进行装船。

5. 集装箱堆场 (container yard, CY)

集装箱堆场是进行集装箱交接和保管的场所,有的集装箱堆场还包括存放底盘车的场地。进出码头的集装箱基本上都需要在集装箱堆场上存放,因而集装箱堆场的面积大小必须适应集装箱吞吐量的要求,应根据船型设计的装载能力及到港的船舶密度、装卸工艺系统、集装箱在堆场上的排列形式等计算、分析和确定。

除足够的面积外,集装箱码头还要为堆场作业配备必要的设施,如集装箱牵引车道路、龙门吊行走线路及跨箱区作业转换地点、夜间作业的照明设施、冷藏箱箱区的供电系统、危险品箱(危险品集装箱)的喷淋降温设备,以及洗箱、熏箱的排污系统等。

为提高码头作业效率,集装箱堆场又可分为前方堆场和后方堆场两个部分。前方堆场位于码头前沿与后方堆场之间,主要用于出口集装箱或进口集装箱的临时堆放,以加快船舶装卸的作业效率。后方堆场紧靠前方堆场,是码头堆放集装箱的主要部分,用于堆放和保管各种重箱和空箱。按箱务管理和堆场作业要求,后方堆场通常还进一步分为重箱箱区、空箱箱区、冷藏箱箱区、特种箱箱区以及危险品箱箱区等。因陆域面积大小不同,有的集装箱码头把堆场明确地划分为前方和后方,有的只大致划分前后区域,并无明确的分界线。图 4-39 展示的是集装箱堆场。

图 4-39　集装箱堆场

6. 集装箱货运站 (container freight station, CFS)

集装箱货运站有的设在码头之内,有的设在码头外面。集装箱货运站是拼箱货物进行拆箱和拼箱的场所,其主要任务是出口拼箱货的接收、装箱,以及进口拼箱货的拆箱、交货等。集装箱货运站应配备拆装箱场所及集装箱堆码用的小型装卸机械等设备。集装箱货运站的规模应根据拆箱量及不平衡性综合确定，其宽度、纵深、高度应便于叉车进出作业。

7. 控制塔（control tower）

控制塔是集装箱码头作业的指挥中心。其主要任务是监视和指挥船舶装卸作业及堆场作业。控制塔应设在码头的最高处，以便能清楚地看到码头上所有集装箱的箱位及全部作业情况，方便有效地进行监督和指挥工作。

8. 大门（gate）

大门也叫闸口，是集装箱码头的出入口，也是划分集装箱码头与外界有关部门责任的分水岭。集装箱码头大门的工作十分重要，所有进出集装箱码头的集装箱均在大门处进行检查，办理交接手续并制作有关单据，这些单据不仅是划分责任的依据，也是集装箱码头实行电子管理的重要数据来源。

二、码头主要业务

（一）进出口准备工作

为使集装箱码头出口业务有条不紊地进行，集装箱码头在出口前要做大量细致的准备工作，主要包括出口货运资料准备和编制作业计划两大部分。

1. 出口货运资料准备

集装箱码头在实施装船作业以前，通常要求船公司或其代理公司提供以下集装箱出口资料。

1）出口用箱计划

出口用箱计划是船公司或其代理公司根据订舱资料和集装箱空箱用箱申请制定的一份空箱发放计划，主要供集装箱码头或港外集装箱堆场编制空箱发放的清单，合理调整空箱的堆场位置，以做好备箱和发放工作。

2）船期预报和确报

在远洋运输中，船期预报通常为船舶到港前 96 小时，由于海运的一些不可预见因素而做的预报；在船舶到港前 24 小时还应有船期确报，以便集装箱码头预先做好各项准备工作。

3）预配清单

预配清单是船公司或其代理公司根据订舱资料按船名航次汇总编制的一份集装箱出口货运清单，主要供集装箱码头掌握船名、航次、出口箱的总体情况。

4)预配船图

预配船图是船公司或其代理公司根据订舱资料、船舶规范,以及沿航线挂靠港的装卸箱计划而编制的船图,它是集装箱码头编制配载图的重要依据之一。

2. 编制作业计划

集装箱码头为有效地组织生产,需要编制的作业计划较多,功能也各不相同。按时间分,作业计划有年度计划、月度计划、旬度计划(15天计划)、昼夜计划;按作业类型分,作业计划有船舶计划、堆场计划、配载计划、装拆箱计划、进出场计划、疏港计划等。这里只介绍两种重要作业计划。

1)船舶计划

集装箱码头是围绕船舶开展业务的,因此,船舶计划是集装箱码头作业计划中的核心计划。船舶计划通常为昼夜24小时计划,故也称船舶昼夜作业计划。它是根据船公司或其代理公司提供的船期表,依据5天船期预报和24小时船期确报,并结合码头泊位营运的具体情况而编制的,它规定了每一艘船舶的停泊位、靠泊时间和作业任务,以及开工时间、作业要求、完工时间和离泊时间等内容,并将作业任务分解到昼夜三个工班。船舶计划的编制应充分发挥码头泊位及其装卸桥的作用,保证各艘船舶有序地靠泊、作业和离泊,同时还应结合堆场计划合理调整后才能确定。

2)堆场计划

堆场计划是根据船名、航次、出口箱预到资料,并结合堆场使用状况而编制的出口箱在堆场的堆存计划。为保证出口箱顺利装船,出口箱在堆场通常按要求堆放,为充分利用堆场容量,减少翻箱率,还可根据出口箱及其船舶等情况,采取按位、按列、按箱区的堆放方法。同时,堆场计划的编制还要综合考虑堆场的使用情况,如其他船舶的集装箱进场作业,已卸船进口集装箱的提运作业和归、并、转作业,力求减少各种堆场作业的相互影响。堆场计划应结合船舶计划编制,力求保持这两个计划的协调性。

(二)码头堆场及箱务管理业务

集装箱进入码头后,码头就要对集装箱负保管责任,及时跟踪和掌握集装箱在堆场的每一次搬移与动向,因此,堆场管理与箱务管理密不可分。箱务管理的前提和基础就是堆场管理。堆场管理是集装箱码头运输的一个重要环节,堆场管理效率的高低直接关系到码头的堆场利用率、翻箱率,同时也影响装卸船作业效率和船期。

1. 堆场管理

堆场的堆箱规则主要取决于装卸工艺系统,目前我国绝大部分集装箱码头采用的是装卸桥轮胎式龙门起重机装卸工艺系统,与该工艺系统对应的是"六列加一通道"堆箱规则,即每个箱区的宽度为六列箱宽再加上一条集装箱车车道的宽度;堆高层数视龙门起重机的作业高度而定,有堆三过四的,也有堆四过五或堆五过六的。国外有的集装箱码头最大堆高层数已达九层。目前我国沿海港口基本采用堆四过五的堆箱规则。

集装箱码头 80% 以上的面积都被用作堆场，堆场上通常同时存放有几万个集装箱，要想快速找到需要的集装箱，就需要科学地对堆场进行设计规划。

首先，我们根据堆场的面积、形状做一个大的划分，例如将整个码头堆场划分为 1♯、2♯、3♯、4♯共 4 个堆场，就像沿码头岸线划分泊位一样。经过这样的划分，查找集装箱的范围就缩小很多了。对于每一个堆场（通常是一块形状规则的面积），又可根据其面积大小细分为若干个区，如 1 区、2 区、3 区等，这样，查找范围又进一步缩小。对于每一个区，又可进一步划分为若干个段（block），并用代号表示，通常的做法是用油漆在堆场地面上很工整地划线并标上段号，如 1A、1B、2A、2B 等。每个段的形状相当于一条笔直的矩形街道，其宽度可允许同时排摆放 6 个标准集装箱，且能通过一辆一集装箱车，相当于龙门起重机的跨距，因此段的宽度可分 6 行，用数字 01、02、03、04、05、06 表示，并用油漆清楚地写在地面上。段的长度可根据实际堆场面积决定，通常为 30 个 20 英尺标准集装箱的长度，因而有 30 个 20 英尺标准集装箱的堆放位置，每个位置称为间（stack），从 01 间到 30 间共计有 30 个间位，可以用数字 01，03，05，…，59 表示，并用油漆清楚地书写在地面上。图 4-40 是堆场编码示意图。

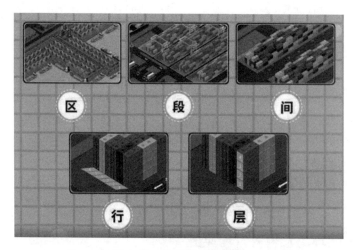

图 4-40　堆场编码示意图

有了这样的位置规定，集装箱在码头堆场的摆放就非常清楚了，也很容易查找。每个集装箱运到码头时，闸口服务部的职员会给出一个位置给该集装箱存放，并将信息输入电脑存档，等到下次要找这个集装箱时，只需在电脑中输入箱的号码，电脑就会显示该箱的位置，譬如 1A0620，表示该箱在 1 区 A 段第 6 行的 20 间。

实际上，集装箱在码头堆场通常堆码 4～6 层高，因而还有一个层数的问题，具体表示为从地面往上数为 1 层，2 层，…，6 层，但由于层数不多，最多 6 层（即 6 个箱），要从 6 个箱中找出某一个箱并不困难，因而在实际码头操作中，我们并不使用"层"这个位置，"区、段、行、间"四个位置就已足够。

上面所讲的是重箱在集装箱堆场内的摆放办法。对于空箱的摆放位置，通常只规定区位和段位，而没有行位和间位，主要因为空箱的使用很少有指定箱号，即如果客户要取空箱去装货，只要是该船公司的空箱就可以，不必非得拿某一个号码的空箱。所以，在码头堆场上，会划出几个空箱区，专门存放空箱，每个区分为若干个段，再将段分给集装箱箱主。在空箱场上，集装箱按箱主不同分段摆放，由于不需指定箱号拿取，因而取箱时不会有查找难的问题。

堆场的分区有多种方式，具体来说主要有：

（1）按堆场的前后位置，可分为前方堆场和后方堆场。

（2）按进口和出口业务，可分为进口箱区和出口箱区。

（3）按不同的箱型，可分为普通箱箱区、特种箱箱区、冷藏箱箱区和危险品箱箱区。

（4）按集装箱的空重，可分为空箱区和重箱区。

（5）按中转类型，可分为国际中转箱区和国内中转箱区。

2．箱务管理

1）空箱管理

空箱进入集装箱码头有两条途径：一是空箱进场，包括收货人拆箱后还空箱和船公司出口调运空箱；二是进口空箱卸船进场。空箱进场经过码头检查口时，集装箱卡车司机与检查口人员必须共同检验箱体，如实批注或不批注，双方在设备交接单上签字以划分港内外的责任。进口空箱卸船时，码头检箱员必须与外轮理货员共同检验箱体，如有异常，首先分清原残与工残，如为工残则填制设备交接单或货物残损单，双方签字确认。空箱进场时，应按不同的箱型、尺寸分开堆放，同时，对拆箱后还空箱的，一般还要按不同持箱人分开堆放，对于船公司调运的空箱，一般还要按船名、航次堆放。空箱出场与空箱进场业务一样，空箱出场的交接双方也必须共同检验箱体，并在设备交接单上签字确认。

2）重箱的堆放

重箱分为出口重箱和进口重箱。进口重箱自卸船后一般 7 天内要按不同的收货人发箱提运，因此进口重箱的堆放要兼顾船舶的卸船作业和货主的提箱作业，而且要做到重箱与空箱分开堆放，不同尺寸的箱子分开堆放，不同箱型分开堆放，好箱与坏箱、污箱分开堆放。

集装箱码头通常在装船前大约 3 天开始受理出口重箱进场作业，考虑到货主重箱进场的随机性与船舶稳定性及吃水差，所以必须科学合理地安排出口重箱进场，力求提高堆场利用率，减少翻箱率，保证船舶规范要求和船期。在安排出口重箱进场时，应满足以下基本要求。

（1）根据船舶计划的靠泊位置和作业路线安排重箱堆放。安排出口重箱时要尽可能靠近船舶靠泊的泊位，避免各路作业的线路交叉、道路拥挤、机械过于集中等不利因素。

（2）根据船舶稳定性、吃水差规范要求和沿线船舶靠港作业要求安排重箱堆放，将不同卸港、不同吨级、不同箱型和不同尺寸的集装箱分开堆放，以便装船作业时按配载图顺次发箱，减少堆场翻箱找箱的频率。

（3）重箱区安排要与船舶泊位及机械分配相适应。集装箱码头运输任务繁忙，特别是多船装卸作业与大量进口箱的提箱作业同时进行时，更要从整个码头的作业效率出发统筹兼顾。箱区的安排和分配要与船舶泊位、作业路线、作业量以及机械分配等各种因素结合起来，力求达到最佳的动态平衡。

3）冷藏箱管理

冷藏箱因所装载货物的不同而设有指定的温度，在冷藏箱存放在集装箱码头的整段时间内，必须保证其指定的温度要求，以确保货物不受损坏。

出口冷藏箱进入码头检查口时，检查口人员除认真检查箱体和冷冻设备并进行交接外，还要认真检查冷藏箱设定的温度，包括装箱单指定的温度、冷藏箱设定的温度和冷藏箱记录的温度，这三个温度应一致无误。冷藏箱应堆放于冷藏箱箱区，并由专人负责，在码头堆放期间应使冷冻机按规定温度处于正常工作状态。冷藏箱装船前应检查温度状况，在正常工作状态下切断电源，并卷好电源线和插头，然后按配载图装船出运。

卸船前先检查冷藏箱制冷温度和箱体状况，如一切正常则切断电源，并卷好电源线和插头，进行卸船。冷藏箱进入冷藏箱箱区后，接通电源启动开关，使冷冻设备按规定温度进入工作状态。冷藏箱出场前应先检查温度状况后切断电源，并卷好电源线和插头，然后发箱装车。

4）危险品箱管理

危险品是指《国际海运危险货物规制》中列明的危险货物，集装箱码头装卸危险品箱必须事先取得船公司或其代理公司经海事局核准签发的船舶载运危险货物申报单，码头凭申报单中列明的危险货物的不同类别实施装卸。属于烈性危险货物的（如《国际海运危险货物规则》规定的1类爆炸品、2类压缩气体和液化气体、7类放射性物品），通常采取直装直卸方法。

出口危险品箱进入码头检查口时，集装箱车的司机除递交装箱单、设备交接单外，还应递交经海关局核准签发的危险货物集装箱装箱证明书，双方认真检验箱体和危险品标志，做好交接手续。危险品箱应堆放于危险品箱专用箱区，并由专职人员管理。危险品箱箱区要有明显的警告标志，并有与其他箱区的隔离设施以及防护设备。对进入该箱区的危险品箱，还应按《国际海运危险货物规则》规定的隔离要求堆放，并做好有关记录。危险品箱装运时，装卸机械设备必须处于良好状态，并有适当的功率储备，然后按配载图或船方要求谨慎装船。

进口危险品箱管理与出口业务基本相似，但不同的是二者业务流程相反。需要强调的是，集装箱码头应根据自身实际情况制定严格的危险品箱管理制度，并设专人管理；无论装还是卸危险品箱，必须事先取得船舶载运危险货物申报单证，否则不能擅自装卸。

5）特种箱管理

对于开顶箱、框架箱、平台箱、通风箱等特种箱（特种集装箱），必须堆放于特种箱箱区。对四超箱（超高、超长、超宽、超重），通常仅限堆放一层高，并采用相应的特种箱操作工艺作业，如高架排装卸工艺、货物拆箱分体装卸工艺等。

（三）装卸船相关业务

为了能在最短时间内完成装船和卸船工作，码头堆场应在船舶到港装载或卸载前，根据先后到港的卸箱顺序和相关单证，制订船舶配载图和装船计划，等船靠泊后，码头堆场根据码头收据和装箱单，按装卸船计划装船。装船完毕后，由船方在装箱单、码头收据、配载图上签字，作为确认货物装船的凭证，同时根据完成的任务，制定相关单证作为向船方收费的原始依据。

1. 制作配载图、装船顺序单

配载图是集装箱码头根据船公司或其代理公司的预配图，按照船舶既定的技术规范和码头作业特点而编制的对应航次的出口集装箱在船舶上的具体箱位的计划。配载图应满足船舶安全和货物安全的要求，兼顾码头作业要求，从而更好地保证船期，充分发挥码头的作业效率。

装船顺序单是已进场并通过报关的航次的出口集装箱的汇总表，包括箱号、尺寸、箱型、状态、箱重、卸货港以及堆场箱位等内容，并列明了本船名、航次所有准备装船出口的集装箱的情况，主要用于堆场发箱和岸边装船。

2. 装船和理箱

在制订好各项作业计划、配备好机械和人员后，码头按船舶计划要求开工装船。装船作业由控制室依据船舶计划、配载图、装船顺序单等作业计划，有序地指令堆场发箱、集装箱车运输、岸边装船，并对整个装船作业进行监控和协调。在装船作业过程中，由外轮理货员代表船方理箱，并与港方进行集装箱的交接，如有异常，则如实填制货物残损单，双方共同签字，以明确责任。

每个集装箱在集装箱船上都有一个用6位阿拉伯数字表示的箱位号。该箱位号是以"行""列""层"三维空间坐标来表示集装箱在船上的位置的。第1位、第2位数字表示集装箱的行位或贝位（BAY），第3位、第4位数字表示集装箱的槽位或列位（SLOT或ROW），第5位、第6位数字表示集装箱的层位（TIER），如图4-41所示。

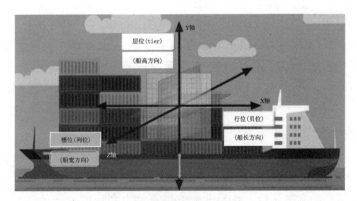

图4-41　集装箱在船上的编码构成

"行"是指集装箱在船舶纵向（首尾方向）的排列顺序号，规定由船首向船尾顺序排列。集装箱有20英尺和40英尺之分，因此舱内的箱格也分20英尺和40英尺两种。根据箱格结构的不同，有的箱格导柱是固定的，20英尺的箱格只能装20英尺箱，40英尺的箱格只能装40英尺箱，但有的箱格的导柱是可以拆装的，把20英尺的箱格导柱拆除就可以装40英尺箱。通常的情况下，40英尺箱格内可以装2个20英尺箱，为了区分20英尺和40英尺箱的行位，规定单数行位表示20英尺箱，双数行位表示40英尺箱，如01、03、05、07均为20英尺箱，而02、06、10、14均为40英尺箱，04、08、12等箱位间由大舱的舱壁隔开，无法装40英尺箱。

"列"是指集装箱在船舶横向（左右方向）的排列顺序号，有两种表示方法。从右舷算起向左舷顺序编号：01，02，03，04，…；从中间列算起，向左舷为双数编号，向右舷为单数编号，如左舷为02，04，06，…，右舷为01，03，05，…，中间列为"00"号，如总的列数为双数，则"00"号不存在，这种表示法目前较常用。

"层"是指集装箱在船舶竖向（上下方向）的排列顺序号，有三种表示方法。一是从舱内底层算起，一直往上数到甲板顶层，依次编号。如舱底第1层为01，往上依次为02，03，04，…。二是舱内和甲板上分开编号，舱内层号数字前加"H"字；从舱底算起依次为H1，H2，H3，H4。甲板上层号数字前加"D"字头，从甲板底层算起依次为D1，D2，D3，…。三是舱内和甲板上分开编号，舱底由下至上用双数02，04，06，08，10，…表示，甲板上从甲板底层算起往上依次用数字82，84，86，…表示，目前这种编号方法比较常用。

装船结束后，集装箱码头还要按装船作业的实际情况，编制一系列单证，主要有作业签证、船舶离港报告、出口单船小结等，作业签证包括下面三项。

1）装船作业签证

装船作业签证是集装箱码头完成装船作业后签发的一份向船方收取费用的凭证，包括船名、航次、靠泊时间、离泊时间、开工时间、完工时间等内容，并详细列明该航次装船集装箱的数量、尺寸、箱型、危险品箱、特种箱以及开关舱盖板的块数，要求仔细核对、如实填写，并与大副共同审核无误后，双方在装船作业签证上签字，作为向船方结算装船费用的原始凭证。

2）系解缆作业签证

系解缆作业签证是码头提供系解服务而签发的一份向船方收取费用的凭证，包括船名、航次、船舶净重、停靠泊位和日期等内容，并列明该船系解缆的具体时间。系解缆作业签证经大副审核无误签字确认后，作为向船方结算系解缆费用的原始凭证。

3）船舶供水签证

在船舶停泊期间，如码头为船方提供加淡水服务，则签发船舶供水签证，主要有船名、航次、停靠泊位和日期等内容，并列明该船供水的吨位和具体时间。该签证须经大副审核无误、签字确认后，作为向船方结算供水费用的原始凭证。

船舶离港报告是装船工作结束后有关该船作业情况的报告，包括船名航次、靠泊时间、离泊时间、装卸时间、装卸箱量、作业时间等内容，它是提供给船公司或其代理公司掌握船舶动态情况的单证。

三、铁路货运站及铁路货场

铁路货运站是专门办理或主要办理货运营业的车站，是铁路运输企业的营业窗口，是铁路办理货物运输的场所。铁路运输的货物，在铁路货运站进行承运、保管、装卸和交付作业。铁路货运站的主要业务包括运转作业（接发车业务）、装卸车业务、货运计划管理、货运作业管理、设备管理、安全管理和专用线管理等。铁路货运站的核心是铁路货场，如图 4-42、4-43 所示。

图 4-42 深圳铁路货场

图 4-43 佛山铁路货场

（一）铁路货场的分类

1. 按照办理货物品类分类

按照办理货物品类分类，可将铁路货场分为综合性货场和专业性货场。综合性货场指办理整车、零担、集装箱运输和货车洗刷、加冰等两项以上作业的货场。专业性货场指专门办理单项运输种类或单一货物品类的货场，有整车货场、零担货场、危险品货场、粗杂品货场、集装箱货场等。

2. 按照年办理货运量分类

按照年办理货运量分类，可将铁路货场分为大型货场、中型货场和小型货场，其分类标准如下。

（1）大型货场：年货运量 100 万吨以上。

（2）中型货场：年货运量 30 万吨以上，不满 100 万吨。

（3）小型货场：年货运量不满 30 万吨。

对于运量大、货物品类多的车站（铁路货运站），为避免作业过于集中和便于管理，可分设几个铁路货场。当在同一车站（铁路货运站）设有几个铁路货场时，各铁路货场间可按货物运输种类或运输方向进行合理分工。

（二）货场配置类型

货场配置类型可分为尽头式、通过式和混合式三类。

1. 尽头式货场

尽头式货场是由一组以上尽头式装卸线组成的货场。其装卸线一端连接车站的站线，另一端是设置车挡的终端。

此类货场的优点主要有：

（1）布局紧凑，货场线路和通道都较短，车辆取送和货物搬运距离相对较短。

（2）线路呈扇形分布，线路与通道交叉少，因而进出货的搬运车辆和取送车作业干扰少，有利于作业安全。

（3）运量增加时，便于扩建。

其缺点主要有：

（1）车辆取送作业只能在货场一端进行，使作业车辆的取送受到较大限制。

（2）取送车作业与装卸作业互相干扰。

2. 通过式货场

通过式货场是由一组以上贯通两端的装卸线组成的货场。其装卸线两端均连接车站站线。

此类货场的优点是：

（1）货场两端均可进行取送车作业，这对没配置调车机的中间站利用本务机车取送来说十分方便，上下行方向均可作业。

（2）取送车与装卸作业干扰少。

（3）利于办理成组、整列的装卸作业。

缺点主要有：

（1）货场线路较长，建设所需投资相对较大。

（2）取送零星车辆时走行距离较长。

（3）货场通道和装卸线交叉较多，取送车与搬运作业易产生干扰。

3. 混合式货场

混合式货场（图4-44）根据办理货物的种类、作业方法，将装卸线一部分修成尽头式，一部分修成通过式。所以混合式货场兼有尽头式货场与通过式货场的优、缺点。

对混合式货场的分布和使用，应根据货物品类和运量大小来确定。一般地，对运量较小的货物，在尽头式装卸线作业；对较大运量的货物，在通过式线路上作业。

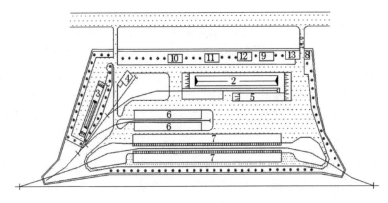

图 4-44 混合式货场

(三)铁路货运站主要业务

1. 货物的发货作业

1)货运合同的签订

货运合同是承运人将货物从始发站运输至指定地点,托运人或收货人支付运输费用的合同。货运合同的当事人是承运人、托运人与收货人。根据有关法律法规规定,承、托双方必须签订货运合同。

铁路货运合同有预约合同和承运合同,都属于书面形式的合同。

预约合同以"铁路货物运输服务订单"为合同书,预约合同签订过程就是订单的提报与批准过程。托运人应于每月 19 日前向铁路部门提报次月集中审定的订单,其他订单可以随时提报。

承运合同以"货物运单"为合同书,托运人按要求填写货物运单并提交给承运人,经承运人审核同意承运后,承运合同成立。零担货物和以零担形式运输的集装箱货物使用运单作为货运合同。整车货物与以整车形式运输的集装箱货物的货运合同包括经审定的订单和运单。

2)货物的托运人和承运人

货物运单是托运人与承运人之间,为运输货物而签订的一种运输合同或运输合同的组成部分。它是确定托运人、承运人、收货人之间在铁路运输中的权利、义务和责任的原始依据。货物运单即托运人向承运人托运货物的申请书,也是承运人承运货物和核收运费、填制货票,以及编制记录和备查的依据。货物运单由货物运单和领货凭证两部分组成。

货物运单和领货凭证的传递过程如下。

货物运单:托运人→发站→到站→收货人。

领货凭证:托运人→发站→托运人→收货人→到站。

3)货物的托运与受理

(1)一批托运的条件:托运人向承运人提出货物运单和运输要求,称为货物的托运。所托运的货物应符合一批托运的要求。

（2）货物托运：托运人向承运人交运货物，应向车站提出货物运单一份。托运人向车站提出货物运单，即说明其向车站详细且正确提出了书面申请，并愿意遵守铁路货物运输的有关规定，履行义务，且货物已准备就绪，随时可以移交承运人。

（3）车站受理：车站对托运人提出的货物运单，经审查符合运输要求，在货物运单上签上货物搬入或装车日期后，即为受理。

4）进货与验货

托运人凭车站签证后的货物运单，按指定日期将货物搬入货场指定的货位，即为进货。托运人进货时，应根据货物运单核对是否符合签证上的搬入日期，品名与现货是否相符，经检查无误后，方可搬入货场。

进货验收是为了保证货物运输的安全和完整，以及划清承运人与托运人之间的责任。如发生检查疏忽，则可能会使不符合运输要求的货物进入运输过程，造成或扩大货物的损失。检查的内容主要包括：

（1）货物的名称、件数是否与货物运单的记载相符。

（2）货物的状态是否良好。

（3）货物的运输包装和标记及加固材料是否符合规定。托运人托运货物，应根据货物的性质、重量、运输种类、运输距离、气候以及货车装载等条件，使用符合运输要求、便于装卸和保证货物安全的包装运输。

（4）货物的标记（货签）是否齐全、正确。

（5）货件上的旧标记是否撤换或抹消。

（6）装载整车货物所需要的货车装备物品或加固材料是否齐备。

在铁路运输过程中，保证货物的件数和重量的完整是承运人必须履行的义务。因此，铁路部门明确规定了确定货物件数和重量的范围。按整车运输的货物，原则上按件数和重量承运，但有些非成件货物或一批件数过多且规格不同的货物，在承运、装卸、交接和交付时，点件费时、费力，只能按重量承运，不再计算件数。

5）填制货票

整车货物装车后（零担货物过完秤、集装箱货物装箱后），货运员将签收的货物运单移交货运室填制货票，核收运杂费。

货票是铁路运输货物的凭证，也是一种具有财务性质的票据，可以作为承运货物的依据和交接运输的凭证。

货票一式四联。甲联为发站存查联；乙联为报告联，由发站报送给发局；丙联为托运人报销联，由发站交给托运人报销所用；丁联为运输凭证联，由发站随货物递交到站，到站由收货人签章交付，作为完成运输合同的唯一依据。

2. 货物的承运

1）承运前的保管

托运人将货物搬入车站，经验收完毕后，一般不能立即装车，需在货场内存放，这就产生了承运前保管的问题。整车货物，发站实行承运前保管的，从收货完毕填发收货凭证起，即负责承运前保管责任。零担货物和由集装箱运输的货物，车站从收货完毕时即负保管责任。

2）承运

零担货物和集装箱运输的货物由发站接收完毕，整车货物装车完毕，发站在货物运单上加盖车站日期戳时起，即为承运。承运是货物运输合同的成立，从承运起，承托双方就要分别履行运输合同的权利、义务和责任。因此，承运意味着铁路负责运输的开始，是承运人与托运人划分责任的时间界线。同时，承运标志着货物正式进入运输过程。

3. 货物的装车作业

1）装卸车责任的划分

（1）承运人装卸的范围：货物装车或卸车的组织工作，在车站公共装卸场所以内，由承运人负责。有些货物虽在车站公共装卸场所内进行装卸作业，但装卸作业中需要使用特殊的技术、设备、工具，因此仍由托运人或收货人负责组织。

（2）托运人、收货人装卸的范围：在车站公共装卸场所以外进行的装卸作业，装车由托运人负责，卸车由收货人负责。此外，在车站公共装卸场所装卸的特殊性质的货物也由托运人、收货人负责。其负责的情况有：罐车运输的货物；冻结的易腐货物；未装容器的活动物、蜜蜂、鱼苗等；一件重量超过1吨的放射性同位素；由人力装卸带有动力的机械和车辆。

其他货物由于性质特殊，经托运人或收货人要求，并经承运人同意，也可由托运人或收货人组织装车或卸车。例如，气体放射性物品、尖端保密物资、特别贵重的展览品和工艺品等。货物的装卸不论由谁负责，都应在保证安全的条件下，积极组织快装、快卸，昼夜不断地作业，以缩短货车停留时间，加快货物运输。

2）装车的基本要求

装车的基本要求主要有：

（1）货物重量应均匀分布在车的地板上，不得超重、偏重、集重。

（2）装载应认真做到轻拿轻放、大不压小、重不压轻，堆码稳妥、紧密、捆绑牢固，在运输中不发生移动、滚动、倒塌或坠落等情况。

（3）使用敞车装载怕湿货物时应堆码成屋脊形，苫盖好篷布，并将绳索捆绑牢固。

（4）使用棚车装载货物时，装在车门口的货物，应与车门保持适当距离，以防挤住车门或造成货物湿损。

（5）使用罐车及敞车、平车装运货物时，应各按其规定办理。

（6）所装货物需进行加固时，按有关规定办理。

3）装车前的检查

为保证装车工作质量，保障装车工作顺利进行，装车前应做好以下工作。

（1）检查运单，即检查运单的填记内容是否符合运输要求，有无漏填和错填。

（2）检查待装货物，即根据货物运单所填记的内容核对待装货物品名、件数、包装，检查标志、标签和货物状态是否符合要求。集装箱还需检查箱体、箱号等。

（3）检查货车，即检查发车的技术状态和卫生状态。检查货车是否符合使用条件；货车状态是否良好，包括车体（包括透光性检查）、车门、车窗、盖、阀是否完整良好，车内是否干净，是否被毒物污染。装载食品、药品、活动物和有押运人乘坐时，还应检查车内有无恶臭异味。要注意货车"定检"是否过期，有无扣修通知、货车洗刷回送标签或通行限制。

4）装（卸）工作

装卸作业前应向装卸工组详细说明货物的品名、性质，布置装卸作业安全事项和需要准备的消防器材及安全防护用品，装卸剧毒品应通知公安到场监护。装卸作业时要做到轻拿轻放，堆码整齐牢固，防止倒塌。要严格按规定的安全作业事项操作，严禁货物侧放、卧装（钢瓶器除外）。包装破损的货物不准装车。装完后应关闭好车门、车窗、盖、阀，整理好货车装备物品和加固材料。装车后需要施封、苫盖篷布的货车由装车单位进行施封、苫盖篷布。卸完后应关闭好车门、车窗、盖、阀，整理好货车装备物品和加固材料。

5）装车后检查

为保证正确运送货物和行车安全，装车后还需要检查下列内容。

（1）检查车辆装载：主要检查有无超重、超限现象，装载是否稳妥，捆绑是否牢固，施封是否符合要求，表示牌插挂是否正确。对装载货物的敞车，要检查车门插销、底开门搭扣和篷布苫盖、捆绑情况。

（2）检查货物运单：检查货物运单有无漏填和错填，车种、车号和货物运单所载是否相符。

（3）检查货位：检查货位有无误装或漏装的情况。

【项目综合测评】
文件 22　项目四测试题及答案

参考文献

[1] 黄辉，周继祥．物流学导论［M］．2版．重庆：重庆大学出版社，2020．

[2] 刘武君，寇怡军．航空货运物流规划［M］．上海：同济大学出版社，2020．

[3] 章辉．国际货运代理理论与实践［M］．北京：中国社会科学出版社，2020．

[4] 段满珍．国际集装箱运输与多式联运［M］．北京：清华大学出版社，2021．

[5]《铁路集装箱运输》编委会．铁路集装箱运输［M］．北京：中国铁道出版社，2021．

[6] 朱德辉．集装箱在中国［M］．北京：中国铁道出版社，2021．

[7] 彭中方，吉宝华，喻坚．公路零担专线务实：实操版［M］．长沙：中南大学出版社，2021．

[8]［英］杰里·拉德．物流管理实战指南：运输、仓储、贸易和配送［M］．欧阳恋群，黄帝，译．北京：人民邮电出版社，2022．

[9] 曲思源．铁路货运组织与物流管理［M］．杭州：浙江大学出版社，2022．

[10] 崔国成．运输组织与管理［M］．武汉：武汉理工大学出版社，2019．

[12] 卢亚丽，杨雪．"一带一路"背景下航空港区航空物流发展理论与实践［M］．北京：航空工业出版社，2020．

[13] 方照琪．集装箱运输管理与国际多式联运［M］．北京：电子工业出版社，2020．

[14] 靳志宏．海陆协同集装箱运输组织与调度优化［M］．北京：人民交通出版社，2020．

[15] 方晨．海上国际集装箱运输管理学［M］．北京：中国海洋出版社，2017．

[16] 陈宾．海上丝绸之路经济带绿色物流效率研究［M］．北京：中国民主法制出版社，2023．

[17] 长安大学．中国公路货运发展研究报告（2021）［M］．北京：人民交通出版社，2022．

[18] 陈燕．公路运输业向现代物流业发展的策略研究［M］．北京：北京工业大学出版社，2019．

[19] 孟军齐，姜洪．运输技术与管理［M］．广东：广东高等教育出版社，2016．

[20] 长安大学区域与城市运输经济研究所．公路甩挂运输发展典型案例［M］．北京：人民交通出版社，2019．

[21] 姜宏．物流运输技术与实务［M］．北京：人民交通出版社，2001．

[22] 杜文．物流运输与配送管理［M］．北京：机械工业出版社，2012．

[23] 万耀明，熊青．物流运输组织与管理［M］．3版．北京：机械工业出版社，2009．

[24] 王效俐．运输组织学［M］．上海：立信会计出版社，2006．

[25] 王长琼，袁晓丽．物流运输组织与管理［M］．2版．武汉：华中科技大学出版社，2017．

[26] 刘莉，徐玲玲．物流运输与组织管理［M］．北京：化学工业出版社，2009．

[27] 王述英．物流运输组织与管理［M］．2版．北京：电子工业出版社，2011．